系統神學叢書

追尋真理的激情

融貫一致的福音信仰

麥格夫 著
陳家富 譯

基道出版社

▼

系統神學叢書

追尋真理的激情

融貫一致的福音信仰

A Passion for Truth

the intellectual coherence of evangelicalism

作者

麥格夫 Alister E. McGrath

翻譯

陳家富

審閱

石敏敏

責任編輯

許寶瑩

裝幀設計

李贊海

■

出版／發行

基道出版社

香港沙田火炭坳背灣街26號富騰工業中心1011室

LOGOS PUBLISHERS

Unit 1011, Fo Tan Ind. Centre, 26 Au Pui Wan St., Shatin, Hong Kong

電話：(852) 2687-0331　傳真：(852) 2687-0281

網址：http://www.logos.com.hk

承印

基業印刷廠有限公司

●

05/2005初版

Cat. No. LP223

ISBN 962-457-281-x

Original Edition "A Passion for Truth:

the intellectual coherence of evangelicalism"

APOLLOS (an imprint of IVP) 38 De Montfort St., Leicester LEI 7GP, England

Printed in Hong Kong

中文版序

對於能為《追尋真理的激情——融貫一致的福音信仰》（*A Passion for Truth*）中文版撰寫序言，我深感欣慰。福音派信仰向來被視為是一種相當積極的基督教模式，深深關注如何將福音延伸至教會圍牆之外，向世俗社會宣講。在本書中，我要指出福音派信仰其實在智性上已經相當成熟。我提到，福音派信仰對於本身的神學身分擁有一個強烈的、在智性上充滿活力的意識，而且證明這些意識如何使福音派在與智性上的對手辯論時，得以雄辯滔滔。

由於福音派在智性生命上的更新，取決於它對本身的一致性和確實性的自信，《追尋真理的激情》首先便要證明福音派的信仰足以在學術世界中站得住腳。我説明了福音派信仰擁有一個融貫一致的神學視野，而且顯示了這是怎樣讓它面對當代西方思想的三個主要運動——自由主義、後自由主義和後現代主義。無論如何，福音信仰是能夠健全而可信地維護本身的立場，同時對與它對立的主義提出某些基本並深刻的批判。

本書在基督教信仰的福音派視野中，提出了重建智性自信的前景。本書鼓勵讀者涉足於當代世界普遍盛行的思想戰爭。尤其是，我認為福音派應該關心如何建立神學與其他學術領域的關係——例如法律、科學、藝術和經濟。正如諾爾（Mark Noll）指出，福音派過去沒有認為它在塑造一個基督教的世界觀上是重要的。本書試圖擬定建構一個福音派世界觀的基礎，以致可以欣然擁抱智性和文化生活的任何一個層面。或許，這個抱負過分雄心勃勃！不過，它顯然是一個值得追求的目標。我期望，本書可以協助中文讀者對於本身的信仰及其在啟發人類生活的錯綜複雜上，取得到一個深刻的信念。我們的信念彷彿像一個攝影鏡片，容許我們以基督徒的方式觀看世界，而且理解如何最佳地生活和思想。正如魯益師（C.S. Lewis）曾說：「我相信基督教，正如我相信太陽已經升起——不只是因為我看見它，更是因為由於它，我才見到其他一切事物。」[1]

麥格夫

牛津，2005年2月

註釋：

1 C.S. Lewis, "Is theology poetry?", in *Essay Collection and Other Short Pieces.* London: HarperCollins, 2000, pp.10～21.

致謝

本書預備經年。我特別希望對以下誠意邀請我演講的單位表示感謝，這些演講讓我得以發展這書的概念，並透過此機會與他人互相溝通：牛津大學（Oxford University）1990年班普頓講座（Bampton Lectures）的邀請；蒙特婁的麥基甫大學（McGill University, Montreal）1992年艾德遜講座（Anderson Lectures）的邀請；惠頓學院（Wheaton College）1992年英奇講座（Inch Lectures）的邀請及在1995年的「福音主義與後自由主義」惠頓神學會議中與林貝克教授（Prof. G. Lindbeck）一同作開幕演講；西南浸信會神學院（Southwestern Baptist Theological Seminary）1995年希金博特姆講座（Day-Higginbotham Lectures）的邀請。那些有關現代主義與後現代主義的材料是在1995年一月在溫哥華的維真學院（Regent College, Vancouver）一個科際整合研討班系列中發展出來的，我對畢威出版社（Blackwell Publishers）容許我使用一些早已在1990年出版的《教義的起源》（*The Genesis of Doctrine*）一書中出現過的材料心存感激，有關資料與本書的主題有直接的相關性。

我非常感激很多人對本書初稿的審閱及評論，特別是貝廷頓（David Bebbington）博士。我亦從迪裏耶（Colin Duriez, Inter-Varsity Press, UK）與克拉普（Rodney Clapp, Inter Varsity Press, USA）在編輯上高明的意見受益匪淺。我自己仍然要對所有論據與詮釋上的錯誤負責。

目錄

1

導言

福音主義（evangelicalism）是現時西方最大和最活躍的基督教形式，這一點是十分清楚的。由於這運動一直都很成功並不斷擴展，它的將來已成為近期深入探討的課題。我在早年的《福音派與基督教的未來》（*Evangelicalism and the Future of Christianity*）一書中，[1]探討過一系列有關這運動的特性、強弱之處的課題。本書則嘗試在該書的基礎上，探討這運動在智性上的融貫（intellectual coherence；編按：這是英文原書名副題的意思），藉此審視它在西方的後現代世界中，面對與它相互競爭著的意識形態及廣泛而多元的合法性理論中的未來前景。由於福音主義在世界舞臺上一度落後，它就要證明自己完全有能力在學術界爭取一席之地，而且重視智性，足以成為當代喜愛思考的人認真的選擇。不過，福音主義一般不鼓勵任何介入思維生活（life of mind）的嘗試，卻鼓勵信徒在獨特的基督教框架中思考當代學術和文化界的整體狀況。

這正好標誌著，福音主義有需要面對那些領導當代的世界觀，建立一種諾爾（Mark Noll）所謂的「福音派思維」（evangelical mind）[2]的基礎。這只能在**神學性**的視野中完成。雖然「福音派思維」包括了人生眾多層面，例如政治、工作等，其終極根基卻必須建基於一種對上帝的本質和目標的理解上。福音派思維的塑造，要求對於福音派視野在智性上的融貫性和可靠性抱有肯定的信心。縱使福音主義事實上曾在過去數百年間陳構出一種融貫的神學性視野，但我們仍然可以見到今日的福音派領袖不太願意參與學術性的神學辯論。對於這種勉強，我們如何解釋呢？對於福音主義的本質，又帶來了甚麼洞見呢？

福音主義對學術性神學的敵對態度

雖然福音主義對神學的反思已有漫長的歷史，卻仍被視為學術大樓中的小伙子，不受許多人的歡迎。「福音主義」或「福音派」的名稱一直讓人想起一種反智性主義的形象，尤其是把其與1920和1930年代北美的基要主義（fundamentalism）聯繫在一起之時。其實，福音主義早已走過了這個以防衛為主、反應過激的嚴峻時期。在第二次世界大戰後，福音派已經不斷顯示出自己是關注學術，同時對牧養與靈性等問題沒有絲毫忽略或妥協。這種在神學上的新旨趣，產生了很多與此運動的特性和目標等相關的命題。

若要論到福音主義「在智性上的融貫性」，就不可避免要談及福音派的神學。當探討北美近代的福音主義歷史時，我們發現上一代有一羣極具影響力的支持者，他們對神學顯然抱著一種舉棋不定的態度。這場運動是第二次大戰之後基督教全球化過程中的重要現象，可是它卻大多沒有把神學上的參與看作是它在基本議題上的緊急事項。原因究竟何在？

重要的原因可以說是有四個的，每一個都要加以闡析。其中三個是特別涉及北美的福音主義，而與英國的福音主義無關，這在某程度上可以說明了英美兩大陣營之間的不同智性特質。

- 北美福音主義中的基要派所遺傳下來的，使它與學術性神學維持了約有一代的分離狀態。這個因素在英國並不明顯，英國福音主義在學術性神學中的參與，擁有漫長的歷史。[3]
- 福音主義愈將重點放在成功的實用標準上，愈是使它避開與神學上的牽連，因為神學是否有助於牧養及福音之實踐，一向受到質疑。這情況尤其見於北美。
- 學術性神學有責任對專業學術領域的俗世議題有所回應，這會讓它抽離了教會的生活與關注。
- 神學潛在著精英主義（élitism），這導致它與北美福音主義的普及特性形成張力。

我們將於以下的篇幅中逐點解釋。

一、基要主義的遺產

1920年代在北美興起的基要主義，對於理解福音主義內部對神學舉棋不定的態度，十分重要。[4]基要主義的崛起，對於福音主義投身學術的影響，正好與中國大陸「文化大革命」的災難相提並論，兩者都是硬把一代的人從主流的學術參與中分割出來，導致以後重整的過程，帶著痛苦與危險。同時，美國的大學及大專院校普遍從它們所植根的基督教信念抽離，當要重新整合時，就顯得困難重重。[5]基要主義堅持認為，基於宗教上的理由，它可以不參與任何形式的思想和文化活動，[6]雖然福音主義似乎已經完全從基要主義的殘留影響中恢復過來，不過在某些領域仍背負學術膚淺的名聲。

然而，對於福音主義沒有介入學術活動，又不能完全怪罪於基要主義。我們可以指出，福音主義這運動現時正陷於美國那種「感覺至上」(feel-good-ism)的治療文化中，也導致了這運動產生了智性上的貧乏，我們將在下文解釋這情況。

二、實用主義在福音主義中的優勢

韋爾士(David. F. Wells)在他近期深入而重要的研究中指出，福音主義已經失去在神學上一度擁有的重要性。[7]他認為，在這運動中那種強烈的實用主義性質，導致它把重點放在教會增長、感覺至上的教導及事工形式上，而這些事情基本上是屬於世俗心理學的。古典神學(classical theology)的功能已經受到嚴重侵蝕，福音派神學院現已不再持有那曾被廣泛承認的崇高地位。神學不再被認為是保持並維護基督徒身分所不可或缺的東西，或是塑造新的事奉途徑的重要資源。「基督徒在現代世界中的責任，已被轉化為法利(Edward Farley)所謂的『實踐科技』(technology of practice)，因為技術能擴展教會和掌握自我，而這些主要是從工商管理和心理學中借用過來的。」[8]韋爾士指出這個現象，縱使有點言過其實，但以上這種福音主義中的普遍共識是此運動最真實和令人憂慮的趨勢。他認為問題出於福音主義本身，也對其許多原因和可能後果，提供明智的定見。

雖然福音派在第二次世界大戰後出現過有分量的神學作品，[9]不過現在已傾向注目於一系列有關教會增長與傳揚福音的實際問題上，雖然在這些議題上，都認為神學是有重要的功能，實際上卻少有探索。北美福音主義強烈的普及化和實踐化傾向，難免導致一種觀點，認為神學是一種專注於教會實際生活的應用科學。其實，這正好反映出美國整體文化的一面：「哲學的迴避」（evasion of philosophy），即是傾向討論文化的問題，而不會沉醉於哲學上的分析。[10]至於「福音派在神學上的迴避」則反映出一種更廣泛的文化趨勢，即分析懷疑理論的優先和必要時，他們寧願直接參與日常事務。

然而，在此不只是學術性的神學被認為已經遠離基督教羣體生活的問題，還涉及其他問題。若說福音主義使學術性神學邊緣化，那麼至少有部分問題是出於神學本身，因為它沒有完全理解自己在福音派羣體中的獨特作用，更不要說與其他人溝通。既然教會內部普遍認為學術性神學與他們沒有甚麼相干，就不能期望福音派人士有此看法。學術性神學必須向擁護者**證明**這種相關性，這些擁護者的成功就在於堅持認為它的相關性是十分重要的。

福音派往往留意到，在歷史上沒有一次復興是因著對純粹的學術性神學再度關注而出現的，福音派**神學**（evangelical *theology*）的復興，取決於**福音主義**的復興，神學本身是不會帶來復興。神學是從一個充滿自信而富於思考的信仰團體中萌發出來的，對於它存在的原因和目的有一定看法。正如施馬特（Ninian Smart）尖銳地指出：「神學探討的原意，就是陳構一種信仰。」[11]假如沒有信仰要陳述，神學也就空洞無物了。神學可以協助福音派羣體去判斷、重整、處境化和更好地陳構其視野，但它不是這視野的創始者。對於一個動態的信仰羣體來説，神學反省的活潑傳統，永遠是結果而非原因。[12]

這一點可以從1960年代出現有關「上帝之死」的爭論中清楚看見。[13]當時差不多所有注意力都集中在它的神學基礎上，卻極少留意到那些出現這種神學的主流教會已經缺乏宗教活力，這一點現已得到認同。

> 既然大部分關於「上帝之死」的哲學和神學作品看起來完全是二流甚至是更差的作品，我們就有必要反省，這些作品的作者極有可能在教會的敬拜和神學生活中，有過極為可怕的經驗。例如，奧爾蒂澤（Thomas Altizer）在《基督教無神論的福音》（*The Gospel of Christian Atheism*）一書宣稱，已死的上帝實在是一位十分軟弱無能的上帝。他這種上帝觀必定從其他人那裏借來的。這種觀念顯然是源自一間軟弱無力的教會。[14]

這樣的教會對異象和目標毫無意識，對於上帝能夠與教會所發生的關係一無所知，因此自然地會產生一種疲弱、模糊和不相干的神學。

上述觀察似乎暗示，福音主義將來的福祉取決於福音派的行動主義（evangelistic activism），或許（卻非必然）要結合於對實質的屬靈生命的熱切追求，以及增加對社會政治事務的關心。對於個人得救的重視（例如存在於與「第二次大覺醒運動」〔Second Great Awakening〕往往有關的地區性復興的複雜網絡之後）[15]因而被普遍視為是福音派的鞏固和擴展的要素。與這些復興相關的宣講模式——盼望得到聽眾情緒反應的大眾化講章——反映出這樣的願望，引領聽眾作出個人的認信，這是基於一種當下的經驗判斷，而不是經過反覆的思考。[16]故此，由於福音主義傾向以高度實用性的基準來評檢其成效，以致神學在認信的重要問題上，所擔當的角色微乎其微。

這一點的重要性是不可以低估的。福音主義之所以成為一個大型的羣眾運動，正是由於福音派人士一直關注於認定並提倡它的大眾化訴求。它對基督教信仰的取向是行動主義（activism）的、直接的，而且多少帶點個人主義（individualism）色彩，這就確保它在一個日益民主化、個人主義化的文化中，能夠維持一個崇高的形象。這樣，誰還要神學呢？基督教信仰若是如此禮儀化，以致只有少數學術精英才可領略，而且與信徒在日常生活所經歷的事情沒有清晰關連，就再沒有任何地位。在大多數福音派人士的眼中，神學引領我們走向的，正是這樣的一種信仰。

我對這樣的觀點深感不安。不過，在對此評論之前，我必須說明，在大眾化的福音主義中瀰漫著這種反對神學的氛圍，具有一定的智慧和睿見。不少神學確實是不切題、傲慢和精英化的。這麼多學究式的神學家都忽略或漠視這一點，而讓我感到憤慨。它使我想起安徒生童話中那個國王的新衣的故事，沒有人願意接受那顯而易見之事（基於文化的壓力），直至那假象被揭穿，不能再維持下去。

我們所說所做的這一切，只是為了批判一種特殊形態的神學——籠統地稱之為「學究式神學」（academic theology），不是一種開明而有創見的神學，而是一種以學術界的價值和目標為其全部內容的神學；所謂學術界也不全是純粹的「學術問題」（此詞的負面意義），而是充斥著以大量非基督教或反基督教假設為基礎的辯論。我們在下文將會闡析這一點。

三、學術界的世俗主義

長期以來,「學術」等同於學識、智慧和正直的人格,但福音派人士已經留意到,現今美國學術界似乎更多傾向精英主義(élitism)、意識形態的鬥爭和激進的反宗教宣傳。[17]尤其是在美國,一些學究式神學家似乎已經成為這些趨勢的襄理,他們所陳構的東西,最終往往變成偏執的神學,他們一方面激怒了對手,另一方面卻變成沒有熱忱的同工,不願投入學術界一度重視和尊重的對話中。[18]美國當代大學那種相當制度化的自由氣質,被廣泛地認為是反基督教的,雖然這些大學被認為是反對介入任何形式的公共事務,無論是宗教的還是非宗教的,[19]但這種情況更加支持福音派人士的決心,要忠於福音,而不是最前線的文化趨勢,也使他們進一步認識到「學究式神學」充其量只不過是由一系列世俗化、相對化的假設構成的不相干理論而已,應該避而遠之。

福音派人士的這些看法,並不是很有根據,有時可能是出於他們對複雜處境的誤解。例如區分清楚學術世俗化(secularization,即教育功能一度與教會有關,但現在已由政府機關取代)[20]的社會過程和世俗主義(secularism,其目的是把宗教從公共領域中摒棄)的意識形態,這是十分重要的。學術的世俗化,並非必然引致投身於一種世俗化的意識形態。可見,學術界要消除福音派人士的擔心,使他們不再看學術界的議事是反福音的(無論是有意圖或是實際的),這還有漫長的路要走。

其實,不只福音派察覺到學術性神學已經在基督徒生活中被邊緣化,在教會內也有一種廣泛流行的印象,就是學術性神學已經不再像昔日般關心教會的使命、對社會的關懷和信徒的生活。至少對神學家來説，學術性神學與基督教會的關係，已經成為一個問題。坦白説，沒有人對此再有甚麼期望。我們可能對近代不少神學感到不滿，視之為以學術的關注來保持自身及其機構的運作，讓人不再留意它們愈來愈無關連和被邊緣化的情況。美國宗教學會（American Academy of Religion）的簡介中經常出現以下的句子，由此可見一斑：

> 泰勒（Taylor）以「身體」作隱喻，看現代神學是陰莖中心和主義（phallocentric and phallocratic）的科技的延展，只局限於一種只有兩度空間的雙關語，對於繽紛複雜世界的喜怒哀樂則無動於衷。[21]

這段文字故作浮誇、毫無意義，或許我們會不加理會，它只能作一個例子來説明晦澀加晦澀這樣不斷提昇的自我確認的過程。這就是紐曼（Charles Newman）所説的「論述的膨脹」（inflation of discourse）的經典例子，其言詞精雕細琢，但卻剔除了任何與公眾效用或相關性有關的東西。[22]但就我而言，它代表了某種更世俗的東西。這是求助的呼喊，拼命想要得到關注的懇求，就自身的相關性和意義向世界的公開宣告。這個世界可能對學究式的宗教曾有興趣，但如今顯然對其完全感到索然無味。

更須注意的是，它形成了對真理問題的一種後現代式的嫌惡。（參頁222～230）現代西方學術界經常讓它的批評者感到：學者已經對真理的問題失去興趣，而且選擇了一種簡單的折衷主義，不論各種意識形態有何價值，都對它們加以調適。福音派對福音真理的熱切追求，並不容許這樣的情況。福音派評論者以十分認真的態度指出，現代學術在處理真理的問題上是失敗的，證明後現代觀點最終是軟弱無力的。福音派認為他們的介入是必須的，學術界卻強調應當超然其外。

學究式神學家常常認為福音派是天真的，這個形容詞帶有貶義，須加說明。在較嚴謹的查考中，它大概是指「拒絕接受學術界的絕對權」或「不能接受一個自足和封閉的學術界規範」。總之，這詞很少用在智性能力或學術活動上；它強調的是，福音主義拒絕成為愈來愈明顯地邊緣化和反宗教的學術界意識形態的附庸。

在愈來愈對學術性神學的貢獻與可行性懷疑的氛圍中，福音主義應該就著一種超越自身界限的相關性提出某些洞見。神學是教會的僕人，福音派應當認為神學是一個更大的整體的部分，而不是一個抽離整體教會生活的專業性部門。神學家也不是一個站在信仰羣體之上的人，而是深深投入敬拜、禱告、渴望與傳福音的人。

對於福音派來說，神學家就是被呼召從內部去服事信仰羣體的人，服事的其中一部分就是對其觀念或看法加以批判，不過這是建基於共同的基督教信仰與委身、充滿愛和關懷的批判，而不是基督教羣體中學究式神學家基於世俗信念和價值而作的現代批判。這些信念和價值往往帶著相當多異端和無神論的色彩，連信仰羣體也會感到沒有接受的迫切理由。對於福音派來說，學術性神學中的精英主義，與其缺乏相關性是息息相關的，兩者有一種正比的關係。當談到學界的精英主義時，我們將會再次詳論這個問題。

四、學術性神學的精英主義

學術性神學被廣泛視為一種智性的精英主義，對於一般信徒所關心的事不屑一顧。尤其在北美地區，這種神學的精英主義，引起了對福音主義的高度關注。正如我們前文提及，北美的福音主義是一種強烈的大眾化運動，真切關注一般信徒所關心的課題，並且認真看待一般人的意見。沒有人會花時間在任何的學術研究上；事實上，學術界的刻板模式就成為了一個「象牙塔」，遠離（甚至鄙視）大眾文化，這種模式近乎為了舒適而尋求真理。學術界遠離現實的日常生活，這是與其精英主義有相當大的關係，至少在眾人看來是如此。

那麼，福音主義首要關注的是一般人所遇到的問題，而較少涉及學術性神學中的精英主義。不過，要留意的是，這種「大眾主義」（populism）有其限制。福音主義保證，福音與大眾文化的相關性永遠不會因為對純學術問題的不適當關注，因而變得次要。可惜，普及文化經常展示出一種趨向膚淺的走勢。[23]這種智性的膚淺，往往意味著一代（甚至每十年）不如一代。事實上，福音主義必須保證，它對普及文化的關注是植根於基督教信仰的神學基礎上，這基礎使它可以在歷代中保持穩定和深度。一種純粹「學術性」的神學是精英主義和不切題的，但是一種大眾化的神學（populist theology）也許可以得到羣眾的認同，卻缺乏深度。因此，正確來說，神學是關乎智性和靈性的深度，而且擁有一種穩定的力量。鑒於學究神學家通常漠視一般基督徒所關心的事情，而大眾化的神學又過於膚淺，所以福音派應該鼓勵一種立足於基督教羣體，嚴肅認真的神學反省，並且把神學家看作是在信仰羣體裏為自己也為別人思考的信徒。

馬克思主義（Marxism）作家葛蘭西（Antonio Gramsci，1891～1937年）也倡導類似的方法，他運用了16世紀宗教改革運動作為「有機的知識分子」(organic intellectuals) 這觀念的典範。[24] 這觀念對福音主義尤為重要,因為它反映出神學在其序列中的正確位置。葛蘭西辯指,必須識別出知識分子的兩種獨特類型。第一類是那些由外在權威強加給某個羣體的知識分子,這些「傳統的知識分子」(traditional intellectuals) 並非由該羣體中選出來,而他們的影響力也只能依賴該權威加諸於羣體的影響力而存在。相比之下,葛蘭西所提出並推許「有機的知識分子」,就是指受某一羣體所尊重並服事該羣體的思想家,他們是因著被視為代表該羣體而獲得某種權威。他們的權威並非外加的,而是自然而生,反映著該羣體對他們的尊重,並且願意認定他們為其代表和思想家。這類神學家的模式與許多福音派人士的經歷互相共鳴,這些福音派人士因為1960 和1970 年代神學家不負責任的行為——當時學究性神學在很大程度上自甘墮落,甘願作流行文化奇想的囚徒,而對牧養和靈性上的需要,以及教會所關心的事情不屑一顧——因而逐漸對「專業神學家」(professional theologians) 深抱懷疑。

英國福音派作家斯托德 (John R. W. Stott) 正是「有機的知識分子」的表表者。他沒有任何可稱道的學術和機構的權威,卻在福音派羣體內(外)備受推崇,而這些殊榮是他努力**爭取**來的。人們視他為權威,因為他們認為,他值得有這樣的權威。他對該羣體説話並對其負有明確的責任,所以他與該羣體就有一種有機和自然的關係。福音派人士只要回應宗教改革運動的觀點,仔細閱讀葛蘭西的作品,就有勇氣注目於信仰團體上,致力尋求個人的權威,這些人表明是忠於基督教的傳統,關心「信仰共識」(*consensus fidelium*),熱愛福音,而且能夠負責任地、明智地把福音傳給世界——不論有沒有得到學術界的認可。最優秀的學者是可以在學術界之外存在和工作的！福音派神學家意識到一種雙重的責任，因為他們一方面要為其他神學家而寫作，另方面又為福音的羣體著述，對於兩者都必須負上責任。[25]

福音主義以往的防衛性

在北美和歐洲，福音主義曾是爭議和批判的焦點，使它經常處於防衛的戰線上。當福音派神學家把注意力更多放在正面和批判性地陳構基督教的信仰時，他們被迫要對神學的來源（例如聖經），為其採取的獨特取向作出防衛。結果或許是無可避免的：福音派被迫要維護神聖啟示的觀念，來反駁自由主義（liberalism）的批判者，而不是展示出啟示對生命和思想的意義；為了駁斥現代主義者認為聖經是過時、無效和缺乏權威的指控，福音派不得不維護聖經在神學中的作用，而不是建構一種聖經神學。

這樣被迫防衛的結果是，福音派神學家往往沒有對基督教信仰的核心問題討論到應有的程度。[26]因而，他們經常顯得更關心維護聖經的權威性，而非留意它的內容。事實上，不少福音派內部的辯論都是集中於一些如「無謬誤」（inerrancy）和「無錯誤」（infallibility）的爭論中，可以合理地說，這些論題都是反對者強加給他們的。

其實，福音派更需要花時間建構自身的觀點，而不是老覺得要負起這種共同的擔子。[27]福音主義被迫由於防衛的壓力，不得不處在回應的地位上。本書不會採取這種立場。相反地，我會建構福音派視野一種神學的融貫性，並且批判地面對它在當代的對立者。我完全承認，在現代學術的語境中，那些針對這種福音派視野的神學的批判性質詢是不容忽視的，但我希望在建立這種視野時，不必常常被迫採取防衛的態度。

福音主義完全有權在學術界中受到重視，縱使當中某些被嚇壞的人會試圖阻止它的教義在學術界中出現。雖然福音主義原本是全球基督教羣體中的一個羣眾運動，而其神學的陳構和發展，已經達到相當精密的程度，所以完全可以在學術的圈子中出現。當然它要在其中立足，就必須負責任地闡明自己，同時也有權向其他人提出同樣的質問。

本書的研究目的是要探討福音主義在學術上的合法性，一方面是通過對福音派進路的內在德性的正面陳述，另一方面是通過探討其對立者的錯誤和短處。除了留意這些世界觀的局限性和內在張力之外，我還要從福音主義的觀點對它們提出批判。其實，那些經常向福音主義提出批判性問題的人，常常沒有意識到這些質問也是他們要反問自己的。故此，本書對於福音主義的思想基礎、融貫性和有效性，提出了批判卻積極的探討。

福音主義的實用定義

本書不能完全探討與福音派的特性有關的所有問題，因這個問題在其他地方已作詳論。[28] 只要福音派仍在發展壯大，關於福音派特性的問題，可能還會一直爭論下去。這某程度可以反映出這運動複雜的歷史源頭，其中包括盟友和重點的變化，還有某些人及於數代的人的個人影響力。雖然如此，很多福音派人士和這運動的出色觀察者都認為，福音派在本質上是有其連結性的，因為它把自己定位在關聯於一系列相互有關的主題和關注之中，其中包括以下各項：

- 對信仰的投入和神學上的重點皆集中在耶穌基督身上，尤其是祂在十字架上的死；
- 在屬靈、教義及倫理上，視聖經為終極的權威；
- 強調歸正或「重生」為生命改變的宗教經驗；
- 關注信仰的分享，尤其透過傳福音。

借用維特根斯坦（L. Wittgenstein）那個熟識的形象來說，[29] 這是一個十分清晰的「家族相似性」（family resemblance），它存在於不同福音主義的形式上，並在神學方法學上獲得某種程度的普遍性。因此，我旨在根據它的內在融貫性，和它面對對手時的靈巧性，來陳述福音主義的一種智性上的吸引力，而非詳細討論它精確的特性問題。

應該注意的是，福音主義準備容忍差異，允許不關注那些不會對基督教信仰的核心有影響的課題。偉大的清教徒作家巴克斯特（Richard Baxter，1615～1691年）的智慧格言在這裏有重大的價值：「在本質裏，是合一；在非本質裏，是自由；在萬物中，是愛」（*in necessariis unitas, in non-necessariis libertas, in utrisque caritas*）。[30] 福音派人士皆同意聖經在基督徒生活和思想中的權威性，但同時，他們亦享受一定的自由，可以按自己的方式陳述這種權威，或使之概念化，只要保持聖經基本的、不可放棄的權威性，可以讓沃菲爾德（Benjamin B. Warfield）與霍奇（Charles Hodge）（參頁198～206）的進路與其他人的方法相提並論。本研究不試圖解決福音派人士中間的這類爭論，而旨在展示福音派神學的整體遠象的智性融貫性：包括其內在的一貫性與邏輯性，也包括從當代世界中相反的神學路徑來看它所具有的合理性。

本書的目的和結構

本書最好理解為某種福音派思想形成的前奏。藉著為這場與思維生活有關的運動提供基礎，來構建更廣闊更遠大的視野，從而探討它在福音派的習性中那智性動力的生存空間。福音派若要重新投入思維生活中，就必須對它自身的融貫性和有效性有所信任。這樣的研究正是要將福音派進路的「內在一致性」（internal consistency）加以解釋，並展示它當代的對手的內在矛盾與弱點，由此探討福音主義的融貫性。

本書的第一部分集中於福音派對耶穌基督和聖經的重視，兩者皆與福音主義中智性融貫有直接關係。首兩章闡釋和辯護福音派對耶穌基督和聖經的獨特為進路，這項分析會展示福音派遠象的智性動力，並特別聚焦於耶穌基督和聖經的規範性角色上，展示福音派神學的不同部分如何互相關聯和相互緊扣。在適當的地方，還要指出對手在這些問題上的進路的不足之處。

第二部分採取明顯不同的進路，是從多個向度去闡析福音主義的融貫性。首兩章解釋福音主義內在智性的融貫，後三章則討論它的智性對手在當代知識及文化界的融貫性。雖然都會提及自由主義和現代論，因為它們在今天仍有其影響力，但我們會更多論到在近年發展迅速的後自由主義（postliberalism）、後現代主義（postmodernism）和多元主義（pluralism）。

必須注意的是上述這些運動可從不同的基礎上加以批判，而非單從福音派的角度討論。例如：有觀點認為，福柯（Michel Foucault）或利奧塔（Jean-François, Lyotard）的後現代觀點中有一種內在不一致性，這是它致命的弱點，這種觀點並非福音派獨有；但縱然如此，這對福音派人士來說仍是極為重要的，因為他們力求展示其智性遠象的融貫性來批判它的對手。要對福音派所批判的這些運動提供一種福音派的另類出路是超出了本書的範圍，卻是放在福音派當前任務的一部分，因它正預備跟一般的「思維生活」有更深入更全面的交往。

接下來我們就直接從福音派的視角去闡析耶穌基督在基督教思想的地位。

註釋：

1. London: Hodder & Stoughton, 1994 & Downers Grove, IL: IVP, 1995.
2. 參諾爾重要與具影響性的分析，*The Scandal of the Evangelical Mind* (Grand Rapids, MI: Eerdmans, & Leicester: Inter-Varsity Press, 1994)。當中強調當今福音主義與這課題相關而導致的失敗。就著「基督教思維」的概念，參 Harry Blamires, *The Christian Mind: How Should a Christian Think?* (London: SPCK, 1963)。更多重要的評論，參 Arthur Holmes, *Contours of a Christian Worldview* (Grand Rapids, MI: Eerdmans, 1983)；及 *The Idea of a Christian College* (rev. edn., Grand Rapids, MI: Eerdmans, 1987)；Edith L. Blumhofer & Joel A. Carpenter, *Twentieth Century Evangelicalism: A Guide to the Sources* (New York: Garland Publishing, 1990), pp. 187～239。
3. 值得注意的是澳洲福音主義能維持一種對學術性神學的強烈委身，而又沒有在傳福音和教牧角色中失卻任何的洞見。悉尼的摩亞神學院（Moore Theological College）在這發展中的角色應被注重。參 Stephen Judd & Kenneth Cable, *Sydney Anglicans* (Sydney: Anglican Information office, 1987), pp. 286～291。
4. 標準的研究仍然是George Marsden, *Fundamentalism and American Culture: The Shaping of Twentieth Century Evangelicalism 1870-1925* (New York: Oxford University Press, 1980)。另參 George M. Marsden, *Reforming Fundamentalism: Fuller Seminary and the New Evangelicalism* (Grand Rapids, MI: Eerdmans, 1987)；Bradley J. Longfield, *The Presbyterian Controversy: Fundamentalists, Modernists and Moderates* (New York: Oxford University Press, 1991)；Martin E. Marty, '*What is Fundamentalism? Theological Perspective*', in H. Küng & J. Moltmann ed., *Fundamentalism as an Ecumenical Challenge* (Concilium 1992/3, London: SCM, 1992), pp. 3～13。
5. 當今可被考慮的種類，參 George Marsden, *The Soul of the American University: From Protestant Establishment to Established Non-Belief* (New York: Oxford University Press, 1994) 與Douglas Sloan, *Faith and Knowledge: Mainline Protestantism and American Higher Education* (Louisville, KY: Westminster/John Knox, 1994)。
6. 對四十年代始英國教會內福音主義的敏銳評論：「福音派傾向的觀點：他們基於宗教的原因拒絕文化，學術和智性活動。」，可參Randle Manwaring, *From Controversy to Co-existence: Evangelicals in the Church of England, 1914-1980* (Cambridge: Cambridge University Press, 1985), p. 55。
7. David F. Wells, *No Place for Truth*；或 *Whatever Happened to Evangelical*

Theology? (Grand Rapids, MI: Eerdmans, 1993; Leicester: Inter-Varsity Press, 1995)。

8. Wells, *No Place for Truth,* p. 101.
9. 就二十世紀始一個對福音派神學的標準指引，參 Walter A. Elwell ed. *Handbook of Evangelical Theologians* (Grand Rapids, MI: Baker, 1993)。
10. 注意史密夫（John E. Smith）的敏銳評論，*The Spirit of American Philosophy* (New York: Oxford University Press, 1963), p. vii：「美國智性生活中，不相干的這種思想經常被視為大罪的這種說法並無誇大。」杜威（John Dewey, 1859-1952）工具主義的重要性應在這裏受注意。出色的解釋參 Cornel West, *The American Evasion of Philosophy: A Genealogy of Pragmatism* (Madison, WI: University of Wisconsin Press, 1989), p. 5。就民間宗教對福音主義的影響，參 Richard J. Mouw, *Consulting the Faithful: What Christian Intellectuals can learn from Popular Religion* (Grand Rapids, MI: Eerdmans, 1994), pp. 1～14, 23～42。
11. Ninian Smart, *The Science of Religion and the Sociology of Knowledge* (Princeton, NJ: Princeton University Press, 1973), pp. 6～7.
12. 特別參考到聖公會主義（Anglicanism）而對這主題的反思，參 Alister E. McGrath, *The Renewal of Anglicanism* (London; SPCK, 1993)。
13. 文件的提出與反思，參 B. Murchland, ed., *The Meaning of the Death of God* (New York, Vintage, 1967)。
14. A. M. Ramsey, *The Christian Priest Today* (London: SPCK, 1972), p. 21.
15. 參 John B. Boles, *The Great Revival, 1787-1805, The Origins of the Southern Evangelical Mind* (Lexicon, KY: University Press of Kentucky, 1972)；Terry D. Bilhartz, *Urban Religion and the Second Great Awakening* (Rutherford, NJ: Fairleigh Dickinson University Press, 1986)。
16. 參 Noll, *The Scandal of the Evangelical Mind,* pp. 60～64。諾爾特別指出維菲（George Whitefield）在塑造這種態度中的影響，並在當今的研究中被提出的，參 Harry S. Stout, *The Divine Dramatist: George Whitefield and the Rise of Modern Evangelicalism* (Grand Rapids, MI: Eerdmans, 1991)。
17. 最廣泛被閱讀的批判仍是Allan Bloom, *The Closing of the American Mind* (New York: Simon & Schuster, 1987)。應被現時的研究有所補充，例如 Dinesh D'Souza, *Illiberal Education: The Politics of Race and Sex on Campus* (New York: Free Press, 1991)，以及Arthur Schlesinger, *The Disuniting of America* (New York: Norton, 1992)。
18. 就個人敍述與這趨勢的批判，參 Paul C. McGlasson, *Another Gospel: A Confrontation with Liberation Theology* (Grand Rapids, MI: Baker, 1994)。特別是他對「神學法西斯主義」的評論（頁80～84），這反映出他在一所

美國學院中的個別經驗。

19. 例如，參論證自由主義「基本上是精簡的反信念和信仰。」: Stanley Fish, *There's No Such Thing as Free Speech* (New York: Oxford University Press, 1994), p. 296。

20. 我們完全可以把加爾文在十六世紀日內瓦的改革視為「世俗化」，當中由教會負責進行的社會目標現已由城市議會接手。

21. 參 Paul V. Mankowski, SJ, 'Academic Religion', in *First Things* 21, May 1992, pp. 31～37；引文在頁34。

22. Charles Newman, *The Post-Modern Aura: The Act of Fiction in an Age of Inflation* (Evanston, IL: Northwestern University Press, 1985).

23. 其分析參 Lawrence L. Habermehl, *The Counterfeit wisdom of Shallow Minds* (Bern/Frankfurt: Peter Lang, 1995)。

24. Antonio Gramsci, *Gli intellettuali e l'organizzazione della cultura* (8th edn., Turin: Einaudi, 1964)，一般性的參 Alberto Caracciolo, *La città futura: saggi sulla figura e il pensiero di Antonio Gramsci* (Milan: Feltrinelli, 1976)；Giuseppe Fiori, *Vita di Antonio Gramsci* (Bari: Editori Laterza, 1989)。

25. 中肯的評論，參 Robert Scholes, *Protocols of Reading* (New haven, CT: Yale University Press, 1989), pp. 92～93。

26. 見貝廷頓（David W. Bebbington）對W. A. Elwell, ed. *Handbook of Evangelical Theologians*的評論刊登在*Christianity Today,* 12 September, 1994, pp. 73～74。

27. 我盼望我自己現時正預備的三卷一冊的《十架神學》（*A Theology of the Cross*）可完成，當中會闡析對福音派十字架在批判性和基礎性神學中的角色。這套書將不會純粹集中在神學的討論上，亦會處理十字架在基督徒思考和生活的各層面的影響，包括愈來愈重要的屬靈觀。

28. 參 Blumhofer & Carpenter, *Twentieth Century Evangelicalism;* K. S. Kantzer & C. F. H. Henry, *Evangelical Affirmations* (Grand Rapids, MI: Zondervan, 1990), pp. 27～28；George Marsden, 'The Evangelical Denomination', in *Evangelicalism and Modern America* (Grand Rapids, MI: Eerdmans, 1984), pp. vii-xix；David W. Bebbington, *Evangelicalism in Modern Britain* (London: Unwin Hyman, 1989), pp. 2～17；Douglas A. Sweeney, 'The Essential Evangelicalism Dialectic: The Historiography of the Early Neo-Evangelical Movement and the Observer. Participant Dilemma', *Church History* 60 (1991), pp. 70～84。更多的討論，參 D. F. Wells & J. D. Woodbridge ed. *The Evangelicals* (Nashville, TN: Abingdon, 1925)；D. G. Bloesch, *The Essentials of Evangelical Theology* (2 vols, San Francisco: Harper & Row, 1978-79)；David Dockery ed. *Are Southern Baptists Evangelicals?* (Nashville,

TN: Broadman, 1993)；Millard J. Erickson, *The Evangelical Mind and Heart* (Grand Rapids, MI: Baker, 1993), pp. 13～14；Alister E. McGrath, *Evangelicalism and the Future of Christianity* (London: Hodder & Stoughton, 1994, & Downers Grove, IL: Inter Varsity Press, 1995)。

29. Ludwig Wittgenstein, *Philosophical Investigations* (Oxford: Blackwell, 1968), pp. 31～32。維特根斯坦在這點上的分析值得仔細研究。
30. N. H. Keeble & Geoffrey F. Nuttall ed., *Calendar of the Correspondence of Richard Baxter* (2 vols, Oxford: Clarendon, 1991), vol 1, p. 226.

2

耶穌基督的獨特性

在世界許多宗教中，基督教是獨特的，其之所以獨特是因為它有一位核心的歷史人物——耶穌基督。[1]正如一位對印度和非洲宗教有許多一手經驗和知識的學者尼伊（Stephen Neill）所指出：「拿撒勒的耶穌這歷史人物是判別每個基督教宣言的判准，並以這判准來看那些宣言是否站立得穩。」[2]對某些人來說，任何對獨特性的宣稱皆是精英化和自大的；但對另些人來說，這種宣稱在任何一種宗教（無論是基督教或佛教）裏都沒有顯示出任何不協調、自大或困難，正如皮裏斯（Aloysius Pieris）認為：「即使在佛教徒中，耶穌的獨特性也是顯而易見的。」[3]故此，基督教要處理的核心問題始終是這種獨特性的本質，和把這本質確立與陳構出來的方法。我們將會察見，福音主義不單在強調基督的**獨特性**，還有其**確切性**，對前者的肯定是為後者辯護的一個重要階段。

福音主義永遠不會為辯護和陳述耶穌基督的獨特性而感到困難。[4]但某些人會認為上帝那些重要和確切性的認識必須普遍存在於任何時空下，他們基於這種道德理由而投訴「個別性的荒謬」（scandal of particularity），例如對啟蒙運動（Enlightenment）比較同情的人就會鼓吹一種須建基於如「理性」、「經驗」或「文化」這些普遍有效和可獲致的規範或資源的一種宗教觀，我們將會展示（頁195～209）啟蒙運動所採取的策略及其知識論（epistemology）的集結，都是出於要為任何信仰系統建立一普遍有效、可被接納的基礎需要。[5]然而經過批判性的考查，我們會看見，他們所提出的這些「普遍性基礎」（universal foundation）——如「理性」、「文化」、「經驗」或「宗教」——其實是帶著強烈的民族中心色彩和個別性的。正因為懷疑主義對這種「基礎論者」（foundationalist）進路的效用性採取的批判態度得到確認，[6]基督教世界觀的獨特性愈來愈受到重視。如今眾所周知的「後自由主義」（參頁153～156）運動的興起，就是對「宏大理論」（grand theory）或「普遍性基礎」的信任崩潰的最明顯的標誌之一。

福音主義現在發現自己在橫掃北美哲學和神學的這種反基礎論（anti-foundationalism）浪潮中受益匪淺，它傳統的基督論（Christology）態度由於其毫不妥協的獨特性在過去一直受到譏諷，現已被視為一項資產。當然，這種基督論的個別性的福音派觀點，並非因為要在嶄新的後自由主義神學世界中被接納而採取的策略的結果，它只是福音派傳統下的一個組成元素，也是福音派人士一直視為重要而獨有的元素。而現在其他人亦開始認同了。

福音主義早已認同它獨特的啟示帶有普遍有效性這觀念，它未曾嘗試將基督教的啟示建基於另外一些更基本的範疇中，無論是「理性」或「經驗」，而只是堅持其終極的判斷完全在上帝本身。雖然某些作家出於終極護教的原因力圖強調基督教啟示與人類理性之間的連繫[7]，但那最終的權威仍然在於上帝的自我啟示；即使對這啟示的內容加以確立時要訴求於諸如理性這樣的東西，這種訴求仍經常處於次要和須印證的位置，而非首要和基礎上的。如果讓其成為首要和基礎上的，那就意味著承認理性比啟示更根本；而對福音派來說，最根本的莫過於上帝。這樣看來，福音主義既堅稱基督教啟示的**獨特性**，同時又維護某種普遍而有根據的上帝知識那極為重要的概念，這樣已經避免了基礎主義的知識論困境。基督教福音的個別性，和耶穌基督作為拯救者和主的超然之處，並沒有與其普遍性的範圍相衝突。事實上，福音派把重點放在基督身上，某程度上這已體現了它對真理的激情，因為耶穌基督就是真理。[8]

在本章，我們將探討福音派如何理解耶穌基督在基督教信仰中的地位。

耶穌基督的權威

從福音主義看，耶穌基督對基督教有一種建構上和界定上的重要性，有一種內在的權威，這權威是建立並集中於他的位格和工作之上。他的權威並非依靠一些外在的因素，否則，那些因素便成為基礎，而基督的權威亦要依憑著這些因素。在新約裏，為耶穌基督提供終極合法權威的就是上帝自己，我們看到，上帝透過復活證明耶穌是無罪的，並提昇他，從而轉過來確認了他復活前的職事。[9]

基督教神學的弱點是經常被誘導去將基督的權威建基於一些外在的原則或前題上。也許最著名的例子就是康德（Immanuel Kant）對基督權威的態度，在其《道德形而上學的基礎》（*Grundlegung zur Metaphysik der Sitten,* 1785）中，這一點體現得最明顯，他把人類的道德理性等同於判斷基督的標準。顯然，基督的權威被認為是次等的，是從人類的道德和理性這先驗權威引申出來的。英國哲學家和小說家默多克（Iris Murdoch）將這情形表達如下：

> 對我們來說，那清楚不過的和熟識的，就是在《道德形而上學的基礎》一書中那個美麗地被描繪得如此美好的人，他甚至在面對基督之時，仍可轉去考量自己良知的判斷，並細聽他自己理性的聲音。剔除那些略帶純哲學的背景，康德將準備使這個人——一個仍與我們同在的人——有自由、獨立、孤單、滿有力量、理性、負責任、勇敢，是眾多小說和道德哲學書本中的英雄。[10]

同樣，在十八世紀德國理性主義者萊辛（G.E. Lessing）的基督論作品中，我們可以找到他一貫性對理性作為首要權威的重視，這使基督成為某部分的和次要的權威，甚至聽命於理性的差遣。[11]基督的權威在於他的教義，然而，對這種教義的評價卻是根據理由原則作出的，這也就是說它的權威並非內在的，而是源於與它相關的既存的道德原則。故此耶穌所展示的權威只是衍生出來而沒有脅著內在意義的。[12]

如果鼓勵一個人接受耶穌的教義，就要描述耶穌這人，以及他在教導上所擁有的地位，那無異於提出一種智性上的非自治律，這是啟蒙主義的世界觀完全不會接受的。正如新約學者邁爾（Ben F. Meyer）注意到，「基督教信仰所流傳下來的遺產，肯定是一些不可或缺的東西，這些東西正是在現代文化的遺產中視為不可能排除的。」[13]如今，主要的基督論的批判被視為帶有強烈的反文化色彩的東西，因而使那些以基督教與現代文化相融合為己任的人感到有點尷尬，他們由此指出，基督論必須簡化到至少是西方文化可被接受的程度。

對這樣被文化所奴役的作家來說，耶穌的權威並不在於他**建立**了宗教或道德的價值，而在於他**反映**了現代認為可接受的宗教或道德價值。人類理性本身才是真正的權威，而耶穌所擁有的是一種衍生出來的權威，因為他的言行只是人類理性的普遍樣式。而判斷耶穌的教義是否有效的標準正是自律的理性個體。萊莘在這一點上反映了一種對歷史的態度，這種態度特別與法國啟蒙運動的哲學相連，[14]很快也成為德國啟蒙運動共守的格准（就是通常所說的啟蒙〔*Aufklärung*〕）：歷史就是方便展述非歷史真理（non-historical truths）的載體，其效用性與揭示它們的歷史性的方式**無關**，但完全**取決於**它們與人的理性能力是否一致。

啟蒙運動之後的時期也可以看到同樣的模式。耶穌權威的性質只不過是某些自治的個體將權威當作某種投射於過去的東西，例如：我們不難在德國自由派新教神學家哈納克（Adolf von Harnack，1851～1930年）的著作中發現下列所描述的印象：他所了解的耶穌的意涵最終只是他自己製造出來的一種建構，這代表著他本身價值和感受的客觀化。哈氏的進路缺少傑斐遜（Thomas Jefferson）所採納的那種粗糙性，傑斐遜以一種高度道德主義的眼鏡過濾了福音，排除了那些他認為不能接受的基督的教導和事工，而保留了他認為在基督的教導中「給予人最為崇高和仁慈的道德規律的法則。」[15]哈納克在應用上可能更為精巧，但其方法論與前者是相同的：考察者本身的先入為主決定了考察的結果。

哈納克基於他的考察指出，不能再被化約的基督論斷言耶穌就是「反照上帝的父親心腸的鏡子」。但批評他的提勒爾（George Tyrrell，1861～1909年）提出了著名的反駁，那鏡子所能反照的並非「上帝父親的心腸」，而是一種自由派新教的面孔：「哈納克所見的基督，就是回望十九世紀天主教的黑暗歲月，而所見的只是一副自由派新教的面孔的反照，這回望尤似從井的深淵向上察見。」[16]所以，對哈納克來說，賦予權威給**這個**耶穌只是哈氏自己權威的間接肯定罷了。史懷哲（Albert Schweitzer）想寫一本《耶穌傳》，他在宏觀考察了這種意圖之後，在預計其結果時曾評價說：

> 一個接著一個的神學年代都可在耶穌身上找到它自己的思想；事實上，這些思想是使耶穌活過來的惟一方法。這途徑不單使每個時代都可反照耶穌，亦使耶穌得以繼續存活。每一個人亦根據自己的性格來創造他。沒有一項歷史任務比撰寫耶穌生平傳更能揭示一個人的真正自我。[17]

與這種對耶穌權威的進路內在相關的，是一種自戀狂形式——是一種崇拜自我形象的欲望，[18]這基本上可說是現代化欲念的後果，尼采（Nietzsche）將之表述為「權力意志」（will to power），它要控制世界，並要以一己的意志加諸其上。非福音派神學經常給人一種要控制基督的印象，他們若不是直接從現代文化引申出一副可被接受的外表並加諸其身上，就是以一種先入為主的權威性和規範性假設為前提，羅列一系列常常削弱其權威性的條件。

福音主義辯稱權威是在基督其人身上的，並緊持無論新約所描繪的基督如何複雜，有怎樣細微的差異，對其忠心仍是十分重要的。[19]就這點，使福音主義與文化強烈對抗，在一個西方文化的語境內，個體完全有權利去建構自己的世界，而福音主義則宣稱它是服於基督權威和主權的一個運動，要理解這點的重要性，我們必須展述現代主義世界觀的主要特點之一——操控之權。

現代主義與操控

「現代主義」(modernism)一詞通常指始於二十世紀初的一種文化風氣，尤其在文學領域，其基本主題是一種控制的欲望，這或許在尼采式的「權力意志」中表達得最清楚，人性只需要獲得自主性的自我確立(self-definition)的意志；不須接受給予的東西，無論那是來自自然的或是傳統的。原則上，萬事萬物皆能被操控和主宰，對傳統的拒斥就是這種要求作主、擺脱任何智性的或社會的束縛從而獲得解放的需要的一個內在組成元素。現代主義在人理性的自律範圍中所注重的，是要把思想從過去的壓迫中釋放出來。「權威」和「傳統」等觀念則被視為一種死寂的過去所加諸於現時的枷鎖。正如史托特(Jeffrey Stout)指出，「現代思想是從權威危機中誕生出來的，是在逃離權威中形成的，始發於擺脱一切傳統影響而獲得自主權的渴望。」[20]人的理性被視為從過往那些不被信任的政治及社會系統中解放出來的鑰匙，這種要求解放的欲望經常與普米斯(Prometheus)的神話形象相關連，這種形象後來被歐洲文學視為解放的象徵。[21]普米斯現已被釋放，而人也準備要進入自律和進步的新紀元。

從費爾巴哈（Feuerbach）和馬克思（Karl Marx）的作品中可以看到一個相關的主題：「人性的神化」（deification of humanity）。對費氏來說，「上帝」這觀念是人對經驗的錯誤分析而產生的，把個人的經驗誤解為上帝的經驗。

> 宗教是**人類自我意識**的**最早**和**最真正非直接**的形式。基於此，宗教在一般人類歷史，及個別人的歷史中，是早於哲學出現。起初，人誤置其本質，儼若本質是在自身**之外**，然而最後察覺是在他們裏面……因此，宗教的歷史過程包括：早先以為是客觀的一種宗教，後來認識到是主觀的；原本以為是屬上帝，並如此敬拜的東西，卻沒有認識到只是屬人的東西。一個早期的宗教在後期卻被視為偶像崇拜：認為人是在敬拜自己的本質。人將自身客觀化，但卻不能確認自身正是這對象。[22]

所以，人最後就是「上帝」，而並非一些外在客觀之物。馬克思發展了費爾巴哈的這一個主題，他認為，被詮釋為「上帝」的宗教經驗的源頭乃在於社會－經濟的異化。[23]馬克思論到這種費爾巴哈的異化進路時評論說：

> 費爾巴哈從宗教上的自我異化，從世界被二重化為宗教和世俗的世界這一事實出發。因而他的成就在於把宗教世界歸結於它的世俗基礎……所以，費爾巴哈沒有看到，「宗教感」本身是社會的產物，而他所分析的抽象的人，實際上是屬於一定的社會形式……哲學家只是用不同的方式解

釋世界，而問題在於人要去改變世界。[24]

當要改變世界時，「上帝」這種被概念化的人類經驗必被摒棄。因此宗教必隨著它產生的原因的消失而消失，轉而由社會－經濟的變化來操控。宗教的主宰因此是在人性的掌握之中，普米斯式的夢將因著革命活動而實現。

與「操控」這主題相同的主題亦與現代科技的興起連繫起來。神學家和哲學家瓜爾蒂尼（Romano Guardini，1885～1968年）於1923年對科技的社會角色所作的精巧分析中指出，自然與文化的基本聯繫被「機械」的出現切斷。過去人一度將本性視為一種意志、智性和設計的表現，而並非「我們本身的製作」，[25]但科技的出現就開啟了**改變**本性的可能性，使它成為某種異化的東西。科技提供人一種將其權威駕馭於自然的能力，根據人本身的目的而重置自然的方向，人過去一度是默想自然的，但現在人的欲望「是要攫取力量，能把可以根據理由形成的一種律法強加於萬物之上。這裏我們可以看到這種霸權的基礎和特點，那就是毫無尊重的任意強制。」[26]人再也不必尊重自然，技術的興起令人可以操控和指導自然。

物質和力量被隨意地駕馭、蹂躪、綻開、改變和引導。對任何現存意義上的基本可能性或可容忍的東西沒有任何同情心，對自然部分的麻木決定了它的進路。一種按理性建構的、武斷確立的目標佔據至高無上的位置。基於眾所周知的一條公式，物質和力量被納入所需要的條件裏：機器。機器把物質變成欲求目標的堅固的公式。[27]

至少據一些文化分析所理解，這種操控自然的能力將無可避免地引致科技的神化，導致一種「以科技來追尋其權威，在科技中獲取其滿足，並從科技裏找到秩序」的文化的出現。[28]

科技的興起可能成為西方文化中形成「操控」這重要主題的一個形勢。這主題在西方哲學中也有反映出來，尤其在尼采的作品中更為明顯。尼采的哲學對西方思想有重要的影響，並對一種充塞著「我可以隨心所欲地創造」這種風氣的文化環境貢獻不小，對他來說，根本沒有事實存在，只有詮釋。[29]詮釋者可以自由地加上他或她所選擇的詮釋。[30]

這種尼采式的風氣大大滲透在現代基督論中。可以說，現代基督論是一種更大的嘗試，想將拿撒勒人耶穌順應於個別詮釋者的個人規範中，或者順應其所屬的意識形態的類別。結果自然形成一種基督論的無政府主義，被一些反映重新認定的羣體的自身利益的意識形態標準所控制（如果還可以說控制的話）。在這一點上，福音主義是強烈反文化的，它維護基督教的基本權利，即基督教是由基督作主的，而不是根據當代那些轉瞬即逝的風俗習慣來支配他。

當「操控」這主題在現代性範圍裏發揮著強大的影響力時，福音主義把自己定位在「管家」的位置上，以陳述並保護某些事情為己任，這些事情歸根結底是沒有權利主宰或控制的。有一個與整體性的基本問題生死攸關的，就是福音主義必須明確地回應客勒爾（Martin Kähler）曾指到的那位「歷史性和聖經裏的基督」（the historic, biblical Christ）[31]，而不是回應或再建構耶穌的某種現代建構，這些所謂重構實際上只依賴那些短暫的當代規範。福音主義不相信它有權利或資源去重構基督，認為現代主義的基督論反映了現代性的欲望，即強迫耶穌符合它的模式，也反映了它絕不容忍那些質問它的前提的人。

為避免在這一鍵點上有任何誤解，有些事情是必須弄清的。我們必須注意兩個基本上的區分：福音與文化走勢的關連和福音在文化走勢之上建立基礎，這兩者是不同的。前者是一種完全適當的和負責任的護教進路，使福音的眾多主題以最佳方式處境化。在此，福音是首要的，處境化永遠是次要的和暫時的。長期以來福音主義一直認為福音必須這樣處境化，這是護教的需要[32]。這種立場與自由主義企圖將福音建基於文化走勢之上的策略是完全不同的，後者無可避免地使福音成為文化奴隸，除了反映其觀念和價值之外就無所作為。

福音主義對現代主義基督論的批判，部分是神學的和學術性的，但亦有很深的實用層面。費爾巴哈把人神化：人類就是上帝，但經過個半世紀後，這「上帝」帶來的經驗，在福音主義眼中感覺到有質詢其結果的需要。史達林主義（Stalinism）和納粹主義（Nazism）的興起可視為在人類歷史上最殘酷的政權中的兩個，他們所策動的大規模種族滅絕行動，其可怕程度至今仍是人所無法想像的，正如一些後現代論者所強調，現代主義者對操控權的要求已達致一種虛幻和壓迫的文化，在這種文化中，人的力量已成為一種舉足輕重的影響力。

在這處境中，福音主義強調耶穌基督的權威，正如在聖經中他所彰顯的一樣，是完全解放性的，而非被某些人的利益集團或權力羣體所建構的那樣。令人吃驚的是，正當納粹主義要對那些被文化控制的德國教會加強控制時，

這種福音派的基本信念在〈巴冕宣言〉(Barmen Declaration, 1934年)裏得到了直接的陳述:

> 1. 耶穌基督,如他在聖經裏為我們所顯明的,就是上帝惟一的道,無論在生或死我們必須聽從、信靠和順服這道。我們拒絕以下錯誤的教導:教會可以並應當在上帝這惟一的道之外把別的事情、權能、人物、真理視作上帝的啟示,或者視作宣告這啟示的源頭……
>
> 3. 基督教會是弟兄姊妹聚集的地方,耶穌基督藉著聖靈在道和聖禮上顯現為主。教會屬受赦罪的羣體,她必須在一個充滿罪惡的世界中,以其信心和順服,以及宣講和命令來作見證,它是他獨有的財產,它全部生機和意志都在於盼望他的臨現,得他的安慰和引導。我們拒絕以下錯誤的教導:教會可以自由又隨心所欲地放棄其宣講和命令的形式,或因回應所風行的意識形態和政治信念而放棄這些形式。[33]

福音派堅守耶穌基督的權威並非一種自設的奴性態度,而是對解放者的一種自由獻身,因為他將我們從一個渴求權力的世界的壓迫中釋放出來。

耶穌基督的意義

福音派認為,耶穌基督的意義是在於他是基督徒生命的建構者和解釋者。換句話說,基督徒之所以能夠存在,完全基於耶穌基督的生、死和復活,其存在的本質和形態亦體現在耶穌基督自己的生命裏，並從中受啟示得知識。我們要探討基督教對基督意義的理解的五方面重要特點，這樣可以進一步豐富這一基本觀點。

一、耶穌基督的啟示意涵

新約對基督的描繪具有十分濃厚的啟示色彩。一些學者辯稱啟示的語言在聖經中只佔次要的位置。[34]值得注意的是，這些評論往往基於現代的啟示（啟示有些深受啟蒙運動前設的影響），而並無就聖經內啟示語言的性質進行仔細的查察。[35]例如：保羅的作品中並沒有出現過希臘文 *apokalypsis*（編按：這希臘文的意思是指「啟示」）；但其實「在基督裏的啟示」（revelation on Christ）這概念已滲透整個保羅神學。[36]聖經顯然地認為，上帝藉著其位格和目標的「顯露」（unveiling），使人能夠獲得「關於他自己的知識」（knowledge of himself）。在新約中，這些「顯露」、「展示」（showing）和「告知」（making known）全集中於基督的位格和事工上。要注意的是在這個問題上新約裏有兩個非常有力的句子，任何基督論的分析都必須承認它們是舉足輕重的：耶穌基督是「上帝榮耀所發的光輝，是上帝本體的真像」（來一3）和「那不能看見之上帝的像」（西一15）。這些概念常常指向末世論：我們現今藉著基督所知所得的事情，到了末日的時候，必得全部應驗、完全顯現。

一個基本的區別必須注意：**從上帝而來的啟示和上帝的啟示**是兩個不同的概念。這區分可從伊斯蘭教與基督教對啟示的比較中得到充足的理解。[37]在《可蘭經》（*Qur'an*）中，除了第一章之外，所有的篇章皆以 *qul* 這字開始——這個字是動詞「說」的命令式。[38]無論經文採用哪一種文體——

軼事的、歷史的、指示的或勸勉的，皆被視為從上帝而來的啟示，由天使長加百列給予先知穆罕默德（Muhammad）。雖然後期伊斯蘭教的敬虔物件發展至先知身上，但基本上伊斯蘭教的理解仍然認為權威性啟示是以書的形式出現而非以一個人的形式出現。[39]馬丁路德（Martin Luther）將這種觀點與基督教觀點的分歧表達得十分清楚。對路德來說，伊斯蘭教有《可蘭經》；猶太教有妥拉（*Torah*；即摩西五經）；而對基督徒來說：

> 上帝只想藉著基督而被認識，任何其他方式都不可能認識祂。基督是應許賜給亞伯拉罕的後裔的，因此惟獨基督是道路、生命和鏡子，透過他，我們可以見到上帝並知道祂的心意。上帝透過基督宣告祂對我們的愛護和恩慈；在基督裏我們見到的並非一位憤怒的主人和審判官，而是一位滿有恩典和慈愛的父親，祂透過基督祝福我們，將我們從律法、罪惡、死亡和所有罪中釋放出來，並賜我們稱義和永生。這都是確切和真實的上帝的知識及神聖的勸說，這一切不會失落，只會在一種獨特的形式中描繪（*dipingit*）上帝自己，離開這些就再沒有上帝了。[40]

對基督徒來說，耶穌就是上帝的形體和自我啟示，基督教信仰的中心就是一個活生生的人而非一部書。

透過啟示式語言和概念，新約是要表明，是有必要告訴人上帝是怎樣的。我們必須承認上帝是有命名和顯明自我的特權的，而不是被迫屈辱地接受人強加給祂的結構和預設。福音主義確定「讓上帝就是上帝」(let God be God),並按祂所選擇的樣式,而不是按我們可能設想的樣式去接受、尊重、構想祂。本質上,福音主義代表了一種持之以恆、嚴肅認真的嘗試,就是從上帝希望我們怎樣認識祂以及認識祂的哪一方面這個角度,來審視我們關於上帝以及我們自己的一切概念。在這個意義上,福音派神學是**負責任**的,因為它既是**對神聖啟示作出回應**(而不是採取主動),也會就著它的體系和概念對上帝**作出答覆**。

對福音主義來說,任何一個對上帝負責任的概念一定對上帝自我啟示作出人的回應,這種回應是受該啟示支配和控制的,這並不是說上帝啟示之前,所有人對上帝的概念都毫無價值的,而是說這些概念必須從啟示的角度加以評價。對費爾巴哈而言,所有「上帝」的概念,無論是基督教或非基督教的(費氏拒絕作這些區分),都一概從人的希望和恐懼所擺弄、投射和客觀化(*Vergegenständlichung*)。[41]這說法在過去及至現在也仍然受任何神學方法論——諸如士來馬赫(F. D. E. Schleiermacher)創立的、彼德爾曼(A. E. Biedermann)及田立克(Paul Tillich)的作品繼承的神學方法論——的效用而產生深入的批判,這方法論以人的經驗為起始點。[42]

在潛質上從「經驗」開始就是從人的建構開始,就是被性別、階級和社會經濟能力所塑造。若將神學建立在這些資源上,無可避免地會產生出一位「上帝」,祂就是神學家的社會地位的產物。正如馬克思敏銳地指出,這種神學進路意味著,必須改變思想家的社會經濟地位,才能改變他由此產生的上帝觀念。[43]任何神學無論直接或間接(透過被文化制約的人性經驗)被文化所決定時,都是對人類社會的一個回應，這將導致一個結論：上帝可以被操控，這樣，如我們所料的，這就是現代性企劃的一個中心主題。（參頁211～216）

啟蒙運動對「啟示」這個概念深惡痛絕，因為它認為這主張是向思維個體的自主性挑戰。如果必須承認上帝的知識最終來自另一種源頭——一種光憑人的理性是不可能直接得到的源頭，那麼自由思想的個體的自主性就會受到嚴重損害。理性有能力認識並揭示一切需要知道以及可以知道的上帝的事。若認為有另一個知識源頭，可以作為這種自主性知識的補充，或者更糟糕與之背道而馳，那無異於異端邪說。對啟蒙主義來說，無論是救贖還是啟示都是僅憑人的能力就可得到的。啟蒙主義之所以斷然拒斥奧古斯丁主義（Augustinianism），主要是反對奧古斯丁（Augustine）所堅稱的人性若要準確認識上帝或救贖就必須另求幫助這觀點。

公平地說，啟蒙運動對啟示概念的拒絕主要是因為它依賴人自主這概念，而非任何智性的基本困難。承認我們需要被告知甚麼，就是承認他律——對另一種知識之源的依賴。史托特正確地將啟蒙運動表述為「對抗權威」；[44]這種對抗經常是在實用性的考慮而非理論的辯證上被確立，其中「權威」被理解為同等於古代王國（*ancien régime*）的政治壓迫，可見啟蒙運動對權威和傳統的反對，是因連繫於其獨特的歷史背景而有著很深的社會學成分。

啟示概念對人的自主權提出了一個直接的挑戰，它肯定人完全有能力去建構他們自己的上帝觀，但這些概念必須根據上帝真實所指示的方式補充、挑戰和修正。對啟示優先性的肯定至終肯定上帝的最高權威是在上帝那裏，而完全不須理會這可能有辱沒自我宣稱的權威。人對上帝的談論是暫時性的，不可能因這談論內在資格就視之為權威，因為「上帝」並不是指某個可供公眾查察的物件，而人關於上帝的觀念則往往要受到挑戰、批判，要不斷修正。「你怎知道的？你提出這些是基於甚麼權威？你擁有甚麼特權可讓你以這些概念來陳說？我們為甚麼要聽你的？」這些問題是不能迴避的。基督教信仰的基本啟示原則是**只有上帝才能啟示上帝**，正如基本救贖原則是**只有上帝能拯救**。這將帶領我們進入基督的救贖意涵的討論中。

二、耶穌基督的救贖意涵

新約認為，藉著耶穌基督的死和復活，救贖才可能發生，也是可行的。縱貫保羅作品的是兩大主題，通常用這樣的俗語表述：基督為救人而「捨己」、「基督為我們死了」。[45]就這點基督教與伊斯蘭教的分別便很清楚：《可蘭經》用*najah*（指「拯救」）這亞蘭文字根只有一次。雖然這觀念（尤其是被理解為從地獄的審判中釋放出來）可在伊斯蘭教中找到，但並沒有如基督教般大事張揚，將穆罕默德視為「拯救者」是對伊斯蘭教有關先知身分和角色的一種扭曲。[46]

新約中有關救贖的許多象徵都是指到基督的死和復活。[47]有很多理由可以支持這些象徵是由於護教的緣故被陳構出來，主要是為著要擴展福音的宣講和它的受眾之間的相關性和意義。[48]我們並非關注這些事；我們所關注的是強調基督的死和復活被理解為在基督教福音中有基本的重要性。可能其中一個最重要的新約主題就是十架與救贖之間的決定性關係。

基督的十架向來在福音派神學和靈修學中皆是首要的主題。新約的保羅書信和馬可福音皆展示出對十架的一個特別的關注。[49]

- 十架被視為**救贖的獨一基礎**。救恩歷史中其他所有的事件(如基督的復活或在榮耀中的再臨)皆根據十架獲得各自的處境。因此,保羅強而有力地批判哥林多教會的神學,因為這種神學把復活看作是與十架無關的,並把釘十架相對化。十架神學是否定這種發展的。
- 十架是被理解為**真正基督教神學的起始點**。十架並非神學中其中的一環,而是神學的基礎。十架絕不只是神學課本中獨立的一章,而是支配並滲透於一切真正的基督教神學,它的絲線織進了整個織品裏面。
- 十架被視為**所有基督教思想的核心**。從其中傳流出基督教倫理、人類學、基督徒生命及其它的論述。那些容易彼此分離的啟示論與救贖論皆在十架上得以復合。

無可置疑,新約十分強調對耶穌基督所帶來的救恩的獨特性和完整性。涅特(Paul Knitter)嘗試區分開「耶穌作為拯救者」(這是核心信念)的認信和「耶穌作為**惟一**拯救者」的認信(他視後者為前者的一種被拋棄的部落宗派的表達)。[50]對他來說,新約對耶穌的高度評價是一種受文化制約的說話方式,這種方式是關係性而非形而上學的,[51]因而,「耶穌是主」這認信就是對信徒來說的有關耶穌**特別**意義的一個表述(就好像一個人對他的愛人所說的話一樣),而非對所有人類有著**普遍**意涵的句子。然而這似乎代表了為消除新約宣言的明確力量這個惟一目標而設計出來的一種方案。這點我們將會在有關宗教多元論的討論中再詳談（參第六章）。現在我們的注意力要轉向耶穌基督作為信心生活中的典範或化身的角色。

三、耶穌基督的模效性意涵

耶穌基督不單是救恩的基礎，還體現了得救生命的輪廓，這不是說耶穌基督純粹是一個外在的範例給信徒去模仿，就好像基督教就是一種對柏拉圖的「倒模」（*mimēsis*）概念的基督論重構。[52]

把基督看作純粹的道德典範這種觀點與某種人性缺陷觀是內在相關的，後者沒有正視完全難以控制的事實，即人的罪，一般人類歷史和基督教教會歷史的不尋常性和悲劇性。正如戈爾（Charles Gore）在一個世紀前敏銳地指出：

> 對基督其人的不正確概念是與對了解人的本性所缺乏的事情的不正確認識攜手並進。涅斯多留式（Nestorian）的基督觀……將基督視為人能仿效的模範，並且假若人夠聖潔的話，則如基督一樣進入與上帝美好的聯合中；但基督卻只是眾人中的一位，受制於人性的局限性，只能外在地影響人。只要人能因光輝的榜樣從外面得救，他就可能是人的救主……涅斯多留的基督正是伯拉糾主義者（Pelagian）的最好救主。[53]

一個範例性的救贖論（exemplarist soteriology），聯同它對耶穌基督作為道德典範的本質和角色的理解，歸根結底是與關於人性的地位和能力的伯拉糾主義觀相關連的，最終是結連於一種對人性處境和能力的伯拉糾式立場。為了盡可能縮小基督的道德品格和我們的道德品格之間的缺裂，就把他與我們之間的本體論鴻溝填平了。基督是最高的人性模範，他表明了一種真正的人的生活形式，是我們能夠仿效的。

這觀點不單未能就基督意涵提出正確解釋，而且它對人性的能力和特性的評估是不符合事實的。它是對理想化人性的一種倫理表達，但並不對應我們在經驗上所知的人性和基督教傳統告知我們的陷在困境裏的人性。或許罪最突出的特點就是自欺，不願意接受我們所處的悲劇境地。倘若如此，重建一個真正基督教倫理的首要步驟就是去除這種「完美主義者的幻想」(這裏借用尼布爾〔Reinhold Niebuhr〕的用語)，這種幻想在本世紀一直阻礙著自由派基督教的倫理反思。

這種「道德範例」理論建立在一種對人性完全不真實和非基督教的觀點上，並且亦依賴一種對基督位格的不充足理解之上。我們剛剛概述的這種意義觀最終把他的道德意義與具有所謂的普遍道德價值的典範形象聯結起來。在我們的分析中會愈來愈清楚(參頁149～153)的是這些概念是非常富有爭議性的。蘇格拉底在公元前399年逝世，引導我們關注於德性，如勇氣和誠實，而這些並不限於某時某地，因為蘇格拉底之死使這些德性變得具體，可以說，這些德性充滿了道德權威。蘇格拉底看道德上的重要性在於他見證了這些德性，它們先於他的存在而存在，亦並非藉著他的死而建立，又因他的死得以傳播，也不是因此得以建立。原則上這些及其他德性皆可透過其他人來傳遞，這個敘事的道德權威性是可相互交換而被其他主題所擁有，例如從範例主義(exemplarism)看耶穌基督。[54] 範例主義認為，拿撒勒人耶穌之故事的道德權威在於它反映了先前已被認可的普遍道德價值，這些價值的有效性是獨立於他而存在的。其他的見證——最好是較近代的——或許能發揮更理想的功效。耶穌則成為一個道德範例出現，但卻沒有意圖講清楚，在這關鍵上耶穌和我們之間存在著明顯的區別的事實。

福音主義避免對罪抱這種極少化的觀點，也不強調「認同基督」，免得產生不正確的基督觀。信徒透過信心與基督認同，或更準確來說，使與基督認同的過程得以展開。新約清楚地描述了這種過程，即如何建立信徒的存在結構與耶穌的存在結構的一致性。尤其在保羅的作品中，有基督的參與意味著保羅與他的存在同構。信徒藉著信心對生命獲得一種新的視角，對存在獲得一種新的結構，具體地體現在耶穌基督身上。信徒亦通過他們的宣講和行為表現展示著耶穌基督這個故事。

在保羅的作品中，最能表達基督徒生命的這種思想的概念或許就是**基督化詞態**（christomorphic）。[55]新約的道德勸勉是基於基督論的，基督論一方面作為基督徒身處環境的前設，另方面是基督徒行為的典型。[56]保羅在多處指出，他認為自己擁有信徒的生命就是基督本人生命的重演，因為耶穌基督既使獨特的基督徒生活模式成為可能，也體現著這種模式。[57]基督徒生命就是有能力去認同一種由耶穌基督歷史所建立和定義的存在結構，這亦在保羅的生命中得到反映。若與苦難相連，那就更有特別的意義，因為它與基督的受難相聯繫，所以對基督徒來說，就包含一種新的意義。[58]具體來說，保羅把他自己的苦難看作是基督苦難的延伸，或者是福音的具體化。

因此當保羅勸諭他的讀者要好像他一樣去效法基督時（林前十一1），他的用字似乎想指出成為基督徒就是與基督一同進入一種緊密和深刻的關係中，而信徒因著這關係開始去效法他。效法是信心之果而非其前提，成為基督徒是開展這樣的過程，在這過程中與其說是去**認同**，不如說是**被基督認同**；與其說是我們主動，不如說是上帝主動。

新約本身清楚預設著倫理勸諭是建基於基督論的睿見中，基督論能提供基督徒實存狀況和其行為模式的前設，這在保羅的作品中尤為真確。保羅經常提及他的個人存在是在重述耶穌基督的生命模式，並指出他的經驗可作為普世基督徒經驗的典範。從耶穌基督的敍事角度來看，保羅對自己個人歷史的敍述可被理解為對基督徒存在模式的輪廓的勾畫。對基督徒而言，*ek pisteōs*（編按：意即「出於信心」）而活就是根據耶穌基督歷史所建立和定義的存在結構而活，這些亦在保羅身上反映出來。

福音主義辯稱，耶穌基督的生、死和復活使一種新的存在的形式成為可能，這種新形式既由耶穌基督例示出來，也藉著上帝在信徒中間發動的復活（因為他們與基督一致）再現出來。

四、耶穌基督的敬拜意涵

基督教神學和基督徒敬拜與禱告的途徑有緊密的關係。[59] 神學和敬拜學——即對崇拜與信仰的理解——是不容許各行各路的，就好像基督徒如何敬拜是無關於其神學反省一樣。正如巴刻（James I. Packer）強調，神學和靈修學有著最密切的關連：

> 我對系統神學的主題被簡單視為有關上帝啟示的真理的準確性有所質疑；我對那些常伴隨著這種說法——對待物質就像其他科學數據一樣，最好分隔在客觀、冷靜中研究——的假設提出挑戰。甚麼是分隔？難道從信任、愛、敬拜、順服、服事和榮耀上帝這些關係性活動中抽離？這一切活動皆是體現了人認識到自己真正站在上帝面前，每當打開聖經或沉思某個神聖真理時，就意識到是上帝在對他說話。似乎惟有引入虔敬的關懷，才會擾亂教義研究；這種觀點導致……認識關於上帝的真正觀念與認識上帝真正的自身之間產生分裂。[60]

巴刻的要點是，對上帝真正的體驗如果是在基督教敬拜和禱告中獲得的，便會使採取抽離態度研究上帝成為不可能。就如同要求人對自己的愛人漠然以待一樣。獻身不單是基督徒的真實體驗和對上帝認識的結果，亦是這些經驗和知識實在的標記。

因此，尤為重要的是新約清晰地指出對耶穌基督的敬拜。[61] 在一種嚴格的一神信仰文化中，只有對以色列上帝的敬拜是完全可以接受的，但我們在其中清楚地看到猶太基督徒對耶穌基督的敬拜。例如：馬太福音使用*proskynein*（編按：意即「俯伏敬拜」）這希臘文動詞，指涉到門徒對復活基督臨格的反應（太二十八9、17）。小皮里紐（Pliny the Younger）注意到了這種做法，他在公元112年給羅馬皇帝他雅努（Trajan）的信中報告說，基督徒歌頌他們的主「像向著一位神」（*quasi deo*）一般。[62]

新約裏的基督論頌讚詩清楚地顯示了復活後的基督在早期基督教羣體中的地位如何被提昇，表明基督的主權已完全整合在新約羣體的敬拜和思想中，這完全可以解釋到耶穌已經在基督徒的敬拜中被確立和接受，而且有很高的評價。[63]保羅所引證保羅之前的基督論詩就正好是一個印記，這證明他書信的受眾已經接受基督，也表明類似於保羅所認可並闡釋的高等基督論在早期已經有系統的論述。用*kyrios*（編按：意即「主」）來指涉基督及其神性，可在基督教圈子的許多外邦的異教徒中找到，[64]但例證卻很少，這種高層次意義的用法似乎只能在巴勒斯坦地為源頭的猶太基督教中找到，[65]而無法在異教的誤解或誤述中找到。

福音派對耶穌基督的尊重具有濃厚的敬拜特性，這或許可以看作這種偉大的傳統頌詩中最令人矚目的地方，尤其是有清教源頭的那些頌詩。[66]對基督的敬拜——他是為救贖人類而謙卑自己的上帝——在此混合著一些冷靜的反思，就是一些對這種救贖的代價和它所提供關於真實的基督徒生活及傳福音的動機的反思。對基督的意義的這種福音主義理解的融貫性擴展到了解敬拜他的方式，以及從神學角度去了解他本人。

同樣清楚的是，福音派對基督主權的重視，對福音派是意味深長的。福音派對基督理解的融貫性變得更清楚；對基督身分的確認直接引到基督向世界的宣講——更確切地說，是向**他的**世界宣告：他是這個世界的創造者、救贖者和主。我們會在最後一節闡析這點。

五、耶穌基督的宣講性意涵

耶穌基督就是向著世界宣告的那位，這種對宣講（希臘文：*kērygma*）基督的高度重視是於福音派對其位格和地位的理解是一致的。新約有強烈的宣講意味，基督在當中被視為被宣講的那位，並因著他而期望有所回應。事實上新約這種宣講的特質見證著基督，就好像客勒爾所宣認「真正的基督就是被傳講的基督」。[67]基督教傳講的內容就是耶穌基督，例如：保羅對福音的傳講就是集中在基督身上（加一16），更具體的是集中在基督的受害和復活裏（林前一23，十五12）。在哥林多的書信裏，雖然只有一處提及「上帝的福音」，但卻有五處提及「基督的福音」。可見，保羅有時會將「傳講基督」和「傳講福音」交替使用。

基督教宣講的基督論內容在布特曼（R. Bultmann）、艾伯靈（G. Ebeling）和田立克的作品中大大被削減，尤其在田立克的作品中更為明顯。田立克的神學在處理耶穌其人的形象上極為隨意，他甚至可以放棄其歷史存在和性格而認為這對他的神學不產生任何大的影響。[68]他認為耶穌展述了一個原則，這個原則別人也可以並且確實在闡述。具有優先性的應是這原則，而不是顯明原則的人，這個人可以是耶穌，但並不一定就是耶穌。布特曼理解宣講或 *kērygma*，首先從一個活潑和有效的道出發，這道號召受眾作出實際的抉擇，因此在宣講中並無任何資料性的內容（例如關注到耶穌的歷史形象）。[69]比起布特曼來，艾伯靈顯然更對耶穌的歷史形象感興趣，但儘管如此，他還是認為可靠的是信心本身，而不是「對基督的信心」。耶穌在這裏被當作信心的一個典範，而不是信心的實體。教會的宣講所要傳達的正是**耶穌的信心**，而不是**對耶穌的信心**。[70]

但近年學術界研究新約的趨勢是將基督徒的信仰與歷史上的耶穌分開。保羅作品中可能用到關於耶穌的傳統，這表明基督論的獨特之處對保羅已潛藏著其重要性；[71] *didachē*（教導）與*kērygma*（宣講）之間的區別已很難維持，如：「教導」（*didachē*）其實很清楚是指「宣講」（*kērygma*）的內容，尤其用在基督論。[72]一般來説，早期基督教宣講的大概內容可以總括為「耶穌的死、復活和升天的宣告，從而把他尊為主和基督，他使人面對赦免罪的必要性，同時應許罪可得赦免。」[73]新約的宣講向度是集中於耶穌為主、基督和拯救者。[74]

福音主義把這種宣講的睿見納入到它的整個世界觀之內。[75]福音派堅持傳福音的重要性，宣講是這種基督論的恰當和自然的結果：若耶穌基督是拯救者和主，他就一定要向世界宣告這事。傳福音是有一個基督論的基礎和動機的，福音主義從來不認為它是少數被揀選者額外的事，而認為它是教會生活和見證的組成部分，也不能視為少數被揀選的可有可無之活動，而是已整合在教會的生命和見證裏。耶穌基督的身分也就是如下的陳述：傳福音就是信徒對耶穌的位格和事工的回應（包括個體的和集體的）的一個本質特點。

以上提及的五個因素奠定了基督教的關鍵論題：上帝在耶穌基督裏顯明自己，耶穌基督就是福音派神學的基礎和判准。若耶穌基督是上帝，或受命代表上帝説話和行事，那麼我們就有權利並且必須按他的方式去論説上帝。[76]如若不是，那麼他應得的重視與那些只能間接地言説上帝的道和旨意的人所做的無異。因為，十分清楚的是基督論在福音派神學和屬靈的反思中佔有決定性的角色，它給予福音派神學智性上的融貫性、傳福音和屬靈的焦點。「誰是耶穌基督？」這問題就是整個福音派神學工程的決定性問題。

對福音派而言，這個問題惟有基於聖經才能回答，如加爾文（John Calvin）所言，我們不是要討論一個赤裸裸的基督，而是一位「穿著他自己福音外衣的基督」。[77]我們需要處理基督其人和新約對基督的詮釋，聖經對「認識基督」這主題的重要性是不可忽視的，不單由於我們離開聖經就不能從其他途徑獲得關於基督的可靠知識，[78]而且對耶穌基督獨特的基督教**詮釋**——亦即就是福音——也主要在聖經裏並藉聖經而確立。

在福音主義及基督教之外，必會有一些人企圖賦予另外的形象、權力、原則和價值根本性的意義，但福音主義的基督教則毫無顧忌地公開宣稱自己是基督中心論的。耶穌基督**就是**福音。不論那些神學反省如何變得複雜細微，福音主義仍然堅稱萬事萬物一定要基於基督並由基督審判，而並非視他為一些觀念的源頭，而是基督徒生命每個層面的基礎。偉大的英國福音派人士紐頓（John Newton）這樣評價：

> 在耶穌基督裏彰顯的上帝之愛，就是我渴望默想的永恆的事情，不只是作為教義去思考，還要如此去感受它；我自己因對它的關注而使我心裏滿有它的影響，變成了與它一模一樣的東西。[79]

結論

基於上述的分析，福音主義十分強調基督中心論，這是十分清楚的，這點或許在1920年代的福音派作品中體現得並不清楚，尤其是那源於北美背景的作品，這是因為當時福音主義覺得必須維護它在其他問題上的觀點，而最超著的就是聖經權威的問題。但正如我前文所指出，福音派當時的防衛性姿態是由於對一些並非福音主義的核心問題的過分反應使然。在本章開頭論述到耶穌基督的位格和工作時，我意在指出基督對福音派的世界觀有著決定性的位置。

對福音派而言，基督教神學首要和最先的關注就是耶穌基督的身分和意涵，並肯定和承認他的十架和復活的**個別性**，其次便是拒絕任何跌入普遍化的引誘。耶穌基督已設定了分別真正教會和虛假教會的界線，前者因上帝已啟示自己於耶穌基督裏以至對上帝負責，後者則回應和承認現今世代的壓力。福音主義堅持基督徒的位置是在世界裏；但基督徒一定要保持其獨特的身分，因他們是這世界的光和鹽。「船是在海裏，但若海水滲入其中，上帝就會幫助那船」（慕迪，D. L. Moody）。福音主義獨特的特點之一就是它既肯定**在**世的意義，同時又堅持與其**分出來**，而把教會與世界分別開來的核心來源是耶穌基督。

福音派堅定不移地認為，基督教神學是植根於耶穌基督的生、死和復活這些特點上，故此最終是向他負責的。對基督負責，因為我們必須對他作出闡釋，也必須向他作出闡釋。無論我們選取甚麼命題去陳說上帝的特性或人的本性和命運，它們最終都植根並受制於上帝在基督裏的自我啟示中。福音派對耶穌與聖經之間的密切關係的理解就是，對基督的訴求同時就是對聖經的訴求，正如訴求聖經就是訴求基督一樣。以上探討把我們帶到福音派對強調聖經的權威這個話題上，下一章我們就要轉向這個話題。

註釋：

1. 斯托德就基督獨特性的討論，參 *The Contemporary Christian* (Leicester: Inter-Varsity Press, 1992), pp. 296～320。
2. Stephen Neill, *Crises of Belief* (London: Hodder & Stoughton, 1984), p. 23；在美國出版的是 *Christian Faith and Other Faiths* (Downers Grove, IL: InterVarsity Press, 1984)。一個相近的基督論宣稱會包含在馬丁路德有名的宣告中。關於因信稱義是「教會為之生或死的條目」，參 Ernst Wolf, 'Die Rechtfertigungslehre als Mitte und Grenze reformatorischer Theologie', *Evangelische Theologie* 9 (1940-50), pp. 298～308。更詳細的分析，參 Alister E. McGrath, 'The Article by which the Church Stands or Falls', *Evangelical Quarterly* 58 (1986), pp. 207～228；及 'Der articulus instificationis als axiomatischer Grundsatz des christlichen Glaubens', *Zeitschrift für Theologie und Kirche* 81 (1984), pp. 383～394；及 'Karl Barth and the articulus iustificationis. The Significance of his Critique of Ernst wolf Within the Context of his Theological Method', *Theologische Zeitschrift* 39 (1983), pp. 349～361；及 'Karl Barth als Aufklslarer? Der Zusammenhang seiner Lehre vom Werke Christi mit der Erwählungslehre', *Kerygma und Dogma* 30 (1984), pp. 273～283。
3. Aloysius Pieris, in J. Hick & P. Knitter ed., *The Myth of Christian Uniqueness* (Maryknoll, NY: Orbis, 1988), p. 171。這本書的題目是嚴重誤導性的，編者們表明他們並無任何意圖否定基督教的獨特性；他們的關注是「重新詮釋」，參 P. Knitter, 'Preface', *The Myth of Christian Uniqueness,* p. vii，並且注意，吾比迪（John Mbiti）同情性的宣告，在一個非洲處境中，「基督教的獨特性正是在耶穌基督身上」：John Mbiti, *African Religions and Philosophy* (London: Heinemann, 1969), p. 277。
4. 即使是平諾克（Clark Pinnock），他被一些人視為現代福音派神學家中最具「包容性」的，他亦批判「多元論」進路對基督意義的摧毀性。參 Clark H. Pinnock, *A Wideness in God's Mercy: The Finality of Jesus Christ in a World of Religions* (Grand Rapids, MI: Zondervan, 1992), pp. 49～80。
5. 就這趨勢，參 John D. Barrow, *Theories of Everything: The Quest for Ultimate Explanation* (Oxford: Clarendon Press, 1991)。巴羅（J. D. Barrow）注意到這種追尋依賴於「柏拉圖或重視無時間性的普遍作為事物本質是比我們所觀察和經驗的具體世界更為重要」（頁26）對個別優先性的重新發現是對近期神學思考中後自由主義的冒起有著主要的重要性。
6. 就神學層面，參 D. Z. Phillips, *Faith after Foundationalism* (London: Routledge, 1988)。就一般現象，參 Stephen Crook, *Modernist. Radicalism and its Aftermath:*

Foundationalism and Anti-foundationalism in Radical Social Theory (London: Routledge, 1991)。

7. 一些作家如霍奇(Charles Hodge)就上訴於蘇格蘭的「常識」哲學,來替他們的神學進行辯護,這樣做所產生的危險,參頁196~204。一些福音派人士,如亨利(Carl F. H. Henry)和斯普勞爾(R. C. Sproul)的進路是基礎主義的,是基於護教性的理由;但這並非指福音派整體在方法學上都是基礎主義的。就這一般性的問題的一些具思想性反思,尤其是針對亨利的*God, Revelation and Authority* (6th vol, Waco, TX: Word, 1976-83),參 Richard R. Topping, 'The Anti-Foundationalist Challenge to Evangelical Apologetics', *Evangelical Quarterly* 63 (1991), pp. 45~60。
8. 約翰福音的一個具特色的洞見:參 Ignace de La Potterie, *La verité dans Saint Jean* (2 vols, Rome: Editrice Pontificio Instituto Biblico, 1977)。
9. 這主題的神學向度在潘寧博(Wolfhart Pannenberg)的作品中得到完整的闡析,參 *Jesus-God and Man* (London: SCM, 1968), pp. 53~108。
10. Iris Murdoch, *The Sovereignty of the Good* (London: Routledge & kegan Paul, 1970), p. 80.
11. G. E. Lessing, 'Über den Beweis des Geistes und der Kraft', in *Gotthold Ephraim Lessings sämtlichen Schriften,* vol. 13, ed. Karl Lachmann (Berlin: Göschen'sche Verlagshandlung, 1897), 4.11~8.20.
12. 就啟蒙運動前後以何種途徑指導聖經與耶穌基督的詮釋,參 Hans Frei, *The Identity of Jesus Christ* (Philadelphia: Fortress, 1975), p. xvi。
13. Ben F. Meyer, *The Aims of Jesus* (London: SCM, 1979), p. 15.
14. 參 Georges Benrekassa, *La politique et sa memoire: La politique et l'historique dans la pensée des lumieres* (Paris: Payot, 1983)。
15. 轉引自David Gill, 'The Faith of the Founding Fathers', in *One Nation Under God* (Waco, TX: Word, 1975), p. 41.
16. George Tyrrell, *Christianity at the Gross-Roads* (1909; rep. London: Faber, 1963), p. 49.
17. Albert Schweitzer, *The Quest of the Historical Jesus* (3rd edn., London: A & C. Black, 1954), p. 4.
18. 就自戀的討論,參 Christopher Lasch, *The Culture of Narcissism* (London: Abacus, 1980);Neville Symington, *Narcissism. A New Theory* (London: Carnac Books, 1993)。
19. 就當前福音派學術情況及神學反思的一個瀏覽,參 Douglas Jacobsen & Frederick schmidt, 'Behind Orthodoxy and Beyond It: Recent Developments in Evangelical Christology', *Scottish Journal of Theology* 45 (1993), pp. 515~541。

20. Jeffrey Stout, *The Flight from Authority: Religion, Morality and the Quest for Autonomy* (Notre Dame, IN: University of Notre Dame Press, 1981), pp. 2～3.
21. 就普米斯在文學上的影響，參 Raymond Trouesson, *Le théme de Prormethée dans le Litérature europée ne* (Geneva: Droz, 1976)；Linda M. Zewis, *The Promethean Polities of Milton, Blake and Shelley* (London: University of Missouri Press, 1992)。就普米斯與阿提喀文化（Attic Culture），參 Paola Pisi, *Prometo nel culto attico* (Rome: Edizioni dell' Ateno, 1994)；就亞當與普米斯的多種平行，參 Larry J. Kreitzer, *Prometheus and Adam: Enduring Symbols of the Human Situation* (Lanham, MD: University of America Press, 1994)。
22. Ludwig Feuerbach, The Essence of Christianity: in *Gesammelte Werke,* ed. W. Schuffenhauer (Berlin: Akademie Verlag, 1973), vol.5, pp. 46～47。另參 Max Wartofsky, *Feuerbach* (Cambridge: Cambridge University Press, 1982)；W. I. Brazall, *The Young Hegelians* (New Haven, CT & London: Yale University Press, 1970)；James Bradley, 'Across the River and Beyond the Trees: Feuerbach's Relevance to Modern Theology', in S. W. Sykes & D. Holmes (eds)., *New Studies in Theology* (London: Duckworth, 1980), pp. 139～161。
23. 在英語中這是一個極端困難分析的概念，涉及馬克思在描述該現象時把兩個德語（Entäusserung and Entfremdung）作細微的交替使用。讀者可參 Bertell Ollman, *Alienation: Marx's Conception of Man in Capitalist Society* (Cambridge: Cambridge University Press, 1977)。
24. Karl Marx, *Theses on Feuerbach* (1845); in *Marx-Engels Gesamtausgabe,* vol.1, part 5, ed. A. Adoratskii (Berlin: Marx-Engels Verlag, 1932), 533. 14～555.35.
25. Romano Guardini, *Letters from Lake Como: Explorations in Technology and the Human Race* (1923; repr. Grand Rapids, MI: Eerdmans, 1994). pp. 16～17。有關科技興起所產生的問題，參 Jacques Ellul, *The Technological Society* (New York: Knopf, 1964)；Albert Borgman, *Technology and the Character of Contemporary Life: A Philosophical Inquiry* (Chicago: University of Chicago Press, 1984)。
26. Guardini, *Letters from Lake Como,* p. 44.
27. 同上，頁46。
28. 參 Neil Postman, *Technopoly: The Surrender of Culture to Technology* (New York: Vintage, 1993), p. 71，這是他的立場；另參 George Grant, *Technology and Empire* (Toronto: Anansi, 1986).

29. 參 Roger Lundin, *The Culture of Interpretation* (Grand Rapids MI: Eerdmans, 1993)。

30. 就著有關「超價值化」關連而引起的問題，參 James S. Hans, *The Question of Value* (Carbondale, IL: Southern Illinois University Press, 1989)。

31. 參 Martin Kähler, *Der sogenannte historische Jesus und der geschichtliche biblische Christus,* ed. E. Wolf (1892., repr. Munich: Kaiser Verlag, 1953), pp. 40～45。

32. 這點的卓越討論，參 David J. Hesselgrave & Edward Rommen, *Contextualization: Meanings, Methods and Models* (Grand Rapids, MI: Baker, 1989)。

33. 'The Theological Clarification of the Present State of the German Evangelical Churches (1934)', section 1, 3; in Niesel (ed), *Bekenntnisschiften und Kirchenordnungen der nach Gottes Wort reformierten Kirche* (Zurich: Evangelischer Verlag, 1938), 335.25～31; 335.46～336.10.

34. 例如，參 James Barr, *Old and New in Interpretation* (London: SCM, 1966), pp. 83～102；F. G. Downing, *Has Christianity a Revelation?* (London: SCM, 1964)。

35. 潘寧博把這點弄得很清楚，參 'Revelation in Early Christianity' in G. R. Evans (ed.), *Christian Authority* (Oxford: Oxford University Press, 1988), pp. 76～85。就啟示的聖經概念，參 Rolf Rendtorff, *Canon and Theology: Overtures to an Old Testament Theology* (Minneapolis, MN: Fortress, 1993), pp. 114～124，其清晰的瀏覽，參 John Goldingay, *Models for Scripture* (Grand Rapids, MI: Eerdmans, 1994), pp. 287～347。

36. 其闡析，可參 M. N. A. Bockmuehl, *Revelation and Mystery* (Tübingen: Mohr, 1990)；D. Lührmann, *Das Offenbarungsverständnis bei Paulus und in den paulinischen Gemeinden* (Neukirchen and Vluyn: Neukirchener Verlag, 1965)。

37. 就一個有用的瀏覽，參 J. Glaser, 'Towards a Mutual Understanding of Christian and Islamic Concepts of Revelation', *Themelios* 7 (1982), pp. 16～22。

38. 「可蘭」(Qur'an)一字意指「閱讀」或可能是「大聲讀出」，福音派抗拒把「啟示」直接等同於「聖經」，部分原因是恐怕這會引致一種聖經崇拜（Bibliolatry）；參 Donald G. Bloesch, *Essentials of Evangelical Theology* (San Francisco: Harper & Row, 1982), vol.1, pp. 52～53。在我們的分析中會愈發清楚，是耶穌基督而非聖經被看為上帝般被敬拜，馬丁路德在1525年在*De Servo arbitrio* 中討論這點尤為重要，他特別注意到「上帝和上帝的聖經是兩樣東西，尤如創造者與被造物一樣：*D. Martin Luthers Werke: Kritische Gesamtausgabe,* vol. 18 (Weimar: Böhlau, 1885), p. 606。

39. 伊斯蘭教承認一小部分的「上帝的說話」(*ahadith qudsiyya*) 並沒有包含在《可蘭經》中。

40. D. *Martin Luthers, Werke: Kritische Gesamtausgabe,* vol. 40 (Weimar: Böhlau, 1911), 602.18～603.13; 607.19～609.14.
41. Ludwig Feuerbach, *Das Wesen des Christentums,* in *Gesammelte Werke,* ed. W. Schuffenhauer (Berlin: Akademie Verlag, 1973), vol. 5, pp. 46～47.
42. 參潘寧博的敏銳評論，*Jesus-God and Man* (Philadelphia: Westminster, 1968), pp. 38～39, 47～48。
43. 參 Karl Marx, 'Thesen über Feuerbach' (1845) in *Marx-Engels Gesamtausgabe,* vol. 1, part 5, ed. Adoratskii (Berlin: Marx-Engels Verlag, 1932), 533.14～555.35。
44. Stout, *The Flight from Authority,* pp. 2～3.
45. 在加拉太書二章20至21節有兩個方程式一同出現。「放棄」方程式（羅四5，八32；加一4，二20）有「基督被上帝放棄」的意涵（即這是上帝的一個行動）或有「基督放棄自己」（即這是基督一個自我順服奉獻自身的一個行動）。亨格爾（Martin Hengel）提到「基督為我們死」這一句片語（參羅五6、8，十四9；林前八11，十五3；林後五14～15；加二21；帖前五10）是「保羅書信及早期基督教傳統中最常引用及最重要的認信語句」，Martin Hengel, *The Atonement: The Origins of the Doctrine in the New Testament* (London: SCM, 1981) p. 37。
46. 但有趣的是一些福音派對啟示本質的進路似乎較接近伊斯蘭教的一種命題式啟示的概念，而非基督教概念中一位有位格的上帝在基督裏的啟示。部分原因是這種發展似乎是要回應新正統的「沒有內容的啟示」或「作為在場的啟示」的概念（參頁113～116），所有福音派堅信耶穌基督是上帝的自我啟示，然而耶穌是一個人，並非一個命題，或命題的源頭，一個純然的啟示命題式進路是弱化聖經啟示的概念，並以一種稀釋的概念來代替它，這種概念受益於啟蒙的理性主義與斯賓諾莎（Spinoza）及笛卡兒（Descartes）的真理觀，而非聖經啟示本身。就福音派而言，耶穌基督是上帝的自我啟示；他是上帝，而非僅是有關上帝轉介命題的載體，這重點在拉姆（Bernard Ramm）辯指啟示一定同時是命題式和個人化的那裏得到展述，參 *Special Revelation and the Word of God* (Grand Rapids, MI: Eerdmans, 1961)。
47. 例子，參 C. H. Cosgrove, 'Justification in Paul: A Linguistic and Theological Reflection', *Journal of Biblical Literature* 106 (1987), pp. 653～670；David Hill, *Greek Words and Hebrew Meanings: Studies in the Semantics of Soteriological Terms* (Cambridge: Cambridge University Press, 1967)；R. P. Martin, *Reconciliation: Apostolic Preaching of the Cross* (3rd edn., London: Inter-Varsity Press, 1965)。
48. 參 Charles B. Cousar, *A Theology of the Cross* (Minneapolis, MN: Fortress,

1990), pp. 82～87；J. Driver, *Understanding the Atonement for the Mission of the Church* (Scottdale, PA: Herald, 1986)。

49. 參 Ulrich Luz, 'Theologia Crucis als Mitte der Theologie im Neuen Testament', *Evangelische Theologie* 34 (1974), pp. 116～141。就有關保羅的一般性研究，參 Ernst Käsemann, 'The Saving Significance of the Death of Jesus in Paul', in *Perspectives on Paul* (Philadelphia: Fortress, 1971), pp. 32～59；H. W. Kuhn, 'Jesus als Gekreuzigter in der frühchristichen Verkündigung', *Zeitschriftür Theologie und Kirche* 72 (1975), pp. 1～46；Cousar, *A Theology of the Cross*。
50. Paul Knitter, *No Other Name? A Critical Survey of Christian Attitudes Towards the World Religions* (Maryknoll, NY: Orbis, 1985), pp. 171～204.
51. 就多元論者對傳統正統基督論的回應的出色概覽，包括涅特，參 Clark H. Pinnock, *A Wideness in God's Mercy: The Finality of Jesus Christ in a World of Religions* (Grand Rapids, MI: Zondervan, 1992), pp. 49～80。
52. 在柏拉圖中的「倒模」觀念，可參 Maria Kardaun, *Der Mimesisbegriff in der griechischen Antike* (Amsterdam: North Holland, 1993)。
53. Charles Gore, 'Our Lord's Human Example', *Church Quarterly Review* 16 (1883), pp. 282～313；轉引自頁298。
54. 這點的卓越分析，參 O. M. T. O'Donovan, *Resurrection and Moral Order* (2nd edn., Leicester: Apollos, and Grand Rapids, MI: Eerdmans, 1994)。
55. 這點的更詳細分析，參 Alister E. McGrath, 'Christian Ethics', in R. Morgan (ed.) *The Religion of the Incarnation: Anglican Essays in Commemoration of Lux Mundi* (Bristol: Bristol Classical Press, 1989), pp. 189～204。這問題的一般性論點，參 John B. Webster, 'Christology, Imitability and Ethics', *Scottish Journal of Theology* 39 (1986), pp. 309～326。
56. 參 H. D. Betz, *Nachfolge und Nachahmung Jesu Christi im Neuen Testamentum* (Tübingen: Mohr, 1967)，要注意作者指出（參頁186）保羅理解基督徒生命是「效法基督」（Mimesis Christi）。
57. 參 Beverly Gaventa, 'Galatians 1 and 2: Autobiography as Paradigm', *Novum Testamentum* 28 (1986), pp. 309～326；Victor Paul Furnish, *Theology and Ethics in Paul* (Nashville, TN: Abingdon, 1968)。
58. 參 L. Gregory Bloomquist, *The Function of Suffering in Philippians* (Sheffield: Sheffield Academic Press, 1993)；Scott J. Hafemann, *Suffering and Ministry in the Spirit: Paul's Defense of His Ministry in 2 Corinthians 2:14～3:3* (Grand Rapids, MI: Eerdmans, 1990)。
59. 這點在過去兩個世紀的神學討論中十分突出，在以下的作品中也有特別提到：Geoffrey Wainwright, *Doxology: The Praise of God in Worship,*

Doctrine and Life (New York: Oxford University Press, 1980)，以及Aidan Kavanagh, *On Liturgical Theology* (New York: Pueblo, 1984)。

60. James I. Packer, ‘An Introduction to Systematic Spirituality’, *Crux* 26/1 (March 1990), pp. 2～8; 轉引自頁6。

61. 參 Richard J. Bauckham, ‘The Worship of Jesus in Apocalyptic Christianity’, *New Testament Studies* 27(1980-81), pp. 322～341；Richard T. France, ‘The Worship of Jesus: A Neglected Factor in Christological Debate?’, in H. H. Rowdon (ed.) *Christ the Lord* (Leicester: Inter-Varsity Press, 1982), pp. 17～36。

62. Pliny, *Epistle* X, 96；另參 Ralph P. Martin, Carmen Christi: Philippians 2: 5～11 in *Recent Interpretation and in the Setting of Early Christian Worship* (Cambridge: Cambridge University Press, 1967), pp. 1～9。

63. 重要的概覽，可參 Ralph P. Martin, ‘Hymns in the New Testament: An Evolving Pattern of Worship Responses’, *Ex Auditu* 8 (1992), pp. 33～44。一個較古舊和完整的評論，參 R. Deichgräber, *Götteshymnus und Christushymnus in der früben Christenbeit* (Göttingen: Vandenhoeck & Ruprecht, 1967)。

64. 參 P. Maurice Casey, *From Jewish Prophet to Gentile God* (Cambridge: James Clarke, 1991)。

65. 參 L. W. Hurtado, *One God, One Lord: Early Christian Devotion and Ancient Jewish Monotheism* (Philadelphia: Fortress, 1988)。

66. 考珀（William Cowper）及衛斯理（Charles Wesley）的詩歌是卓越的例子，參 J. Richard Watson, ‘Cowper's Olney Hymns’, in *Essays and Reviews* 38 (1985), pp. 45～65；J. E. Rattenbury, *The Evangelical Doctrines of Charles Wesley's Hymns* (3rd edn., London: Epworth, 1954)。

67. 就整全的背景，見Martin Kähler, *Der sogenannte historische Jesus und der geschichtliche, biblische Christus,* ed. E. Wolf (1892; rep. Munich: Kaiser Verlag, 1953), pp. 40～45。

68. 田立克的分析，可參 *Systematic Theology* (3 vols, Chicago: University of Chicago Press, 1978), vol.2, pp. 113～114。

69. 參 Alister E. McGrath, *The Making of Modern German Christology* (2nd edn., Leicester: Apollos & Grand Rapids, MI: Zondervan, 1994), pp. 155～173。

70. 這問題的仔細分析，可參 Miikka Ruokanen, *Hermeneutics as an Ecumenical Method in the Theology of Gerhard Ebeling* (Helsinki: Luther-Agricola-Gesellschaft, 1982), pp. 162～189。

71. 參 N. Walter, ‘Paul and the Early Christian Jesus-Tradition’, in A. J. M. Wedderburn & C. Wolff (eds.) *Paul and Jesus* (Sheffield: JSOT, 1989), pp.

51～80；David Wenham, 'Paul's Use of the Jesus Tradition', in D. Wenham ed., *Gospel Perspectives 5: The Jesus Tradition outside the Gospels* (Sheffield: JSOT, 1984), pp. 7～37。較近期卓越的分析，可參 David Wenham, *Paul: Follower of Jesus or Founder of Christianity?* (Grand Rapids, MI: Eerdmans, 1995)，特別參頁71～103。

72. 參 J. I. H. McDonald, *Kerygma and Didache: The Articulation and Structure of the Earliest Christian Message* (Cambridge: Cambridge University Press, 1980)。

73. C. H. Mounce, *The Essential Nature of New Testament Preaching* (Grand Rapids, MI: Eerdmans, 1960), p. 84。另參 Peter Stuhlmacher, 'The Pauline Gospel' in P. Stuhlmacher (ed.) *The Gospel and the Gospels* (Grand Rapids: Eerdmans, 1991), pp. 149～172。

74. 特別參 William J. Abraham, 'A Theology of Evangelism,' *Interpretation* 48 (1994), pp. 117～130。

75. 就這刻，以福音派角度對福音派作有用的神學分析仍是：William J. Abraham, *The Logic of Evangelism* (Grand Rapids, MI: Eerdmans, 1989)，並他的論文：'A Theology of Evangelism', *Interpretation* 48 (1994), pp. 117～130。

76. 這刻我選取這種字詞的形式來容許本體及功能基督論的可能性，但將會愈清楚的是，並且正確地理解的是，他們是彼此扣緊而不能分開的。

77. *Institutes,* III: ii. 6；參 II, ix. 3.，這原則的應用的卓越例子，參 Thomas F. Torrance, *Preaching Christ Today* (Grand Rapids, MI: Eerdmans, 1994), pp. 1～40。

78. 見以下書籍的論文，Wenham (ed.) *Gospel Perspectives 5: The Jesus Tradition outside the Gospels*；更一般性的，可參 R. T. France, *The Evidence for Jesus* (London: Hodder & Stoughton, 1986), pp. 19～85。

79. John Newton, *Works* (6 vols., Edinburgh: Banner of Truth, 1984), vol. 2, p. 18.

3

聖經權威

在1521年4月18日沃姆斯國會（Diet of Worms）中，馬丁路德宣告：「我的心被上帝的道迷住了。」[1]同樣，福音主義亦發現自己被上帝的道迷住了。聖經的充足性原則對福音主義具有核心的意義，〈威斯敏斯特信條〉（Westminster Confession）的宣言總括了福音派在這重要事情上的共識：

> 上帝整個計劃，是包括萬事萬物，而且必須關乎祂自己的榮耀、人的救贖、信心和生命，這一切若不是記載在聖經裏，就是從聖經中演繹出美好和必然的結果；這一切在任何時間都不能再增添甚麼，無論是聖靈新的啟示或人的傳統。[2]

或許正是在這一點上，福音主義非常清晰地表達它與改革運動有著神學和靈性上的一致性，表明它的關注點是要保證基督徒羣體的生活和思想植根於聖經，並一直根據聖經不斷作出的評價。[3]這不可誤解為福音主義就是「一部書的宗教」，事實上，福音主義的焦點集中在基督的位格和事工上，肯定耶穌基督在信仰和生命的各項事上有核心性和主權。可見，上帝成為肉身的道和在聖經中的道有一種不可抗拒並且緊密的關係，耶穌基督被我們認識就是透過聖經的見證；從另一個角度看，這些見證又是集中於他這個人和其工作上。我們會詳論這點的重要性。

聖經與耶穌基督

聖經集中於基督，圍繞著基督，惟有藉著聖經這個媒介才能清楚地認識基督。只要正確詮釋，聖經就指向基督；基督亦只能透過聖經才能被正確認識。正如馬丁路德所言，基督是「聖經的確定無疑的要點」（mathematical point）[4]，正如聖經「是包裹基督的布和放基督的馬槽」[5]。加爾文有相似的看法：「這就是我們看遍這部聖經後所應該追尋的：去認識真正的耶穌基督，認識包藏在他裏面、父上帝賜給我們的無盡的財富。」[6]正如一位丹麥的改革宗神學家該柏爾（Abraham Kuyper，1837～1920年）所宣稱的，那使人得救的信心的惟一物件就是「穿著聖經衣服的基督」[7]。

縱使福音派對聖經有如此高度的重視，但它一直抗拒將聖經的文本等同於啟示的這種引誘。[8]聖經被視為一個管子，藉此看到上帝在耶穌基督裏的自我啟示。它雖然承載基督裏的自我啟示，但不能直接等同於自我啟示。聖經並非耶穌基督本身，正如該柏爾恰當地指出，除了我們在聖經裏找到的形式，我們不可能以任何其他形式與基督相遇，我們不能離開我們在聖經中尋找到的形式與基督相遇。以信心接納聖經作為對基督的證明，並相信基督就是聖經所傳講的那位。[9]因此，我們只能按著聖經裏所宣講的基督來認識他，及後透過基督教會那順服而負責任的宣講來認識基督。福音派對啟示的理解有強烈的三一論向度，尤其在對聖靈獨特角色的肯定中可見一斑，[10]而對聖經權威的理解則特別集中於耶穌基督其人和其工作上。

如我們所看到的，福音主義的核心是這樣的一種信念：上帝在耶穌基督裏並藉著他顯明自己，但這不是一種福音派獨有的信仰，而是基督教會的共同遺產。基督教會其中一位偉大的神學家巴特（K. Barth）就肯定這點：

> 當聖經談到上帝時，它並不容許我們的思想和注意力在一種游離飄忽的狀態……當聖經談到上帝時，它將我們的思想和注意力集中於一點上，是可被認知的一點……若我們繼續追問，我們的注意力和思想應當且必須集中在哪一點，那麼可以說，由始至終，聖經引導我們注意的就是耶穌基督的名。[11]

倘若在這點上福音主義是獨特的話，這是由於它選擇了對這一信念以及由此推論出來的結論的重視，而不是重視這信念本身的實質。這其實是基督教會共同信仰的重要部分，而福音主義正確地認識到這種信念是維護基督教信仰的獨特性的根本意義。上天下地所有的權柄已交給復活的基督（太二十八17～20），任何權威首先安放於復活的基督身上。對聖經權威的信念是基於正確理解聖經和基督那種緊密和自然的連繫之上。首先，福音派認定耶穌自己也視聖經為上帝所賜的（在他那時當然是指舊約），這種確信不能視為從他當代的人所理解的一種非批判地接受的態度，耶穌對那些他不能接受的猶太教信念和行為是毫不遲疑地批判的。這確信亦不能視為他教導中一些可有可無的事情；而且還有的就是有充分的理由肯定，這信念與他對自己使命的理解是一體的，是他那充滿權柄的教導的核心部分。[12]

很多基督徒認知到耶穌的教導擁有一種內在的規範性地位；福音派堅持忠於基督為主是包括接受他對聖經的態度。「基督徒並非一羣相信聖經的人，而是一羣相信基督的人」這句話是值得注意的。[13]雖然這話論到了優先性和重要性，而且還有幾分可稱道的，但它樹立了一種誤導人的、絕對錯誤的二元對立。其實，這並非一個**不是**聖經**就是**基督的問題，好像兩者能夠或應該被分離。兩者之間有一種互動和本質性的聯繫。我們榮耀基督的途徑，一方面是接受基督所接受的聖經，另一方面是接受教會所傳流給我們的基督的見證，這種見證是受聖靈啟示的、是神聖的。

其次，基督論和聖經權威是緊密相連的，是聖經帶引我們得到耶穌基督的知識。加爾文正確指出這就是聖經的大前題。我們所擁有的文獻中，惟有新約是基督教會認為真正體現並集中了它對耶穌的理解，以及耶穌對人的生活和思想的影響。至於從典外文獻（extracanonical sources）裏記載關於耶穌的紀錄，其可靠性是受到質疑的，其價值也是有限的。[14]上帝帶出了耶穌基督，又帶出聖經來為基督作見證。我們正是透過聖經寫下的道來認識上帝永生的道。

因此，聖經權威是基於神學和歷史的考慮：正是藉著耶穌基督才有基督教對上帝的獨特認識，而這種關於耶穌的知識又只出現在聖經裏。是基督使聖經具有統一性：正如英國福音派神學家尼伊強調的，將聖經各部分核心思想和主體連繫起來，並據此來詮釋它們的，正是耶穌基督其人和他的工作。[15]

聖經的權威

我們很容易看到，在西方的學術界有不少文章和書籍皆指到聖經出現「權威的危機」，而令人困惑的是這些文章和書籍出現的時候，正是聖經在基督教羣體中有實質和可觀的發展時間，例如：西方的福音派教會視聖經具有權威性，拉丁美洲的草根階層就在聖經中找到他們社會及政治企劃的基本資源。[16]有充分的理由表明，學術界所提出的「權威」一方面是被自身排斥的，但同時這權威又為創造力、革新及思想自由作出了貢獻。這兩者確實存在嚴重的分歧。就普通的基督徒來說，即使沒有神學框架，不能確切地知道如何把這種不同的功能概念化，但他們仍然認為聖經是基督徒正常生活的核心。

教會歷史中一個不容爭議的事實就是教會經常視聖經為權威，一方面將它視為基本觀念和價值的源頭，另一方面是對其他源頭提出批判。從歷史上來看，聖經如何擁有這種權威的理論是後來產生的，而起初是先對這種權威的確認，例如：聖經由上帝感召而寫的理論其實是嘗試為已經存在的事實（*de facto*）的權威提供一個審斷（*de jure*）。這些理論旨在解釋聖經在教會中具備權威和受尊重的原因，而並非建立這些權威。中世紀時期，在神學整個領域中，聖經是視為基本的。[17]一些出色的講道家和作家，如伯爾納（Bernard of Clairvaux）和厄·金碧士（Thomas à Kempis），把聖經視為一種發展高超的靈性的基礎。可以說，實在沒有別的事情能夠為這種權威提供一種精確的神學體系。聖經就是基督教生命和思想的核心。[18]

所以，談及一種所謂現代「聖經權威中的危機」是很可能嚴重地誤導人的，事實上，視聖經為權威的信徒的數目在不斷增加，而傾向較為自由主義色彩的，即在聖經上離開基督教核心形式的信徒則愈來愈少。若果真的存在一種危機，這權威則應存在於**神學層面的陳構和表達**的問題上，以及某些古舊的進路現今卻視為一些面對文化發展的條件性回應，尤其是在啟蒙運動時期。例如：沃菲爾德對聖經權威的理解是受著蘇格蘭的常識哲學（philosophy of common sense）的影響，這套哲學在十九世紀的普林斯頓（Princeton）發揮過重大的影響力（參頁200～203）。隨著這種哲學的感染力愈來愈弱，再加上對它的理性主義（rationalism）基礎的認識愈來愈充分，沃菲爾德對聖經權威問題的獨特進路就出現了「危機」，這種危機並非出在福音派對聖經尊重的解釋上，而是因為對這權威的基礎和表達它的基礎產生了疑惑。

還需要強調的是，那些反對「聖經權威」的人之所以有異議，是因為他們一開始就斷然拒斥權威這個概念本身。正如我們將會看見，現代主義的中心主題是對自我定義那種完全自治的渴求。正如一位劍橋大學的神學家庫皮特（Don Cupitt），他的作品表達了對這趨勢的強烈認同，他明言「現代人想過自己的生活，意思是自己立法，駕馭著自己選擇的生活道路。」[19] 於是，按著權威這概念，當對選擇有任何限制，就被視為壓迫。現代性（或後現代）渴望自由地去建構自我的真實，對上帝的本質和目的的智性選擇的觀念，受制和限制於一些外在的規範，是與一種強調自治、自我引導和自我確認的世界觀相衝突的，而這種世界觀在很多西方大學中都佔有優勢。[20]

聖經權威的解放性向度

福音派對聖經權威的堅持，反映出一種立場，就是不容許任何在基督教傳統以外的事，來制約真正「基督教」的規範。批評聖經權威概念的人會提出，倘若我們放棄聖經權威，我們將得著釋放。對我來說，這只不過是另外一種要求去接受某些或某個人的權威而已。基督教對聖經權威的堅持反映出我們不容許任何在基督教傳統以外的事成為真正「基督教」的規範。神學的歷史告訴我們有很多例子，指明當一種神學與基督教傳統的主導力割離，在傳統以外尋找其他規範必出現極其糟糕的結局。

要列出我們對基督教思想如何被流行的意識形態所俘擄的例子實在毫無困難。古典的例子就有所謂的「帝國神學」(imperial theology)，它的建立與凱撒利亞的優西比烏(Eusebius of Caesarea)有關，聖經的解釋受制於一種意識形態，此意識形態視羅馬帝國為上帝救贖目的的高峯，隨著羅馬皇帝君士坦丁(Constantine)在四世紀的認信，基督教歷史中的新紀元就漸漸瓦解，很多基督徒作家視君士坦丁為上帝揀選的工具，以致整個帝國都認信，優西比烏的「羅馬神學」(Roman theology)對當時基督教思想有著深遠的影響力，使羅馬免受部分基督徒作家的反省性的批評。

然而，假定的帝國與福音之間有著實在而又是非常密切的連繫，認為羅馬之被洗劫(410年)危及到西方基督教的未來。羅馬的衰亡引發一系列對帝國神學來說非常嚴重的問題。奧古斯丁在《上帝之城》(*The City of God*) 裏回答了羅馬被掠奪這個問題,他拒絕接受一種在基督教圈子內有影響力的「歷史神學」,並將基督教從這束縛中釋放出來。《上帝之城》將羅馬在優西比烏的歷史神學中的角色推倒,羅馬再不是上帝拯救世界和保存福音所揀選的器皿,從而,帝國意識形態加諸於基督教的聖經解釋的限制性(並且是大大歪曲的)的影響力得以去除,[21]結果,羅馬的覆亡並沒有引起福音本身的覆亡。由於將自身依附於某種現行的意識形態,基督教思想就可以確保其主導形式得以暫時延續,這延續其實就是它的控制權。一旦那種意識形態崩潰了,與它結盟的一切也都隨之崩潰。至少基督教神學的很大部分曾是依賴於這種意識形態的。奧古斯丁的偉大貢獻在於,讓這意識形態重新發現自己在聖經裏真正的合法性和基礎性,這聖經可在教會裏宣讀,並為教會所接受。

一個近代有關非聖經的控制力臨駕於基督教頭上的例子,可在希特拉(Adolf Hitler)統治下的德國教會的歷史中找到,這段歷史不得不承認「德國文化」的權威。一些人逆來順受地臣服於這種意識形態的外衣下;另些人則堅持基督教需要忠於自己,認真看待本身的遺產,並拒絕任何有別於基督(在聖經中找到的)的控制,正如我們早前提及的(參頁34)。1935年5月的〈巴冕宣言〉所反對的納粹教義就是:上帝現在透過德國歷史向人類宣告新的信息。這種教義一度被一些神學家接受,如阿特候斯(Paul Althaus)就在1933年公開承認。[22]〈巴冕宣言〉被那些「德意志基督徒」所拒絕,這批信徒屬於新教教會的主流,並且同情希特拉。他們在1934年6月簽署的安斯伯卡諮詢會議(The Ansbacher Consultation)就是回應〈巴冕宣言〉,指出神學和教會應該聽從文化和國家的勸諭，宣稱教會應當徹底改變自己，認同德國新的形勢，認為上帝已經把「一個虔誠而忠信的統治者」賜給德國人民，這個人就是希特拉。[23]

神學上自由主義的許多形式促使我們從人的經驗和文化中尋求規範，並承認聖經的權威是贊同這一切的。自由主義的困難在於它的文化順適主義（cultural accommodationism）使基督教神學變成主流文化意識形態的抵押品，就好像三十年代中期德國教會所面對的危機一樣。[24]〈巴冕宣言〉並不只是反對希特拉和納粹主義——當然它毫無疑問是反對的，它還代表著一種激昂的宣言，即基督教信仰和神學必須避免陷於流行文化的枷鎖。正如侯活士（Stanley Hauerwas）和韋利蒙（William H. Willimon）所評論的：

> 納粹德國就是對現代神學的最大考驗。在那裏我們體會到，現代世界，就是我們曾如此費力去理解並漸漸相信的現代世界，不只是包含哥白尼（Copernican）的世界觀、電腦和發電機的世界，也有納粹分子的世界。巴特感到非常驚駭，他的教會竟然沒有神學資源去反對希特拉，也沒有能力向那些神學的自由主義分子說不，他們的神學生涯就是把信仰翻譯成現代人能明白的用語，並將它們應用在現代文明的創造中。其中有一些，比如赫希（E. Hirsch），甚至對希特拉說「是」。[25]

赫希就像當時不少德國的自由神學家一樣，沒有看到讓神學陷入流行的文化枷鎖是危險的，甚至當這種文化成為納粹文化時，他也沒看到這種危險性。

在這裏我們應該注意的是當時德國學術界全力支持威列得二世（Kaiser Wilhelm II）在1914年的戰爭政策。[26]容易被人忘記的是如哈納克這些前線的自由神學家正是支持當時的帝國戰爭政策的人，無怪乎巴特當見到他的自由神學的老師站在戰爭政策的戰線上時感覺到他整個世界都被搖撼，他事後回憶：

> 對我個人來說，當年8月開始的頭一天就好像黑暗的一天，當天有九十三位德國知識分子刊印一份支持威列得二世和其同僚的戰爭政策，我驚駭地發現差不多我所有的神學老師都在名單內，對他們的立場我感到驚奇，那時我就知道我再不能跟隨他們的倫理和教義，或他們對歷史和聖經的理解，十九世紀的神學對我來說再沒有甚麼前途可言。[27]

或許有人會驚奇地問：當俄羅斯靈魂正處於漫長的黑夜時，蘇聯的學術界在做甚麼？[28]所有證據都表明，蘇聯的學術界所擁有的只不過是一些傀儡，被借用來成為史達林主義壓迫的工具，雖然學術界經常被視為自由的保衛者，但實情往往並非這樣，納粹德國和史達林的蘇維埃聯盟（Stalinist Soviet Union）都是明顯不過的例子，表明學術界可積極或消極地成為壓迫的工具。海德格（Martin Heidegger）所倡導的存在主義（existentialism）——他主張尋求內在平安及一個真實而可信的存在——在許多事情上被證實是沒有價值的。他在弗萊堡（Freiburg）的校長演說（*Rektoratsrede*）上公開表示支持國家社會主義。我們不能對這一切的事掉以輕心。教會若要維護自己的自由，避免經常徘徊在某種世俗文化的邊緣上，就一定要朝向別處，而不是盯著學術界。

承認聖經權威因而成為具有深刻的解放意義，它把我們從奴隸性的需求中釋放出來，這些要求使我們跟隨每一種文化趨勢，並為我們提供一個我們可以據此**判斷**它們的框架，就像認信教會要選擇批判希特拉，而不是跟隨他——即使沉重的文化壓力迫使教會順應文化的氛圍。重新宣認聖經是讓我們效法基督，而非俯首於那些零碎且使人迷惑的文化。[29]

今日西方教會要學的功課，就是她們過去太輕易將自身投擲到文化規範的跟前。只有在我們的文化之外、撇開它去重新發現一些規範，我們才能避免依附於麥肯太爾（Alasdair MacIntyre）所指的「時代的自我形象」（Self-Images of the Age）。我們批判德國自由神學家在1914年支持帝國戰爭政策，其實當時他們只是認同一種普及的文化趨勢；我們批判德國基督徒在三十年代歸服於希特拉，其實他們亦只是讓自身歸屬於當時流行的文化規範。我們今日亦做著相同的事情，讓我們和教會跟隨社羣的價值和規範而漠視這一切的源頭和目標，容讓我們的觀念和價值被一些在聖經中上帝自我啟示以外的事情所控制，這是接納一種意識形態而非神學；這是被一些在基督教傳統以外的觀念和價值所支配。

這些價值和觀念或許對於一些懶散和不負責任的神學，是一件有力的修正工具，正如馬克思主義可為基督教社會思想提供批判性的層面；女權主義為教會內父權傾向提供批判的工具，但馬克思主義的價值和「婦女經驗」皆不能成為基督教的**根基**，這根基在於上帝，是祂在基督身上顯明的。希特拉統治下的德國教會的例子是十分具啟發性的，因為它指出教會需要一種能據此批判世俗世界的標準。一種神學所植根的價值觀念——無論是激進的或是保守的——若完全是出於俗世的世界的，那麼這種神學也就不可能有力量去批判那個世界。教會若容忍自己的主導性觀念建基於一套信念或價值觀念上，那麼它就很難採取批判那些價值觀的立場，因為那樣只會損害自己的立場。一套建基在德國文化的神學將無法找到合適的工具去批判這些文化，以致一度被以為是可以解放的，最終卻變成帶有威脅性和險惡的。巴特和潘霍華（D. Bonhoeffer）拒絕在耶穌基督以外尋找上帝，基督在第三帝國的文化戰爭中提供最認真和有用的對抗立場。

要展示聖經怎樣才能成為被那些宣稱要解放它的人的奴僕，我應該闡析斯龐（John Shelby Spong）的作品，尤其是他的《從基要主義中解放聖經》（*Rescuing the Bible from Fundamentalism,* 1991）。[30] 我們所有人都知道基要主義的問題。在1910年，十二卷本名為《基要主義者》（*The Fundamentals*）的叢書的首卷出版，[31] 因著一些歷史的偶然因素，「基要主義者」因這套叢書而得名。基要主義是美國文化中對世俗文化興起的一種宗教反動。[32] 縱使這名稱廣泛地指涉到回教和猶太教中的宗教運動，其實它原初是專門指在美國新教中的一個運動，尤其是在1920至1940年間。這場運動的弱點是眾人皆知的，亦不在此贅言。但是如果我們必須拒絕基要主義，那麼我們該以甚麼來代替它？確實有一種需要，將聖經從基要主義中釋放出來，但那些可釋放它的宣稱，都往往另有所圖。

這正是斯龐主教面臨的處境。他的神學才能並不出色，但他引起傳媒注意的能力卻出類拔萃。斯龐在他那本《從基要主義中解放聖經》——這本書若不是作者是一位主教（這一點在封面上作了誇張的標示），很可能被看作無足輕重的作品而遭拒絕——提出要將聖經從基要主義的制約中解放出來，但很快我們就清楚知道，所謂將聖經「解放」出來只是使它成為當時流行新英國的自由精英分子的那些最新文化規範的奴隸。這部作品的現代性色彩非常強烈，它論證上極為膚淺，對別人的觀點傲慢無視、嗤之以鼻。

舉例說如，斯龐在某一處試探性地提出保羅可能是一個同性戀者的觀點，再翻數頁後，這就好像已經是新約研究圈內已被公認的結果一般，以致斯龐得出結論說，這位教會裏最偉大的教師之一原來是一名「不折不扣的男同性變者。」[33]究竟有沒有重要的歷史證據支持呢？沒有！我們忍不住要懷疑，為了迎合已往的自由主義觀點，新約在這裏只不過是可以微妙地被竄改的書罷了。

更多類似的事情可在他的《一個女人的出生》（*Born of a Woman,* 1992）[34]中看到。我們從書中得知，馬利亞並非童貞女，而只不過是一名遭強姦的受害者。有沒有確切的歷史證據呢？沒有！斯龐似乎期待他的讀者相信，他的發現已經是新約學界公認的觀點，而最終可由此重構他們對基督教信仰和生命的遠象。我們只能感到，在這裏，理性的論證已經被一種特別的需求與任意武斷所取代，而這正是斯龐主教極力反對的基要主義諸派的特點。

斯龐主教知道他的觀點不會受人歡迎，並且相信這是因為這些觀點實在太新穎，完全停留在智性的層面上。可悲的是，這些論點確實不受歡迎、不得人心。斯龐自己建構一個虛幻的世界，在這個世界中，他自己那種政治指導文化的觀點使他把政治社會的刻板模式強加給新約，這完全是教條主義，缺乏學者應有的洞察力和責任感。他的論點被看為與法維爾（Jerry Falwell）志趣相投。斯龐這種偽學術性格的進路已被韋特（N. T. Wright）指責過，[35] 韋特認為斯龐嘗試將自身定性為一位受迫害的英雄，並在基要主義的汪洋中為真理而戰，韋特指出：

> 〔斯龐〕匆忙地建構了一些想像中的歷史世界，並要求我們將信仰和生命建基於此。倘若我們拒絕他的要求，毫無疑問，他就會惡言相向；但假若每個反對斯龐著作的人都變成基要主義者的話，那麼我想，世界上所有的基要主義者的教會都容納不下一下子湧到它們門前的新成員。[36]

我的觀點認為，僅僅證明必須將聖經從那些在基要主義進路的限制中和禁錮它的事情中釋放出來，是不足夠的，因為情形往往是這樣，將聖經釋放出來的專業解放者立刻就將它重新禁錮在自己的世界觀中。結果根本就沒有解放，只不過是專制者的改變，情況就好像1945年德國東部的居民的不幸遭遇一樣，以為自己從希特拉手中解放出來了，卻發現原來「解救」他們的是史達林。

與聖經權威對立的進路

對某些作家來說，「聖經權威」這概念是不能接受的，原因是他們早已委身於另外一些權威。福音派委身於聖經權威，就代表我們對一些權威的對立性進路採取小心和批判性的評估，並堅持聖經比這些進路在神學和屬靈生命的承載力上更高更大。隨後我會闡析四種對立的進路，並加以評論。這些概念每一個都十分複雜，是值得展開討論的，可惜的是，這種分析需要另著書卷，不是本書研究所能概括的。由此，我們要討論的四個方面也不可能充分發揮，令那些對方法論特別關注的人士感到滿意。要探究的四個領域如下：

一、文化
二、經驗
三、理性
四、傳統

前兩項是神學的「自由」進路，它們不滿基督教信仰的獨特性，嘗試將神學建基於「普遍」的基礎上。我們先從文化的角度入手。

一、文化

一些自由派作者辯稱，神學是要透過接觸西方文化而追尋一種公眾的審斷和其合法性。這種進路的卓越例子可從卡夫曼（Gordon Kaufman）的作品中找到，他指出：

> 神學的根源不是局限在教會的生活中，或者限於教會所遵從的某種特定教義、文獻，它們也不存在於某種類似於「原始經驗」（raw experience）的事情中。事實上，它們很大程度上出現在西方文化的日常語言中。[37]

然而，這話提出了如此重大的基礎性問題，使得這種神學進路還沒起錨就沉沒了。為何是**西方**文化呢？以甚麼審斷這種民族的核心性（ethnocentricity）？這些評論裏隱含某種令人驚恐的事，類似於一種粗俗的文化帝國主義（cultural imperialism），把全球文化之外的東西都當作神學上沒有意義的東西般剔除。正如十九世紀英國自由主義者相信，使世界進步的最好方法就是將它置於英式則律之下，[38]所以神學的自由主義者似乎認為，只有一個西方的自由主義觀點才有全球的有效性，而亞洲和非洲的基督教則要向他們的西方優越者學習。在當今世界，西方文化的缺陷和局限已是有目共睹的，這種進路不可能得到重視，即使那些生活在這種文化圈子裏的人也不會認真看待它。

而且，一個現代多元文化也不可能容忍單一地訴求於「西方文化」，這是一種幼稚的訴求。毫無疑問，自由主義進路在一種背景中具有最大的有效性，那就是整個社會只有一種單一的特點——「西方文化」這樣簡單化的術語似乎就預設了這種的背景。社會學家貝格爾（Peter L. Berger）注意到「每個人類社會都有其公認而有效的智慧、信念和價值主幹，大部分人皆視之為不證自明的真理。」曾有一個時期，西方社會只要一種單一文化及官方基督教，可見西方社會同時是文化上單一並且是基督教的。在這語境內，自由主義是有效的。但由於西方現代社會長期經歷智性和道德上的多元主義，這種整齊的進路最終失去其作用。過去（如十六世紀的英國）在一個文化中或許只有一組信念和價值，但現在多種相互競爭的信念和價值出現了，這種情況是由於在政策上奉行容忍並鼓勵多元，視之為國家的目標，這是與追求個人自由一致的。[39]

科爾貝（Lawrence Kohlberg）對從嬰兒到成年人的道德階段發展的分析可說是一個卓越的例證，說明一旦宣稱要建立普遍規範，就可能出現這種西方文化帝國主義。[40]他相信自己已經揭示了一種普遍的文化模式，但他的不少批評者指出，他所謂的「道德階段」只不過是繫於在西方後啟蒙文化的白種男性而已。[41]自由主義企圖將西方文化的基礎全球化和總體化，根本上也犯了同樣的錯誤；所謂的「普遍」審斷或真理是基於高度民族中心論和特定的價值、信念推導出來的。因此，西方自由主義不得不承認自己文化的獨特性，不得不放棄追求普遍性的奢望。任何嘗試高舉文化作為基本的神學資源，這在神學的意涵上都將會是非常痛苦的。

上述這種神學上的自由主義只會愈發覺得自己漂流不定，並失去一度曾有過的信心和免受意識形態侵擾的安全。既然根本沒有一種普遍的文化可訴求，那麼，造出一種對「文化」的普遍訴求又有何意義呢？貝格爾這樣評論在現代西方多元文化中自由神學事業所面臨的巨大困難：

> 在這種處境中，基督徒為適應「世界的智慧」所作的種種努力都變得困難、狂亂甚至是極為可笑的事。每一次當他經過艱苦努力去使信仰適應流行文化，這種文化卻轉了方向，變了航道……我們的多元文化迫使那些「刷新」基督教的人始終處在一種緊張狀態。「世界的智慧」是他們用來改變宗教傳統的標準，但這個標準本身卻常常變換位置；更糟糕的是，就是在同一個位置上也在不斷變動，並且常常是劇烈變動。[42]

貝格爾的社會學分析清楚指明，某些觀點會「在一社羣中被接納為智慧，而在另一處卻是完全笨拙。」換上另一種說法，這不是一種普遍的思考方法，或者普遍的價值觀念；它是具有社會性的，存在於某個具體的階層或者社羣中間。較早時我們留意到「基要主義」如何經常相連於一種社會學的態度，以致看事物好像「從南部的低下中層人士」的角度看；自由主義傳統上依靠於另一類不同的社會學的態度；一種文化精英。貝格爾的分析在這裏有深究的價值：

> **今日世界的智慧經常附帶一種社會學的態度**。結果，基督徒每次適應都必然是在某種具體的社會背景中（通常取決於階級）是「相關的」，但另一種背景中卻是「不相關的」。故此當基督徒要將信仰和現代世界相調適時就要問自己，世界的哪一部分是調適的物件。結果，可能的情況是，無論調適（*aggiornamento*）的物件是甚麼，結果都會是包含一部分和排拒另一部分，倘若調適是以文化精英為主體，我們必須知道這羣的信念是搖擺得最厲害的一羣。[43]

所以，談論「使基督教相應於現代世界」或「西方文化」很可能是沒有意義的。這暗示理論上的普遍性「現代世界」和普遍性「西方文化」在現實中是不會出現的。無論怎樣努力，使基督教適應於某個社羣的信念，就必然使它與另外的社羣不相干。整個自由派工作的根本困境在於，企圖使福音與每一個人相關，但結果總是使它與某些人無關。

一個更基本的問題是，傳統自由主義堅持基督教神學連繫於「現代的思想方式」或「我們文化採納的價值」。在某種單一文化中，這種策略無論在神學上如何不濟都會是十分直接的。但在一個容納多元主義的社會中，這種要求就淪為空洞的陳腔濫調。**哪種**思想模式？**哪種**價值呢？哲學家麥肯太爾在《誰的公義？哪種理性？》（*Whose Justice? Which Rationality?*）回應那些對「理性」和「公義」天真的花言巧語時，多次破壞自由主義的智性根基。其次，西方文化的急劇轉變導致文化上的調適很快就過時；今日所流行的智慧很快就變為明日的一時興致。

對過去五十年的基督教神學史家來說，有一種相同的模式經常出現：那些「時代精神」（spirit of the age）最終亦只是過眼雲煙，由此使那些立足於當代社會習俗的神學家對其可靠性窺見一斑。因此，前倫敦聖約翰教堂副主教英格（William Inge）說得好：「若你跟你同時代的精神結婚，你將會成為下一個時代的寡婦。」[44]因此，六十年代似乎非常激進的觀點，到了八十年代就銷聲匿迹了，正如後現代主義的興起反映了一件事實，就是曾經被認為是自由神學方法之核心的「普遍理性」（universal rationality）的可靠性，受到了嚴重的侵蝕。猶太自由作家博羅維茨（Eugene B. Borowitz）是對自由神學中這種弱點比較敏銳的人，在觀察自由宗教思想——包括猶太教和基督教——的沒落時，博羅維茨指出其核心信念脆弱（指它的**不能防守性**）的地方是：

> 自由主義大部分已失去了文化上的領導權，主要是因為它的聯盟（普遍的理性主義和科學）脫去了神話的外衣。這些事情曾經被我們以為不單是真理的可靠源頭，更是人類達致高尚的正確媒介；但今日有識之士皆知道，它們只是談論可能的「現實結構」，而民眾則意識到，它們推崇的是道

德相對主義（ethical relativism），而不是必要的價值和責任。[45]

但這裏最根本的批判也許是「文化的給予性」（giveness of culture）。正如我們所看到的，德國文化在三十年代被國家社會主義所操控，那些辯稱神學應該在文化中找尋其基礎的人很快就發現自己是在指出，由於國家社會主義的興起而產生了全新處境，基督教神學便應該透過納粹的觀念和價值來回應。赫希認為，既然「基於歷史轉變的契機，國家社會主義已經成為所有德國人生活中不言而喻的規範性形式」，那麼德國的基督教就有責任將這些規範納入它的生活和教義之中。[46]相同的情況比比皆是，它們都要求基督教認同一種文化趨勢，其前設是無論文化往哪一個方向走，都是神聖護佑的結果。納粹主義和史達林主義的興起已經非常清楚地表明，文化趨勢是需要批判的。它們不可能被接受為規範性的事情。這就要求基督教紮根於某種超越文化個別性的事情之上——就是上帝的自我啟示。

二、經驗

「經驗」（experience）並非一個意義嚴謹的用語。這英文字的起源相對地較好理解：此字從拉丁文*experienia*而來，可解釋為「由生命之旅而來的事情（*ex-perientia*）」，就這廣義的理解來說，它的意思可指「經由與生活的緊密接觸而累積的知識體系」。當指到一個人是「一位富經驗的教師」或「一位富經驗的醫生」時，意指這位教師或醫生是由第一手的實踐而學習到一門技能。然而這字已引申出一種與我們特別有關的含義，它意指的是個體的內在生命，處在這種生命裏的個體能意識到自身的主體感受和情緒。[47]它涉及內在的、主觀的經驗世界，與日常生活的外在世界相對。包括詹姆斯（William James）的《宗教經驗的多變性》（*The Varieties of Religious Experience,* 1902）在內的一系列作品，都強調宗教特別是基督教的主觀層面的重要性。基督教並非僅是關於一些觀念，也更關乎個體內在生命的詮釋和轉化。這種對人類經驗的關切尤其是與存在主義有關，存在主義力圖使神學和哲學重新意識到個體的內在生命的重要性。[48]

在基督教神學裏可以看到有關經驗與神學之關係的問題有兩個主要進路：

- 一種與自由主義作家特別有關，辯稱經驗為基督教神學提供一個根基性的資源。
- 一種是傳統的，是與福音主義有關，認為基督教神學提供一種可以解釋人類經驗的解釋性框架。

我們會先探討上述第一種立場，這種立場視人類的經驗為解釋者（*explicans*），擁有某種解釋性或啟示性的意涵。

人類的宗教經驗可作為基督教神學的基礎性資源這觀點是非常吸引人的，它指到基督教神學乃關切於人類經驗，亦即所有人類皆共同擁有的事情，而非一小羣體所獨有的，故此對那些一直以「個別性的荒謬」而感到難堪的人來說，這進路確實有某種優點，這進路指出所有世界宗教皆源於人類對相同宗教經驗的回應，亦即一種經常被指到的「對超越者的內在核心經驗」（a core experience of the Transcendent），因此，神學就是基督徒努力去反思這種共同的人類經驗，認為同樣的經驗也存在於其他世界宗教之中。我們將在探討基督教與其他宗教的關係中再討論這點。

這種進路對基督教的護教學亦有顯著的吸引力，尤其在不少現今的美國神學家，如田立克和特雷西（David Tracy）的作品中清晰可見。人類一直分享著一種相同的經驗，無論他們是否認為它是「宗教性」，而基督教神學是可以處理這些相同經驗的。因此，認同一個共同的起始點的困難就避免了；這起始點已經出現，它就在人類的經驗中。護教學可以展示出基督教福音對共同的人類經驗是有意義的，這進路的最佳例子可在田立克的《生之勇氣》（*The Courage to Be*）見到，這作品在1952年出版後受到特別的關注，對不少人來說，田立克非常成功地將基督教的宣講連繫於共同的人類經驗。[49]

但困難正在於此。最明顯的一點是，縱觀人類歷史和文化，實在沒有甚麼經驗證據可證明有某種「共同的核心經驗」。這個觀念非常容易被預設，但卻又不可能去證實，這進路可在耶魯神學家林貝克（George Lindbeck）的用語「教義的經驗—表現理論」（Experiental-Expressive Theory of Doctrine）中見到其最成熟和卓越的表達，林貝克的《教義的本質》（*The Nature of Doctine,* 1984）為基督教教義的本質提供重要的分析。[50]這本書有很多優點，其中之一就是它提出對基督教神學的這被不公平地忽視的特點進行討論，這特點由於近期普世運動的影響已經具有了新的意義。

林貝克指到教義的理論可區分為三種一般性類型。第一種是認知性—命題式理論（cognitive-propositionalist theory），它強調宗教認知性的層面，它著重教義作為真理宣稱或資料性命題的功能；第二種是經驗—表現式理論（experiental-expressive theory），它將教義詮釋為人的內在感受或態度的非知性象徵；第三種可能（亦即林氏較欣賞的）就是宗教的文化—語言的進路（cultural-linguistic approach）。林氏將這模式與教義的一種「法則」或「調整性」理論相結合。這裏我們特別感興趣的正是林貝克對第二種理論的批判。

根據林貝克，「經驗—表現式理論」視所有宗教（包括基督教）為意識、態度和感受的前語言形式的一種公眾性和文化性的表現和批判。換句話説，就是存在某種共同普遍的「宗教經驗」，而基督教神學（與其他宗教一樣）試圖用言語把這種經驗表達出來。先有經驗，然後才有神學。正如貝氏所指出的，這種理論進路的吸引力在於它植根於許多二十世紀後期西方思想的特徵。由此，當代引人著迷的宗教對話導致一種似是而非的觀點：不同宗教只是對某種共同內在核心經驗的不同表達而已，比如説它是一種「偶然遇到的孤立內在核心」，或一種「對超越者的直接意識」。

對這一理論最主要的駁斥就是，有許多現象顯然是不能準確説明。正如林貝克指出的，宗教經驗的可能性是由宗教期望形成的，因此「宗教經驗」若非空洞的，就是毫無新意的概念。「要勾畫出它的特點是非常困難，或者不可能的，但若不這樣做，關於共同性的判斷在邏輯上和經驗上都會變得空洞無物。」[51]所謂的「不同的宗教是那終極的相同內在核心經驗的不同象徵」[52]，最終只是一個格言，一個不能證實的假説（甚至可能是貶義上的教條），尤其是由於要界定和描述「內在核心經驗」是非常困難的。正如林氏正確地指出，似乎存在著「至少有一個邏輯上的可能性，就是一個佛教徒和一個基督徒雖然在表達上不同，但基本上有著相同的信仰。」[53]這理論只有在某些的情況下才合理，就是當從宗教語言和行為中豁出一個共同的內在核心經驗，並展示出前兩者是對後者的陳構或回應。

由於這種理論根本上就不能證明其真偽，所以任何意圖要評價它的努力的，都會完全徒勞。雖然我們得不到決定性的經驗證據，去評價宗教的言語和儀式是對在先的宗教經驗的一種反應這觀點，但至少無論是經驗層面上還是邏輯層面上，宗教言語和儀式有可能「創造出」那種經驗（比如，通過引起對這種經驗的期望，指出它可能以哪一種方式出現，可能有哪些形式）。[54]

同樣，把個體經驗置於羣體宗教之上或之前似乎是倒置了觀察上的優先次序。故此士來馬赫——人很可能會把他看作是以經驗為基礎的神學進路的原型——不認為「經驗」是指無判別的個體特有的情緒，或者對每個信徒的個體存在的領會；而認為「經驗」是植根於信仰羣體的記憶、見證和慶典裏。基督徒的經驗的神學意義不是在個體層面，而是在共同體層面上表達出來的。[55]

縱觀人類紛繁複雜的文化和變動不居的歷史，共同內在核心經驗這個概念是一直存在，並且其表達方式多得令人吃驚，但它始終無法令人信服。在經驗上，這概念是非常受質疑的：朗尼根（Lonergan）明智地承認宗教經驗在不同文化、不同階級和不同的個體間是不同的，[56]但他顯然不太願意承認由此可以得出的結論：不同的**宗教**有不同的宗教經驗。教會的教義傳統是可公開地分析的，但若容許這種未經證實的所謂「不變」的特性來批判，宗教經驗就只是一個主觀、空洞和模糊的概念，而這種共時的延續性和穩定性必然不可證實它的真真性，或者——似乎更可能——不可證明它的虛假。[57]

林貝克對教義經驗化理論——認為教義就是討論一切宗教共有的、普世的、前反思的私人經驗——的批判主線是合時宜的，也是具有說服力的。此外，他還可以對這種理論補充了以下三點批判：

首先，我們必須注意，在基督教傳統中要極力堅持至少有一條主線，就是它的經驗和現實是截然對立的（至少潛在上是如此）。教義並非必然表達或陳構經驗，但可以與之相衝突。也許最著名的例子就是馬丁路德的「十架神學」[58]，它既強調宗教經驗在基督徒的現實生活中的重要性，同時也強調這經驗這一種輕薄的神學資源是不可靠的。「尋求表達的經驗」在一個「榮耀的神學家」與一個「十架的神學家」（套用路德的術語）的作品裏表現得截然不同——當然兩者都歸屬於同一種「經驗－表現式主義」模式。

其次，一個明顯的假設就是無論個體的現時經驗是甚麼，皆可以建構出宗教的原始材料，這似乎想指出：一個個體是慎重並且有意識地拒絕宗教，或是慎重並有意識地擁抱宗教，而這兩者之間並不存在基本的分別。讓我們探討一個皈依的問題[59]，這是一件在全球宗教處境中極為普遍，但其重要根源是在基督教傳統的形成階段中出現的事件。假設一個人在完全世俗化的環境和傾向唯物的無神論下成長，他或她發現了基督教並成為一個「重生的信徒」，那麼，上述的兩個情況是否在這人的經驗中同時為真呢？可以肯定的是，兩者是相同或相似的結論是不可想像的，尤其是假若皈依經驗包含了某種指向經驗的基督教傳統。其次，實驗性的心理學研究已經表明，委身於宗教的人與那些只是抱「隔岸觀火」立場的人在心理質素和社羣取向上有顯著的分別[60]，換句話說，那些對信仰採取主動的投入態度的人與那些只是在羣體態度和傾向中勉強認同的人是有區別的。這些差異可在經驗上和認知上表現出來，例如：

體驗和詮釋祈禱的方式。[61]然而，根據林貝克對「與自由主義的經驗－表現主義相關的同化傾向」所作的解釋，經驗－表現主義的神學進路顯然沒有概念體系去區別這些境況。[62]於是，在自由主義看來，「經驗」就是某種有同化作用的、共同的、不變的、不受宗教聯繫中的變化影響的東西——簡而言之，就是一種**普世**的物件，使神學在公眾領域得以建構自身的東西。

所以，人就會認為，由不信到信的轉變是涉及某程度上對存在的重新定位，需要一種經驗－表現主義宗教理論來解釋這種變化。因為無論是過去或現在，皈依是人類宗教經驗中一個十分重要的因素，因此區分「相信」和「不信」的經驗的必要性，似乎就成了要求有宗教和教義理論能夠為它作出解釋的一個極為重要的宗教原因。

第三，必須細加留意的是有關經驗的「內容」或「指涉」。我們如何知道（事實上是我們如何知道究竟是否或在甚麼情況下）我們在口述狀態或象徵之中的那些經驗，真真正正是一項對**上帝的**經驗？[63]我們有何理由認為人的經驗在一定意義上就是指向某個實體，就是傳統意義上所指的「上帝」？我們憑甚麼能夠確定某一刻或某些時候充滿了上帝的香氣，而非僅是人類和世俗的經驗而已？年青的巴特在薩分維（Safenwil）預備他的主日講章時所碰到的進退兩難的困局將變成我們今日的困局。對巴特來說，最關鍵的問題是他宣講時的用語：他如何能確定這些用語是**上帝的**話的落實而非他自己本身的言說？在甚麼意義上他可以宣稱他是在宣講**上帝的**話，而非將一些假託的合法性和權威放在巴特自己的說話上？如何能將「尋求表達的經驗」等同於上帝的經驗，而並非一個世俗和無神世界的經驗，或是一種異常的實存唯我論（solipsism）?那些非有神論的（non-theistic）宗教又如何呢?毫無疑問，對大乘佛教作一種經驗－表現主義的理解可以引申出一種對宗教經驗的看法，但這可以理解為一種有關對**上帝的**經驗嗎?甚至這傳統自身都反對這種看法。不錯，經驗可以尋求表達，但它需要一個能判斷它的標準。

這點可以詳加發揮，尤其是考慮到西方社會愈來愈傾向世俗化。對宗教和教義採取「經驗—表現」進路是指經驗中的原初性能視為上帝啟示的中介，這進路背後的假設是有些經驗可被表述，如士來馬赫作為絕對依賴的敬虔概念、奧圖（Otto）的神聖範籌，和田立克的無條件的經驗。但問題是倘若沒有任何經驗可以表述呢?若上帝是被經驗為從世界中隱藏了的（潘霍華認為一個蓬勃發展的時代不可避免的結果）[64]，那麼，我們可以在哪些意義上肯定他是**臨在**呢?馬丁路德將受苦的事件作為一個典範，辯稱經驗是由教義去**修正**的；經驗是由某種神學框架並在這個框架內得以解釋，甚至被駁斥的。換句話說，經驗屬於一個**被解釋者**（*explicandum*），而不是一班**解釋者**；它必須被詮釋的，而並非詮釋者本身。上帝被經驗為隱藏的一位；教義則肯定上帝是以隱藏的方式臨在。[65]神學與人的經驗密切地相關連；而經驗時常需要加以批判，完全重新詮釋。這就是馬丁路德「十架神學」的主題。[66]對他來說，十字架能對人類資源作出非常有力的攻擊，這些資源經常在屬靈的事上被置於過重的位置，尤其是在現代西方思想中，個體經驗被獨立提出來而擁有啟示性權威。「我所經驗的就是正確的」，「我並非這樣經驗的」。馬丁路德指出個體經驗若成為信仰的指標是非常不可靠的，我們所經驗的事物往往並非事物的真象。

正是神學和經驗之間這種**張力**引致自由主義的作者如特雷西和奧格登（Schubert Ogden）面對困難。正如我們經常指出，這些神學家提供的模式系統地、極力地貶低「〔基督教〕傳統的歷史獨特性和它與經驗相衝突的力量」。[67] 基於這些原因，上面勾畫有關神學和經驗關係的理解的第二種進路需要再留意。

根據這進路，經驗是一個**被解釋者**，是某種其自身需要解釋的事情。基督教神學則提供一個框架去解釋那些模糊的經驗。因此，神學的目的是去詮釋經驗，它就好像一張網，讓我們把它撒向經驗，以便捕捉經驗的涵意。經驗被認為是某種需要解釋的東西，而不是某種其自身具有解釋能力的東西。因此，基督教神學旨在**處理**、**詮釋**和**轉化**人類經驗。隨後我會引用馬丁路德和魯益師（C.S. Lewis）的作品去闡析這主題。歐洲神學有在一種認知的框架下與經驗長期鬥爭的傳統，對這全球性的討論有重要的貢獻，對一個經驗中心化時代具有特別的意義。[68] 我要在此作出三點陳述。

第一，**神學處理經驗。**基督教神學若認為自身在本質上完全是命題式或認知性的，就不可能維持於忠於自己的主題。基督徒與上帝的相遇是轉化性的，正如加爾文指出，認識上帝就是被上帝改變；對上帝真正的認識會引致到敬拜，因為信徒是與永生的上帝產生一種轉化性和更新性的相碰而被提昇。認識上帝就是被上帝改變。[69] 齊克果（Søren Kierkegaard）在《非科學性的附言》（*Unscientific Postscript*）中指出，認識真理就是被真理所認識。「真理」是一些影響我們內在存有的東西，因我們進入到「一種最激情的內在性的恰當過程中」。[70]

這絕不是要否定或貶低基督教神學認知上的層面，只是想指出，神學絕不只是一些理性上的資料。神學若只是觸及到腦袋而不能讓心靈深受感動的話，將不是真正的基督教神學，這點是馬丁路德與加爾文一直強調的。雖然路德在屬靈生活中有關經驗的角色十分富有批判性，但他並沒有把它當作不相干的東西而將它摒棄。事實上，路德堅持有一種經驗是成為一個神學家所基本需要的，他在一段經常被引用（又最困難）的段落中對此作了簡要的描述，「是那些活生生的事，致死的事，甚至被定罪，使人成為神學家，而非那些閱讀、玄思和理解。」[71]成為一個**真正**的神學家就是與活生生的上帝搏鬥，不是與上帝的觀念，而是上帝本身。一個罪人怎能盼望準確地認識這位上帝呢？

若你想成為一個真正的神學家，路德認為，你一定要經歷一種被定罪的經驗。你必定有過瞬間的領悟，意識到自己事實上是多麼罪孽深重，上帝應該完全定你的罪。基督死在十架上就清楚地表明了上帝對罪的震怒，並把被定了罪的人向我們展現出來。只有從這一點出發，我們才能完全欣賞新約的核心主題：上帝如何有能力將罪人從命運中釋放出來。對罪和對上帝與我們之間的這道鴻溝沒有完全的醒覺的話，我們就不能欣賞到藉著耶穌基督對赦免的宣告所帶來的喜樂和驚奇。在1522年1月13日寫給他的同事梅蘭克森（Philip Melanchthon）的信中，路德認為他要問那些曾忠於威登堡（Wittenberg）而現在感到迷茫的所謂「先知」們以下的問題：「你們有否經歷到屬靈的憂傷和神聖的出生、死亡及地獄呢？」一連串屬靈的感覺亦不能替代與永生上帝真正相碰時的那份恐懼。對那些先知，路德這樣說：「人子的記號是失卻了。」任何人都可以讀新約，都可以對它作出某種解釋。但路德卻認為**真正**的神學家就是那些經驗到因罪而受罰之感覺的人，就是研讀新約並認識到赦免的信息對他或她真是一個好消息的人。因而，把福音體會為某種解放性、改變我們處境的東西，是與我們相關的。如果只是把新約當作是篇文學作品，那是很容易理解的。路德提醒我們，我們惟有意識到自己的罪以及它的全部含義，才可能充分體會到那攝人魂魄的宣告——上帝已經藉著耶穌基督赦免了我們的罪——的神奇之處。

第二，**神學詮釋經驗**。基督教創造論的一個結論是，我們是按著上帝的形象造的。有一種內在的能力——事實上我們可以說，一種內在的需要——要去認同上帝。不能認同上帝就不能成為完全的人；人可以滿足需要是因為上帝使之滿足。任何短暫的東西都不可能滿足這種需要；任何其本身不是上帝的東西根本不能指望取代上帝。然而，由於人性的缺陷，人有一種企圖拿其他東西來滿足這種需要的自由傾向。

罪使我們遠離上帝，並誘使我們以其他東西來取代祂，以受造物來代替上帝的位置，但它們不能令人滿足。就好像小孩不能將正方形的木塞放入圓形的小洞內就感到不滿足，並且會說出來，我們也經歷著這樣的一種不滿足感。這使我們多少有一種渴望之感——渴望某種無法確定的東西，人性對它一無所知，只知道自己沒有擁有它。

自有人類文化以來，這種現象就已經出現。柏拉圖 (Plato) 在一篇對話中[72]，他將人與會漏的瓶互相比較，人就好像這個瓶一樣經常不能滿足。我們或許把許多事物傾倒在生命的容器中，但似乎有種東西令它們不能填滿，我們感到總有幾分空虛，因此就對缺乏滿足和快樂產生一種深刻的意識。「那些忍受著空虛的人知道，他們遇到了一種獨特的饑餓或空虛，地上沒有東西可滿足它。」[73]（艾倫，Diogenes Allen）。對福音宣講來說，這種有許多文獻證明的不滿足感是最重要的接觸點之一。首先，福音宣講把這種模糊的、不確定的感覺解釋為對**上帝**的渴望，並對一種無定形和未確定的主觀直覺賦予知性的內涵和形態；其次，此宣講使它得到滿足。有一種屬「神聖的不滿足」（divine satisfaction），並非對上帝不滿足，而是對一切不是上帝的東西——源於上帝、最終歸向上帝的東西不滿足。沙特（Sartre）說得對：這世界不可能帶來滿足。他在這裏回應著基督教的觀點，即某種最終在世界之外的東西在世界中間向我們敞開。我們無需永遠等著去體驗上帝，我們現在就可以開始這樣的體驗，儘管剛開始時必不完全的。奧古斯丁的名言可能就是對這種感覺的最偉大的表述，也是對它最完美的神學解釋：「祢〔指上帝〕為自己造了我們；我們的心一刻不得安寧，直到在祢裏面安息。」[74]我們有一種思鄉感，思念某個我們從未到過的遠方，儘管我們對它一無所知，但它卻吸引著我們。

在奧古斯丁的反思中，尤其在《懺悔錄》（*Confessions*）中，相同的主題經常重復。我們註定在現今的存在中是不完全的，我們的盼望和心底的渴望仍歸於無有，留下來的只有盼望和渴求而已。這種甜苦之間拉力的解決，甚至對基督徒來說，仍是真實的，他們愈發察覺上帝的神奇，就愈認識到我們現在對這神奇的領會是不足的。當將來顯得極為明朗的時候，在必須忍受現今的壓力下就會產生一種延緩感、渴望感、陣陣思念感和深切痛苦感。[75]創造和救贖的宏大主題在這裏找到創造性的結合，這是值得留意的。因為我們是上帝按自己的形象造的，所以我們渴想祂；因為我們是有罪的，所以不可能靠自己滿足這種渴望——無論是以其他東西代替上帝或嘗試強迫祂進入我們心中，因此，失望和不滿足就出現，這種不滿足——但不是它的神學詮釋——是人類共同經驗的一部分。奧古斯丁的呼喊可能是對這種極大痛苦的最好表述：他在我迷路的路上以難以言表的呻吟聲呻吟著，我掛念著耶路撒冷，因此我的心被提昇到那處——耶路撒冷，我的家鄉；耶路撒冷，我的母親。[76]我們被放逐，離開了自己的家鄉，但對它的懷念時刻縈繞心中。

牛津的文學批評者兼神學家魯益師是近代優秀的奧古斯丁護教詮釋者之一。或許魯益師的作品中最富原創性的特點之一，就是在發展奧古斯丁的格言：渴望使心靈進入深處（*desiderium sinus cordis*）時堅持不懈地、強烈地訴求於宗教想像。正如奧古斯丁一樣，魯益師注意到人類某種深層情緒是指向一種在我們存在中超越時空的向度，他認為在人類當中有一種深刻而廣泛的渴望感，這感受是地上任何物件和經驗都不能滿足的；他以稱這感受為「喜樂」，並辯稱這喜樂是指向作為源頭和目標的上帝（因此他那著名的自傳就以「喜樂帶來的驚異」為題）。據魯益師的理解，喜樂是「一種未被滿足的欲求，它本身比其他滿足感更值得嚮往……任何人一旦經驗過它的都希望再次擁有它。」[77]

要理解魯益師這種觀點，我們需要對「喜樂」這理念加以解釋。年青的魯益師從北愛爾蘭的貝爾法斯特（Belfast）他家窗戶朝外看，可以看見卡爾托山（Castlereagh Hills），這些遙遠的山丘對他來說似乎象徵著一些他遙不可及之物，當他對它們默觀時，一份強烈的渴望湧上心頭，他不能清楚說出究竟他所渴求的是**甚麼**，他只發覺一份空虛感存留在他心中，山丘的奧祕只能提昇他，卻不能滿足他。魯氏曾在他的生平中詳細描述這種經驗。（或許對德國浪漫主義（romanticism）的學生們來説，這就應該是*Sehnsucht*〔渴求〕）。當他還是小孩時，他站在盛放的醋栗矮樹之前，不知甚麼原因，一種記憶突然湧上心頭。

> 關於早年那個早上在舊房子那裏，我兄弟帶著他的玩具走進嬰兒室這記憶突然毫無徵兆地湧上我的心頭，好像是從數個世紀而不是幾年的深處湧上來的。實在難以用言語來表達那種完全蓋過我的感受；米頓（Milton）的伊甸園的「極樂」……多少有點與之類似。當然這是一種欲求的感覺，但渴望甚麼呢？當然不是長滿青苔的餅乾罐，或者我自己的過去……當我知道我渴求甚麼時，這渴求本身就已經離開了，整個剎那間的洞悉就引退，世界回復舊貌，或者已經被渴想這份渴求混和了。這只是剎那間發生的事，但在某程度的意義上，我所經歷的其他一切事與之相比都黯然失色。[78]

魯益師此處描述一個充滿睿見的時刻，是一個入迷於某種超越日常經驗領域的東西而令人震驚的時刻。但這意味著甚麼呢？如果是指某些東西，它又是指向甚麼呢？

魯益師在1941年6月8日於牛津大學宣講的一篇名為〈榮耀之重量〉（'The Weight of Glory'）的講章中處理這個問題。他講及「一種從自然的幸福無法滿足的渴望」，「這種渴望是曲折和使所有物件顯得模糊的，從它出現的方向處依然無法得見其物件」。人的欲望具有某種自毀性，因為一旦所欲求的東西獲得了，不滿足感又產生了。魯氏採用奧古斯丁式的意象，以對美的一個古舊的探索來闡析這點：

> 我們以為美麗是存在於書本或音樂裏，但我們若因此而信賴它們，它們就會背叛我們；它原來不是「存在於」它們裏面，只是「透過」它們表達出來，而透過它們表達出來的事情就是渴望。美麗這些東西，在我們對過去的記憶中都是我們真實欲求之物的美好形象；如果把它們誤以為就是事實本身，那麼它們就變成了不說話的偶像，撕碎崇拜它們的人的心。因為它們不是事物本身；它們只是我們不曾見過的某朵花的香氣，不曾聽見的某個調子的回聲，不曾到過的某個國家的新聞。[79]

人的欲望，即渴望某種東西能滿足我們這種深深的、苦樂參半的欲望，可越過有限的物體和有限的人（他們似乎能滿足這樣的欲望，但最終表明無能為力），並指向他們在上帝本身裏面的真正目標和完滿。

喜悅、美麗、人際關係：所有這一切都承諾得太多，當我們抓住它們時，我們會發覺我們所追求的並不在它們那裏，而是在它們之外。這就是在人類經驗中的「神聖的不滿足」（divine dissatisfaction），它驅使我們去問究竟有沒有東西可以滿足人的要求，而這要求是可以滿足我們的心裏的欲望。魯益師認為是有的，他指出饑餓就是一個很好的例子，說明人的感覺對應著一種真實的身體需要。這種需要指向它可能得到的食物的存在。薇依（Simone Weil）回應這主題並指出它在護教上的重要性，她說：「危險不在於心靈懷疑是否有麵包，而是心靈聽了謊言後，卻確信自己並不饑餓。它只能通過謊言使自己確信這一點，因為饑餓這事實並非一種信念，而是一件確實的事情。」[80]

可惜魯益師那些並不敏銳的批評者（比預期中較多）辯指他的論證是基於一個基本的謬誤之上，饑餓並不證明麵包就在手中，饑餓的感覺並不必然對應食物的供應。魯氏回應這些反見時指出他們誤解他的論點。

> 一個人身體上的饑餓不能證明這人將會得到麵包，他甚或會在大西洋的一片木筏中餓死。但人的饑餓確實可證明他或她來自一個種族，這種族透過進食來修補其身體並且居住在一個有可食之物存在的世界之中。同樣，雖然我不相信（我盼望我可以相信）我對天堂的渴想可證明我將能在其中享受，但我認為這是沒有錯的指引，就是有這東西存在而有些人能享受之。一個男人可以愛一個女人而不擁有她，但「墮入愛河」這現象若是出現於一個無性愛的世界，那將會十分奇怪。[81]

魯氏在這裏回應了傳統基督教思想中一個偉大的主題，就是有關人性的源頭和目標。我們是上帝所造，並且體會到一種對祂的深切渴望，這渴望只有上帝才能滿足。雖然魯益師對他名為「喜樂」的反省是他個人的經驗，但可以證明他（並其他人）考慮到這種渴望在普遍人性中和經驗中的特徵，一個福音宣講的重要接觸點就可以建立。

魯益師的洞見同樣把聖經中談及人對上帝的渴求帶到新的深處。「上帝啊，我的心切慕你，如鹿切慕溪水。我的心渴想上帝，就是永生上帝，我幾時得朝見上帝呢？」（詩四十二1～2，《和合本》）這段經文表達出對上帝**渴求**的深切感。還要注意，聖經——就這段經文來說——把動物的乾渴感和對水的需求與人對上帝的渴望感相提並論。

第三，**神學將經驗轉化。**基督教神學並不單單處理人的處境；它還要表明怎樣轉化它。我們不只要知道我們是罪人，需要神聖的赦免和更新，在傳福音時，我們給予這樣的赦免和更新。若基督教對受苦基督的負面宣講是使我們遠離上帝的話，它的正面就是上帝透過他兒子的死和復活將我們帶到祂自己身邊。因此，神學並非僅從抽離上帝的角度來詮釋我們的經驗，它更處理這經驗，並且詮釋它，認為它是我們因罪而與上帝完全疏離的一個記號，並表明可以藉著上帝的恩典而轉化它。

魯益師作品的優點之一，就是這些作品認真地考慮文字如何能夠**引申**並**轉化**經驗。對他來說，文字有能力去喚起我們從未有過的經驗，並描述出一種我們十分親切的經驗，這就好像路標的功能，它在我們的掌握之中，但又指向一處我們將會認識到之地。在〈宗教語言〉（'The Language of Religion'）一文中，魯益師這樣說：

> 這就是詩歌化語言最突出的能力：傳達一種我們從未有過或許永遠也無法擁有的經驗質素，使用內藏於我們經驗中的因素成為一些指向我們經驗以外之物的標誌——就好像地圖上的兩條或更多的路是向我們指示必然存在於地圖之外的

> 某個城鎮的位置。我們大部分人從未有過沃茲沃思（Wordsworth）在《前言十三》（*Prelude XIII*）末段所記載的經驗；但他談及的「遠象的陰沉」（visionary dreariness）我們是可以略為領會的。[82]

基督教神學可以分享這種詩歌化語言的特色（並非詩歌本身，正如魯益師所強調的，是在詩歌中使用的語言），這種語言試圖向我們傳送基督教的上帝經驗的品質。它試圖超越自身，指向自身之外，向我們指示一個存在於地圖之外的城鎮——一個憑經驗知道存在於那裏，但不可能帶我們到達的城鎮。

神學能夠把語言用作一些指示物，幫助那些還未發現經歷上帝時那種感覺的人。它使用一串關鍵字匯，通過使用與人的經驗相關的詞作類比，來解釋認識上帝是一種怎樣的情狀。例如赦免，若你能想像死罪被赦免是一種甚麼感受，你就能開始理解基督徒被赦免的經驗；例如復和，你若能想像與某個對你意義深長的人重新和解時的喜樂，就能對基督徒所體會的回到上帝的家時的情狀有所了解。這就好像離家一段長時間後會思念家，甚至可能以為永遠無法再回家後再能回家一樣。護教學家使用類比就是嘗試去標誌出基督徒對上帝的經驗，以幫助那些仍需擁有這種轉化經驗的人。

在這部分，我辯稱在處理基督教神學的進路中是沒有純粹的認知性或經驗的，經驗和理解力就像一個錢幣的兩面，要彼此促進和深化，自由主義者追溯一種純粹非詮釋性的全球經驗是不能被接納的，他們的努力部分在林貝克的作品中，部分在維特根斯坦的作品中體現。正如侯活士指出：「維特根斯坦使我不再試圖把神學建基於對人的經驗的某種普遍解釋。」[83]

但我們絕不可因為這種廣泛的覺醒，不再把經驗作為神學的資源就拒斥神學反思中經驗部分的重要性。正如我在某處指出，經驗是基督教護教者在後現代世界中一個至關重要的「接觸點」。[84]因此，我們一定要堅持，要根據福音的宣講和基督救贖來討論、解釋和轉化經驗。一旦將神學固定在神聖啟示的基礎之上，並連結於人類的經驗世界後，我們就可以肯定基督教神學對未來的日子而言仍是真實和有相關性的，神學能處理經驗，而無須化約為我們所經驗所觀察到的東西的再現。

三、理性

啟蒙運動興起後，知識必須是普世地被獲致的，而那種惟有靠啟示才能深思、具有「獨特性」的上帝知識因為道德上的原因應被拒斥。由於啟示並非普世性的，上帝因著將啟示限制於耶穌基督身上、聖經的文本和教會的領域內，而導致很多道德上的困難。啟蒙運動辯稱任何上述的提說都會基於建構出「個別性的荒謬」而被拒絕。[85]這種知識必須是在任何文化、歷史背景和地理環境中都能普遍地獲得的。對啟蒙運動來說，理性就能提供一種普世有效用的資源。每個人都有理性能力，因此每個人都能運用它，因而獲取上帝的知識。

十八世紀理性主義者萊莘反對耶穌基督在基督教神學中的決定性位置，因為他相信，只有人的理性才能擔當這個具規範性的角色。他有名的宣言「歷史的偶發性真理永遠不能成為理性所必需的真理的明證」[86]就正好標誌出啟蒙運動的假設：知識惟一有意義的形式就是「理性的必然真理」(necessary truth of reason)。相似的論點可在斯賓諾莎的作品中看到，他認為建立基本的理性真理而作為格准是可能的，並且可以從這基礎推演出整個倫理或神學系統，就好像歐幾裏德(Euclid)從基本的格准中推演出整個幾何系統一樣。如杜文(Stephen Toulmin)指出，數理邏輯對一些人如笛卡兒和斯賓諾莎來說所以有吸引力，部分原因是由於「這種知性活動中的問題和答案是永恆的。」[87]

這種進路現今已被認為有極嚴重的瑕疵，「理性的必然真理」現在只不過是「同義反復的邏輯」或「事物的真實性取決於定義」，這點亦正是維特根斯坦對羅素(B. Russell)哲學的批判，正如嘉露(Lewis Carroll)在1895年提出，所有嘗試透過推論而進行的理性判斷最終只會成為一個迴圈，意思是指在應用推論的過程中，已預設了推論這過程本身是有效的。[88]

其次，十九世紀那些非歐幾裏德幾何(non-Euclidian geometries)的發現就摧毀了幾何學與神學之間的平行。事實已表明，除了歐幾裏德方法之外，還有其他研究幾何的方法，每一種都像歐氏幾何一樣是內在地融貫的。歐幾裏德定立了一套定理，其他人也定立了另外的定理，每一套定理都引申出一種不同的幾何學體系。但究竟那一組的格准才是正確？誰的系統才是有效的？這些問題是無法回答的。它們各有不相同，每一種系統都有著自己本身的優點和困難，[89]以往一度只有一個幾何學，現在有多種幾何學了。

對倫理學也提出了相同的批判。斯賓諾莎相信純粹理性的系統應用將可引致一個非處境性而普遍有效並獨立於時空的倫理系統。啟蒙運動的作者相信這些理性上的道德是人類理性皆能獲致的，並與其他的道德規範相對，包括耶穌基督的道德範例和教導。直至五十年代，赫爾(R. M. Hare)還可以談「道德的言語」，好像只有一種這樣的言語，[90]但及後就再不可能了。現在人們普遍認為有多種多樣的倫理體系，每一種都有它對人的本性和命運的獨特看法。因此啟蒙運動有關普世道德的夢已經過去了。

同樣，啟蒙運動假設只有一種「理性」，是獨立於時空和文化的，這種觀點亦再不能獲得任何效用性。曾經一度被認為只有一個單一的理性原則，現在卻認為有——並且一直有著——許多不同的理性原則。正如杜文指出，「實施理性判斷這種活動本身就是在某種特定的背景下進行的，並且本質上依賴這種背景；我們所看到的論證是在特定的時間和特定的條件中提出來的，所以我們若要批判它們，就必須批判這種背景。」[91]很多啟蒙運動的思想家限於他們的歷史知識，顯然沒有看到這一令人窘迫的事實，這是與西方古典傳統密切相關的。但如今這種幻覺已經破滅了。麥肯泰爾對知識和倫理學的理性進路作了傑出的分析，最後他總結道：

> 在那些原則裏究竟哪些是一切有理性的人都能接受、無可辯駁的？關於這一點，啟蒙運動的思想家們及其繼承者顯然無法取得一致意見。《百科全書》(*Encyclopédie*)的作者們作出了一種回答，盧梭(Rousseau)作出了另一種回答，邊沁(Bentham)、康德、蘇格蘭的常識哲學家，以及他們的法國和美國的跟隨者都作出了各自不同的回答。隨後的

> 歷史中也同樣是各抒己見，分歧毫不見少。結果，啟蒙運動的遺產只是提供了理性證明的某種理想，這種理想已經證明是不可能實現的。[92]

理性給我們過多的承諾，而不能提供它的好處，正由於此，加達馬（Hans-Georg Gadamer）嚴厲地指出「魯賓遜（Robinson Crusoe）式的歷史啟蒙運動的夢，如他本人一樣是人為的。」[93]「普遍理性」的概念是虛構，是一個夢和謬見。科學哲學家賈伯爾本（Paul Feyerabend）在他那著名的原始部族和理性主義者的比較中認為，相信只有一種單一而普世的理性這種信念的崩潰是其必然的結果：「原始部族中成員和理性主義者沒有甚麼大分別，前者辯護他們的法則，因為這些法則是諸神的法則；後者則訴諸客觀的標準，他們之間的分別在於前者知道自己在做甚麼而後者卻不知道。」[94]這個比較對很多人來說已是一個警告，但仍受到一個科學哲學家的駁斥。

在有些人看來，「理性」（reason）與「理性主義」可能是同一回事，對此，我們必須作出區分。**理性**是人基本思考的功能，它建基於論證和證據，在神學上它是中性的，對信仰並無危害，除非理性被視為上帝知識的惟一源頭；如果把理性看作是惟一可靠的源頭，拒絕承認神聖啟示的分量，那就是**理性主義**。古典基督教神學（包括負責任的福音派神學）皆能對人的理性功能完全使用，他們將思維應用在思考上帝自我啟示的某些層面上，例如：理性在闡析功能性基督論（functional Christology）和本體基督論（ontological Christology）關係時的角色：若耶穌是我們的救主，而只有上帝才能救我們，那麼——理性由此指出——耶穌必然就是上帝。不過，這裏理性是在反思那些啟示，並力求進一步探索它的含義。理性主義則宣稱，所有關於思考上帝的一定要建基於人的理性，並立時將神學鎖於人墮落的處境中，上帝也不可能解救我們脫離困惑和扭曲。

對理性有這樣顯注的信任——必須指出，這完全是錯置的——究竟與宗教發展有甚麼關係呢？我們可以確定三個階段，每一個階段都自然地引申至下一個階段：

1. 第一階段：

因著福音是理性的，故此我們可以完全正確地指出，基督教是有意義的，並且完全建立在理性的基礎之上。例如：阿奎那（Thomas Aquinas）爭議指基督教對上帝的信仰並不包含某種智性上的自殺，他提供了五種論證方法來表明這種信仰是完全合理的。阿奎那及他所代表的基督教傳統從不認為基督教只局限於理性所能證明的東西。信仰是超越理性的，而且可達到啟示的真理和洞見之中，若僅憑理性是不可能探測或發現的。

一位出名的中世紀基督教思想史家吉爾松（Etienne Gilson），將中世紀偉大的神學系統與當時在整個基督教傳遍的歐洲大陸中的教堂相比較，他認為系統就是「思維的教堂」（cathedrals of the mind）。基督教就好像一座教堂，它建立在人類理性的基礎之上，但建築在上的卻越過純粹理性可到達的領域之外。它定位於理性的基礎之上，但卻進到理性不能包含的範圍中去。故此，阿奎那指出，基督教是建基於一種知識之上，這種知識雖然是理性的，但卻超越人的理性，這些惟有藉著啟示才能傳播。[95]加爾文作為這種進路一個較後期的代表和詮釋者，他指出理性完全可以並有能力獲得一種有關上帝是創造主的知識，但真正上帝的知識，亦即關於上帝**救贖**的知識，則只能透過啟示才能獲得。上帝作為救贖者這知識是一件啟示的事情，而非理性的事情，這種知識並沒有與上帝為創造主的知識相衝突，它是透過表明昔日創造了世界的上帝而後來又在救贖世界，從而使這知識變得完全。

2. 第二階段：

在十七世紀中葉，尤其在英國和德國，一種對待基督教新的態度開始萌芽和發展，基督教被認為是合理的。當阿奎那所理解認為信仰是可以穩妥地建立在理性基礎之上時，這些新思潮卻有不同的看法。倘若信仰是理性的，他們就認為信仰可以完全由理性演繹出來，信仰的每個層面，基督教信仰的每個項目，一定可由人的理性衍生出來。

這種觀點卓越的代表可在赫伯特（Lord Herbert of Cherbury）作品《宗教真理》（*De veritatis religionis*）中找到，他以上帝的內在意涵與人的道德義務來論證一個合理的基督教。這引致兩個主要的結果。第一，基督教被**化約**到一些可由理性證明的觀念中去，若基督教是理性的，其系統的某部分若不能由理性所證明的話，則整個系統就不能認為是「合理」的，因此基督教就必須被棄掉。第二，理性被理解為優先於基督教。先有理性，後有基督教。理性已有足夠能力去建立正確的標準而無須啟示的協助；基督教若認同理性是必然要說的事情，它就必須跟隨理性才可被接受，基督教若一旦偏離理性就被認為不能接受。故此，既然我們所能希望知道關於上帝、世界和我們自己的一切，理性本身能夠告訴我們一切，那何須再去勞煩啟示這個觀念呢？這種對人類理性能力的絕對信任，反映出理性主義對基督教關於藉聖經在耶穌基督裏顯明的啟示教義不屑一顧。

這種基督教進路（或者更準確一點說，這種帶著微弱基督教色彩的自然神論〔deism〕形式）把上帝看成是一個觀念，人思維的一種構造。上帝就是某種可被設想的東西，我們自己心裏產生出來的一種觀念，然後定義為「上帝」。我們想出了這個觀念，這全是我們自己思維的創作。但傳統的基督教認為，上帝是不能單純按這種粗俗的理性主義方式來設定。上帝必須是可經驗到的、可相遇的。祂就是吸引我們的那位，並藉此迫使我們重新審視我們關於祂的觀念。然而純粹理性所造的上帝卻局限在人心的框框裏面。渺小的思維只能創造出渺小的上帝！

3. 第三階段：

最後，這種理性主義立場被延展到一個邏輯上的結果。事實上可爭議說，基督教是包括一些與理性不相容的信念。如果理性必須是信仰上最終的權威，那麼聖經裏凡有與理性不一致的地方，都必須認為是錯誤或者誤導人的。上帝因被人的理性所設定，到最後則被人自己——這創造者——所摒棄。[96]

「普遍理性」這概念因著社會學的解構，意圖將一切放諸於「理性權威」在今天已被視為不足信了。[97]一個對基督教信仰的理性觀的基本信念到今天仍然是站得住腳的，昔日啟蒙運動所嘗試建立一種不須救助的理性來作為所有睿見的惟一規範性基礎，在今天已被認為是有嚴重缺陷的。這種認知的出現，部分原因是人認識到理性的局限性，另外，是因為後現代主義意識到訴求於「理性整體化」有可能造成獨裁主義。(參頁211～221)事情要「成為合理」不能只歸結在一種單一的方法，如果斷言只有**這種**思維模式或只有**這種**論證形式，就很容易導致「理性的專政」，正如一些後現代作家所強調(參頁222～230)，「成為合理」大多被看為一種強迫「接納**我的**思維方式」。

公認唯理性的框架並非普及，而只是社會化和歷史化的確認；但這對基督教神學有著顯著的重要性，尤其是對啟蒙唯理性主義(Enlightenment rationalism)後果的評估。例如要考慮啟蒙運動對傳統基督教關於上帝在耶穌基督裏的啟示概念的批判。對萊莘來說，這個概念是不能接受的，因為它否認了那些生活在耶穌之前的人所獲得的這種「啟示」。有人認為，這種反對的力量主要是道德上的，因為真理的**可獲得性**並不直接證明它的真確性。對萊莘來說，這點可用來強調理性宗教的道德優勢，即能夠訴諸於理性的普遍性真理。

隨著學術中社會學的出現，萊莘立場的優點大為削弱，很可能使它們成了似是而非的東西。誠然，「理性的普遍真理」(universal truth of reason)還可以在邏輯和數學的有限範圍內看到，但它們其實不過是贅言——只是偽裝成對解釋或新見識的陳述。但理性一般的模式是社會制約和歷史制約的，「理性」一詞所指的一定是那些理性的框架和自證真理的先存概念，是對應於在歷史上某個階段的某個社會羣體而言的，而並非某種普世和永久的人類推理的特徵。恰好賴馬魯斯(Reimarus)反對基督教的批判可用來反對萊莘對普遍理性這個虛假概念的訴求：一個個體的社會地位決定了他或她如何作出智性選擇。「理性」和「啟示」同樣受制於歷史性。

四、傳統

對某些人來說，「傳統」有著某種權威。傳統可被理解為指稱一個傳統的教義或信念，因著它的久遠而有連結的力量，亦由此而容易退化到一種沒有批判性的感情。「我們一向都是如此相信的」可以簡單地指「我們一向以來都是錯誤的」，正如一位三世紀的作家居普良（Cyprian of Carthage）提出：「一個古舊的傳統可以是一個遠古的錯誤。」傳統如果能夠證明是合理的，就值得尊重，否則就要被摒棄。這種對傳統的批判性評價正是改革運動的一個整合原素，[98] 並且它是建基於一個這樣的基本信念：傳統最終是一個聖經的詮釋，而這詮釋必須與所參照的這權威源頭（指聖經）來證明這傳統的合法性。

「傳統」這觀念對現代福音主義亦是重要的，福音派的信徒對讀聖經一事經常感到輕而易舉，就好像他們是第一批這樣作的人。我們必須緊記，在我們之前已有其他許多人，是先於我們去閱讀聖經。這種接受聖典式的啟示過程就是「傳統」，並非在聖經之外另加上一個啟示的源頭，而是對聖經這部基督教會承認是可依賴和可靠的文獻，有著一種獨特的理解。聖經和傳統並非啟示的兩個不同的源頭，相反兩者是**共同承傳**的，閱讀聖經不可能把它當作好像從來不曾有人讀過那樣去讀，教會的詩集和禮儀恒常地提醒我們聖經已在過去的時日被閱讀、評估和詮釋。一位近年最具影響力的福音派作者巴刻有這樣強調：

> 聖靈一開始就在教會裏運作，做祂奉命來做的事，就是引導上帝的子民領會所啟示的真理。教會積極參與明白聖經這歷史，形成了聖經的註釋，我

們若尊重聖靈，就不能忽視這註釋聖經的歷史。將聖經權威的原則視為禁令，禁止別人閱讀，並從教會歷史學習這部書，不是福音派的所為，而是一種重洗派的錯誤。[99]

「傳統」應被正確理解為（如改革家路德所指）門徒的歷史，意即閱讀、解釋聖經並全力解決聖經問題的歷史。傳統就是閱讀聖經時願意把以前所有的閱讀方法都考慮在內。這是對基督教信仰的羣體向度的一種覺醒，它超越時間，並質疑福音派內膚淺的個人主義。聖經的意義比任何人所能認識到的都要多。它願意對那些在我們之前的那些信仰羣體的觀點賦予分量，強烈注重基督教信仰的**羣體性**，包括對聖經的解釋。

乍眼看，這種對信仰的羣體的重視會與惟有聖經本身是權威性的信念相衝突，但看看路德和加爾文等這些作家從來不曾認為如此，他們意指聖經可以「在個體的意義上」閱讀。它不是要把個體的私人判斷提昇到越過教會的羣體判斷之上（雖然有某些激進的改革家有這種傾向，但他們並非改革運動的主流）。反之，它肯定每個傳統閱讀聖經的方法在原則上都是公開地受挑戰的，正如在教會歷史的研究中清晰可見的，教會有時會把聖經弄錯：十六世紀的改革家相信，中世紀教會在一系列的事情上都誤解了聖經，所以他們要在那些事情上改變它的習慣和教義。然而，這是一個從內部批判和更新傳統的例子，其批判的根據就是傳統所基於並得到公認的聖經基礎。改革家並不認為他們是在建立一種新的傳統，他們所關心的是要改革一種已經存在但顯然已經脫離了其聖經根基的傳統。

最有威信的詮釋者也在聖經為權威這原則上，得到《信義宗的協同信條》（*Lutheran Formula of Concord,* 1577）的大力支持：

> 我們相信、教導並宣認：只有一個法則和規範，一切教義和教師都要依據它來評論和判斷，這就是新舊約中先知和使徒的著作……其他的著作，無論是教父的或當今神學家們，無論他們姓甚名誰，皆不能視為與聖經享有同等地位，而只有全部屬於聖經之下，並見證先知和使徒的教導，這些教導在後使徒時期仍保存在世界不同地方的……聖經仍然是惟一的判官、法則和規範，所有教義皆據此而被理解和判斷為善或惡、為對或錯。其他信條（*symbola*）和著作……都沒有聖經一樣的審判權威，而只見證著我們的信仰（聖經）是如何被解釋和表述。[100]

聖經權威部分依賴於基督教會內部對這權威的普遍接受。承認聖經為權威的並非一羣由個體組成的羣體所下的判決，而是歷代教會的見證。有很多理由可舉出來表明聖經是可信的（包括最重要的一個事實，即它具有內在固有的可信性），其中一定包括一個簡單的事實，就是聖經是教會所信靠的。

我們認為聖經就是權威，這不止是承認並尊重上帝要向我們顯明自己的決心，或者只尊重在耶穌基督身上顯明的這種特定形式；我們同樣尊重一種活生生的傳統，這種傳統一直忠實於藉基督成為可知、可能並藉聖經成為可傳播的信仰和生活。所以，在上帝的話和上帝的子民之間就有一道自然的連繫，無論這是被確認與否，在我們理解耶穌基督的身分時，已存在著強烈的教會的原素。[101]

聖經權威與聖經批判學

到目前為止，我們的分析重點基本上放在伴隨著神學權威的效用性的困難上，而非聖經本身。縱然如此，福音派把聖經看作為主要的神學資源並非沒有困難的，對非福音派來說，聖經批判學的興起引致一連串的困難，導致「聖經權威」這概念備受考驗。我們不能把這些困難視為是人為、傲慢和不相干而不顧，究竟福音派怎樣面對現代聖經批判學？福音派怎樣將聖經就是上帝的話這種觀點與批判者的觀點加以協調？

聖經批判學運動注重將聖經視為一部由人所撰寫的書。它提出了並試圖回答許多關於聖經文本的作者和來龍去脈的問題。福音派認為這些問題都是完全有根據的，但某些批判學者所給予的答案卻有時不單叫福音派，甚至有正統信念的人為難。為難的理由不難識別：某些批判學者的發現似乎常常與整部聖經都是聖靈的啟示，而且可信任為上帝的話這樣的觀點不一致。有些批判者辯稱聖經的歷史性是不準確的，內部充滿矛盾，並且在神學上有錯誤。英國的一位自由主義批判者艾德斯（David Edwards）談到「有無數的段落」是「與其他聖經的段落相衝突，又或者與現代歷史知識所證明的可能性相衝突」。[102]

福音派曾對這些挑戰從許多不同的途徑作回應。有些得出結論說，這些批判性的論證確實迫使我們放棄傳統基督教和福音派對聖經的看法，並且我們必須承認，聖經在見證神聖啟示中是有錯謬的（雖然它是出自上帝）；有些則視這些批判全為不負責任和不相干的，重新回到一種教條式和簡單化的基要主義中去。前者的反應代表著批判對傳統的勝利，後者的反應則代表拒斥理性，拒絕與現代思想有嚴肅的關連的態度。

在我看來，很多福音派人士就在這兩種觀點之間徘徊，一方面在原則上歡迎批判方法，但另一方面卻否定它的介入必然在理論上或實踐上磨滅了歷史上的基督教對聖經的神聖權威的信念。

這處理方法是受歡迎的，因為它認真地對待道成肉身的原則，意指上帝並非選取某些非時間非歷史性的形態或用抽象的命題來啟示自己，而是在獨特的歷史處境和透過真真實實的人來啟示。要明白上帝在歷史中的自我啟示就必須要理解這些處境和這些人；批判地闡析聖經人性的一面是一種達到目的的手段，於是福音派學者欣然接受這種方法，對批判工作作出了重大貢獻。[103]這種方法有其局限性，如下文所要指出的；事實上，某些學者近來對這種聖經的歷史進路的潛力持相當消極的態度。然而，儘管認識到對聖經的任何詮釋都只是局部的，在某程度上都是暫時的，這是正確的，但不能因此就以為歷史方法是不必要的或不可能的。它既非不必要，因為聖經本身就是歷史性的；它亦非不可能，因為這方法在應用後有滿意的成果，例如：多理解古代近東法則和律例形式對舊約的法則的意義和獨特性有重要的幫助；形式批判學對我們欣賞詩篇有重要的貢獻；現今社會學的進路亦開啟了對新舊約理解的新途徑，福音派已經接受了許多這樣的見解。

但當批判學的發現似乎與聖經的神聖權威相衝突時又如何呢？福音派從兩個角度去回應，**消極方面**，他們注意到批判學方法的局限性；**積極方面**，他們對聖經權威的自我理解有重新的調整。

從消極方面來看，一些福音派學者認為，所有批判學者都受到他們自己的文化、哲學和神學前設的影響，認為那種似乎損害聖經權威的批判很大程度上反映了對神蹟的根深蒂固的偏見，這種偏見是基於理性主義的前設，而不是基督教前設。即使某些學者的作品在許多方面特別具有啟發性，他們也常常發現很難認同聖經的神蹟和預言。[104] 福音派學者正確地駁斥基於這種偏見的批判，認為這是非基督教的，其次它的方法論基礎是錯誤的，把一種世俗的世界觀強加在聖經材料上。

福音派亦指出很多批判學的結論是嘗試性和不確定的。一些理論曾被視為「批判學的可靠結果」，如五經來源的四種底本（JEPD）理論、符類福音問題的兩源說、或耶穌的比喻只有一個重點，現今皆視為有疑問，並且甚至是錯誤的。[105] 聖經批判學經常漠視學術的**暫時性**。

這兩種趨勢得到新約學者維京（Walter Wink）的注意和批判，他指出過去學者如何對一些原本不可能在新約裏發生的事情採取惡名的教條態度：

> 歷史學家仍然可以要求，若要相信某種不尋常發生的事，就必須提供足夠的證據或理由……他們能夠用批判的眼光看待具有一定偏見的非比尋常的評論，從而提供非常寶貴的的方法，來審視迷信。但若要他們超越這一點而接受教義上的宣稱，比如信心治病、屬靈知識、死人復活，是不可能的，因為他們要超越一個歷史學家的個人能力，

使一個局限於某種狹隘的世界觀裏的人接受信心宣稱，或者就是利科（P. Ricocur）稱之為「可達致的信靠」（the available believable）。[106]

批評家的聖經進路太容易陷於某種意識形態狹隘的世界觀裏，這種世界觀拒絕思考它自己的世界經驗之外會有其他事情發生的可能性，也不認為與它的觀點相異的其他觀念有可能是正確的。由此，批判主義（criticism）似乎已經越過了它自身應有的界限；這裏批判聖經的標準是一種對現實的暫時性理解，其局限性和暫時性顯然仍沒有得到認同。福音主義與自由主義、理性主義和世俗主義一樣，都不能沒有前設，但福音派學者堅持認為，他們注意按聖經本身的尺度去解讀它，而不是把某種現代性的外衣強加給它，並且認為按這種進路研讀聖經能夠引起共鳴，獲得智性上的滿足。

在指出聖經批判學的限制中，福音派亦積極地回應他們的發現。人們愈來愈強烈地認識到需要區分**詮釋**和**權威**的問題。例如：彼得後書的權威是否一直都依賴於彼得必須是該書作者呢？這類問題愈來愈多在福音主義內部引起注意。有人會指出，完全順從聖經的權威並不需要服從某個學者，或者某種解釋聖經的方法。一種重要並且可能很困難的討論在某種福音主義內部出現，使它感到沒有必要再次為它服於聖經上的學術性抑或者聖經權威作辯護了。

聖經權威與個人經驗

解釋聖經權威的最後原素就是它的主觀信念——這個觀念可以用完全不同的方式表達，稱為「真理的指環」（the

ring of truth；菲力普斯〔J. B. Phillips〕）或「聖靈的內在印證」（加爾文）。當聖經是作為上帝的話語被接收和教導時，它談及的是附帶著一種對人的需要和處境上的力量和相干性，這都肯定著一種上帝賦予的內在權威。福音描述耶穌怎樣透過他帶有權柄的宣講來震攝他的聽眾；這權柄一度曾被**經驗過**的，而及後才被他的跟隨者**去解釋**。福音派見證聖經是以上帝的自我真實和具威嚴的說話來到我們當中。一位在上一世紀的蘇格蘭福音派作家將這種感受化作文字寫出來：

> 若我被問及為何我把聖經作為上帝的說話來接受時……（我回答）……因為聖經是惟一記載上帝救贖大愛的紀錄，因為惟獨在聖經內我才能在耶穌基督裏找到想親近我們的上帝，而我知道這些記載全是真的，是因為聖靈在我心靈裏見證著這事，因此我肯定除了上帝之外，沒有其他事情有能力向我的心靈說出這些話。[107]

無可避免，這會有主觀主義（subjectivism）的危機，但正如齊克果提醒我們，「主觀主義」並非一個完全負面的概念，在其深層的含義中，「主觀主義」可指到一些內在相干和可應用的事情；簡而言之，它有一種實存的相干性。在其《非科學性附言》中，齊克果強調「挪用一個內在最熱烈的激情的過程」的需要。[108]正如我們已看見，聖經擁有一種強烈的客觀向度，因為它告訴我們事物的本相；但它同樣擁有一種主觀向度，透過這部分聖經得以轉化我們的內在生命——在福音派的經驗中，這種能力是有充分理由的，由此突出福音主義是其他人可以藉之分享這種「轉化著的友誼」(侯斯頓,James Houston) 的途徑。[109]正如馬丁路德所言,我們讀聖經並非僅是學習「上帝的命令」(*mandata Dei*),而是與一位「會發號令的上帝」(*Deus mandantus*) 相遇,結果是生命得到轉化。

聖經與系統神學的關係

我們在上述分析中已指出福音主義處理聖經的態度有極大的重要性。但如何理解聖經與神學之間的關係?聖經反思和系統神學之間的關係又是甚麼?在這總結性的部分,我們將會從福音派的領域探討聖經與神學之間複雜的互動關係,我們先從闡析「聖經神學」這一概念開始。

一、「聖經神學」概念

「聖經神學」(biblical theology) 一詞對福音派來說是一個問題。這問題起初是產生於此詞與近代神學之間的**關連**。近代就這詞的理解是在1787年3月迦布勒 (Johann Philip Gabler) 在阿爾特多夫大學 (University of Altdorf) 的就職演講中出現,在演講中他支持「聖經神學」與「教義學」(dogmatics) 的徹底分離。[110]重要的是該演講是在啟蒙運動的高潮中演說的;將這演說連繫到他的設定:理性的普遍真理必須優先於聖經的獨特性,這一點就更加明顯了。據他認為,「聖經神學」是一門純粹歷史性和描述性的學科,而「教義學」則是規範性或法定性的學科。

雖然迦布勒的觀點被同時代的人忽略,但它已在1830年代普遍為人所接受,因此「聖經神學」很快就被理解為一門純粹歷史性及描述性的學科,與基督徒生活或信念沒有必然的關連。[111]研究「聖經神學」成為在基督教歷史內的一種練習，研究聖經作者的神學就等同於研究早期教父或第二聖殿猶太教的神學一樣，它是一門研究以色列宗教和早期教會歷史的中立學問，而對今日基督教的生活和思想沒有直接關係。福音派不容許對「聖經神學」作這樣的理解。然而，不管如今這個詞本身附帶著多少無益的、誤導人的連繫，福音主義必須挽回它、重建它。

那麼，究竟屬福音派的聖經神學是甚麼模樣呢？對某些福音派人士來說，這種神學僅是重復聖經所肯定的事情，或許為一個已有的主題，提供一個相關的經文集。這種「重復的神學」（theology of repetition）本質上若要做到詮釋、處境化和關連是十分困難，到最後，重復只不過是一些智性上懶惰和靈性上自滿的人的最後一招。如保羅所言，大家都知道我們是「因信稱義」的（羅五1），但這究竟是甚麼**意思**呢？聖經的基本陳述是需要解釋的，一隻鸚鵡完全可能重復「我們是因信稱義」，但重復不能取代理解。聖經系統神學（biblical systematic theology）正是關注聖經的獨特用語和概念的解說，好叫它們的意義在今天現存的世界裏得到理解和宣講。因而，神學家必須使聖經與人有關連，也就是使聖經的言論影響當時的處境。

福音主義的歷史指出，運動的成功是有賴它是否願意將聖經連繫於它所處的處境當中，而並非機械化地重復聖經的經文，或只是回到福音派的歷史中尋求過去作過的努力，如加爾文在他十六世紀日內瓦的處境中所應用過的一段經文。整個問題就是將聖經應用於一個全新和從未有過的經驗處境中，而非拼命地重復一個源於不同的文化處境所產生的聖經詮釋。[112]極具影響力和極受尊敬之一的當代福音主義解釋者韋爾士這樣評價福音派神學的目標：

> 神學的目標是去發現上帝在聖經和透過聖經所說的事情，並用一種屬於我們自己年代的概念來覆蓋它。聖經，就其**終點**（*terminus a quo*），是需要被解除處境化，目的是為要掌握到那跨越文化的內容，並且需要再被重新處境化，目的是為要把其內容接合到我們時代的知性預設和社會模式中。[113]

另外，在聖經內的經文亦必須彼此關連在一起，也就是說，必須在一個更大的總體框架內建立它們的相互關係。聖經裏論到耶穌基督神性的經文必須與那些論到他的人性的經文放在一起，並使它們彼此連繫。這兩組經文如何同時是真的呢？它們對我們理解耶穌基督的身分、上帝的本質和我們本身的身分又有甚麼意涵？系統神學所關注的並非僅是重復一些聖經的經文或主題，而是揭示這些經文其實是分別見證著的一個整體思想模式。

二、聖經與敘事

最後，我們討論的焦點放在近期聖經學術界一直具有十分重要意義的一個問題，從而結束這個關於聖經在福音派思想中的地位的分析。這個問題就是：對敘事體裁在聖經裏的優先性的認定。一件敘述的事件如何能成為神學的基礎呢？[114]在哪種意義上可以說一件敘述的事情擁有「權威」呢？鑒於這問題在當代神學分析中有其重要性，我們將會直接探討聖經這種原初的敘事性對福音派的重要性。

弗萊(Hans Frei)在分析自改革運動以後的聖經詮釋的經典研究中,表明理性主義的興起如何導致對聖經這種「敍事」特色的漸漸遭受拒絕。[115] 對批判前期的作家來說,聖經詮釋就是「對各種故事及其含義的解釋,把解釋編織到一個指向某種單一歷史及其意義模式的共同敍事之中」。[116] 然而,啟蒙運動則採納了一系列聖經詮釋的進路,這反映出這運動的理性主義和反超自然主義。如蔡爾茲(Brevard Childs)認為「共同的歷史批判工具」的應用結果並沒有「充分看到聖經的獨特神學主題就是上帝的自我啟示」[117] 十八世紀以後,這種詮釋的某些部分已證明了聖經的「敍事」特點漸漸被抹殺。

早期福音主義完全留意到敍事的重要性。馬丁路德就是一個這樣早期福音派進路的卓越例子,他既沒有(先於啟蒙運動)為了達到故事所指向的「意義」就認為敍事體是可以抹掉的東西,也沒有(先於浪漫主義把「故事」看作是真理的獨一無二的工具。[118] 然而,儘管福音主義批判啟蒙運動的神學和解經學,但在這一方面卻似乎跟隨它的腳蹤。聖經的敍事特點被微妙地邊緣化了,這樣就使它的分析完全成為一套命題式的陳述,才能夠承受啟蒙運動的認識論標準的批評。正如弗萊指出,「敍事」主題仍然在福音主義中出現,但已經從聖經過渡到信徒的個人屬靈旅程中去。[119] 這就正好是福音派人士所講的「他們的故事」(意指他們「如何相信,和如何過基督徒生活」)。但事實上,是聖經本身在很大程度上凡與敍事相關的內容卻被忽視了。這是為甚麼呢?

理由是複雜而不容易理解的。其中一個額外重要的原因是福音主義回應它所處的智性處境的方法。縱觀福音主義的歷史，可以看出它很容易陷入理性主義的某種形式。有許多證據表明，在十六世紀晚期的荷蘭就出現了這種情況，福音主義學者愈來愈受當時盛行的理性主義世界觀的影響。[120]在美國，福音派的圈子傾向走進理性主義，由於許多都採納所謂「蘇格蘭實在論」（Scottish realism）或「常識哲學」[121]（參頁200～203），以至在十八世紀末和十九世紀初時步伐更急劇加快。福音主義曾對與新正統有關的各類啟示神學作出回應，而強調啟示的資料性內容，尤其是卜仁納（E. Brunner）的啟示神學，這種神學將啟示視為純粹的「位格臨在」（personal presence）。如今看來，當時的回應是過分的；對卜仁納的恰當回應必須是肯定啟示的資料性內容，而不是否定啟示的個體性特點。結果當時深受理性主義影響的美國福音主義的形式，如與亨利（C. F. H. Henry）有關的福音主義，就太強調一種純粹命題式的聖經啟示概念。

其實福音派沒有必要這樣做。但是竊取啟蒙運動的外衣為福音主義辯護的壓力減少了，福音派學者又有了更多的自由可以去重新發現並展現某種更富聖經色彩的神學進路的獨特性，這樣的神學進路強調上帝在歷史中所做的，在聖經裏所記載和詮釋的行為構成了一種敘事體。[122]把上帝的自我彰顯看作僅僅是有關上帝之事的傳遞，這樣的啟示觀是有嚴重缺陷的，並且會危害到上帝，使祂變成像一位集團的行政總裁在分派公司章則給下屬一般。啟示是上帝在歷史中的自我彰顯和自我參與，祂有一個至高無上的決定，就是藉著耶穌基督成為肉身，因此無論是誰，只要見到耶穌基督就是見到父上帝。啟示就是關於上帝的**神論**、上帝的**作為**，和上帝的**位格**和**臨在**。

將啟示化約為原則和概念是壓抑上帝自我揭示的奧祕、

神聖和非凡。[123]「首要原則」或許可以帶來啟蒙和資訊;但卻不能迫使我們在敬畏和崇敬中跪下,如摩西在燃燒的荊棘中所見的、門徒看見復活的基督時所做的那樣。基於可理解的理由,福音主義過去只專注於神聖啟示這個複雜工程中的命題性或智性元素,這種元素使福音主義在受到理性主義攻擊的時候,仍然維持它的有效性和整合性。但這種對啟示的理解本身是嚴重地不足夠的,它近乎枯噪乏味和貧瘠,而這些原本就是福音主義力圖反對的理性主義的標記。

確認聖經的敍事特質是讓聖經啟示的完整得到充分的彰顯。這種方案絕不意味著要拋棄或削弱福音派對神聖啟示中的客觀、知性真理的信奉。它只是要指出,啟示的內涵要比這豐富,並且讚賞能在這個問題上智慧地避免約簡主義(reductionism)的進路。巴特和尼布爾都是關注於揭示敍事的重要性的兩位神學家,對巴特而言,聖經記載了確定「耶穌基督是上帝」的敍事,[124]對尼布爾來說,聖經的見證是以一種敍事形式來光照我們對自我的理解,並使「我們生命中的故事」成為更有意義。[125]

福音主義經常關注如何展示出聖經和教義之間的緊密關係。由於啟蒙運動的觀念在十九世紀的普林斯頓佔據了支配地位,福音主義往往大大削弱聖經內的敍事原素,為的是確保聖經和教義間的親密關係,所以常常把聖經看作是一部教義來源的資料集。如果恰當地理解,聖經的敍事和教義的陳述確實存在親密而互動的關係。接下來我就著手討論這個問題,以便把敍事和教義之間的關係清晰地勾畫出來。[126]

聖經基本上不是採取一種教義式或信條式的陳述形式,當然,這些卻毫無疑問地交織在書的結構之內。聖經所主要關注的——但不是惟一的——是敍述那些對信仰羣體具有特別重要意義的時刻所發生的事，例如：出埃及時發生的故事、拿撒勒人耶穌復活時發生的事。聖經採用了敍事體裁向我們展現，目的是為了講述上帝與人之間的故事，這故事在拿撒勒人耶穌的歷史中達到高峯（但非結尾）。[127] 而一個宗教的教義所關注的，就是哪些事情是應該相信的，又或哪些事情是可以相信的，聖經卻全神貫注於敍述曾經發生的事。[128] 雖然新約裏有許多非敍事性的內容，但可以說這是與拿撒勒人耶穌的故事接合的結果，因為基督教的核心是以拿撒勒人耶穌為形象，故此，以一個系統的論述來表達歷史是必須的。聖經沒有闡述一系列抽象原則，只指向一個曾活過的生命，一個具體的歷史事實的存在，就某種意義來說，這個存在將一些抽象的原則成為完整及具體化。

故此，新約裏耶穌的故事被公認是一個為基督教的存在而提供基礎的故事，並為人的生命及思考方式塑造了一定的形式和特點，而這些都是關於我們如何適當地表達自己是與基督的生命有分。敍事都是建基在歷史上及在行為表現上，使我們能夠避免用普通的抽象原則思考基督教，而把它植根於我們這些歷史存在者的偶然事件裏。我們的遠象是由拿撒勒的耶穌的故事形成和告知的，在關於他的死和復活的聖餐儀式中，使我們不斷記起我們可以從這些事上得好處。我們把這些事情看作我們基督徒的生命和羣體的樣式或模式的具體體現。[129]

聖經因此提供了一個真實歷史存在的敍述，被認為在價值和觀念上都對信仰羣體具有基礎性的意義。但是從敍事過渡到教義是如何實現的呢？這個問題相對於教義的起源的重要性，可以引用基督教教義史上的兩個例子來說明，這兩個例子表明了這個過渡中所遇到的困難。

在教父時期曾盛行的所謂「基督得勝」(*Christus Victor*)的救贖理論,在結構上是完全敘事性的。[130] 新約的救贖標誌和隱喻被擴展和重構,為要使人理解一個有關人的得贖的故事。這個敘事有某些前設,例如:設定人被拘禁於暴君或敵對的勢力中。然而,這些前設是得到敘事本身的確認,在敘述拿撒勒人耶穌如何死並復活的過程中,已代表著神聖者與邪惡的捆綁勢力鬥爭並取得勝利。

我們所關注的事是奧倫(Gustaf Aulén)所指到的這種「古典救贖理論」(classical theory of the Atonement)的結構而非其內容。其實,敘事本身引起的問題比它回答的要多:為何人會受邪惡力量所拘禁?在甚麼意義下十字架和復活代表了一種**神聖**的爭戰和勝利?為何上帝不能就此取消或索性不處理魔鬼?面對這些困難,支持這一理論的人就有責任根據對這一故事可能的理解提供一種概念性基礎。於是就提出了「審判惡魔」(*ius diaboli*)這個概念,試圖使整個敘事最使人困惑的部分成為有意義的內容。[131] 因此,一個教義建構的基礎性結構就開始顯現出來,成為一個工具去詮釋「基督得勝」理論中的敘事。隨著十一世紀晚期和十二世紀初的神學復興,這種基礎性結構受到一些神學家如安瑟倫(Anselm)和亞伯拉德(Abelard)的批判性的查究,最後因不滿意這結構而遭拒絕,並以一個非敘事性的救贖教義來取代它。[132] 但我們關注的是基督得勝理論的結構,它可被視為一個在聖經敘事與教義建構之間的中介階段。敘事若要成為有意義,就必須有一套定理作為預設,那些定理在教義的形成過程中得到確證和成為完整。一種教義上的基礎性結構提供了敘事所沒有的事情,或者可以看似合理地預設的事情。

第二個例子可在四世紀亞流派(Arian)的爭論中見到,這場爭論的焦點是集中在耶穌基督的身分上,基督究竟是否只是一個人,雖然在上帝的造物中是至高無上的,但仍然只是一個受造物而已?抑或基督只是上帝神聖的兒子而並非其他?最基本的困難仍在於敘述耶穌的事可從兩個頗為不同的方向來閱讀:一個是以一位超卓的人來理解;一個是以上帝道成肉身的兒子來理解。但哪一個會更準確地相連於聖經的見證呢?我們如何理解敘述耶穌基督的事呢?可見一個敘事的不同層面要能得到充分照顧,一個概念框架的需求是刻不容緩的,亞流派所提供的框架是基於相信耶穌是上帝所有受造物中最超卓的一位;而亞他那修(Athanasius)所依賴的信念就是他是上帝道成肉身的兒子。

在這場爭論的核心存在著俄利根派(Origenist)的基督論傳統內部的一種張力,因為在這種傳統中,故事的敘述必須與各種概念性框架彼此相連。[133]聖經的敘事如何能相連於某一個概念框架呢?哪一個框架是最合適呢?在亞流派的爭論中顯露了不同詮釋框架來承載一個共同的敘事傳統所引來的張力:亞流派與亞他那修都自稱在詮釋同一樣的敘事。雖然亞流派並非一個派,但清晰可見的是他對聖經敘事的閱讀正要求一個概念的框架,在這框架中上帝是完全超越和絕對的;[134]因而聖經敘事集中在一個被造物而非創造主身上。對亞他那修而言,相同的敘事是集中在上帝道成肉身的兒子身上。

這場爭論指明了基督教教義發展中的一個關鍵階段,就是必須考查作為聖經敘事的解釋框架的教義體系的適當性。亞流派與亞他那修所提議的框架同樣都是充分地和內在地連貫一致的,故此有必要從其他的基礎上來評核他們;這些基礎包括與聖經敘事本身的關連程度,以及在信仰羣體裏面通過它的禱告、敬拜對那種敘事的評價。亞他那修堅持*lex orandi lex interpretandi*(這拉丁文句大概可譯成「我們如何禱告,便如何建立我們的詮釋」)這格准的重要性,就這點上他也與亞流派背道而馳:亞他那修相信敬拜是提煉神學陳述句裏的那個洪爐;但亞流派則認為神學應提供一個框架來批判敬拜。[135]

「兩性質」的基督論肯定了兩個極為重要的洞見:「耶穌是神」與「耶穌是人」。無論這樣的評論如何包含超自然的或實存的意義,要知道它們**起初**對敘述拿撒勒人耶穌故事的詮釋,這一點是很重要。在這敘事的處境中,耶穌可被識別為分擔兩個角色——人與神,這兩個角色迄今為止一直是相互排斥的,它要求兩個完全不同的演員來擔當,但在敘事中兩者又有緊密關連並集中在耶穌這個人身上。在敘事的處境中,耶穌扮演上帝(參可二5~7「赦免人的罪」),但亦有採取一個十分傳統的人性角色。兩性質的教義提供了一個詮釋聖經敘事的工具,並確保了它內在的連貫性。

三一論亦可視為基督教敘事的詮釋。「父、子及聖靈」是上帝同一個身分的描述,新約認為上帝是這樣行事的。在新約的敘事裏,「父」、「子」及「聖靈」是相關連的角色。[136]三一論提供一把詮釋的鑰匙去正確地詮釋新舊約的故事,若沒有這把鑰匙,這些敘述故事就很可能被認為是在講三位不同的神。三一論述試圖把上帝確立為聖經故事的中心。總體上與教義一樣,它所用形而上的陳述時,既沒有明確的結構,也沒有明確的序言。它最初的關注就是詮釋一個故事。

因此,在教義與聖經敘事間是存在一種動態的關係。敘事擁有一個詮釋的基礎結構,示意有教義上的證詞。聖經顯然有許多的概念框架是聯繫於敘事的結構中：它們的功能是在教義體系建構的過程中作為起始點，衍生出更精巧的概念框架。從這些經文的提示、路標和標誌的基礎上，就可以建立教義證詞，然後把它們用作詮釋敘事的概念框架。於是，敘事就在這種框架中被重讀和重演，與此同時，對框架的修正亦會出現。可見，在教義與聖經之間、詮釋框架與敘事之間是有一個動態的互動和**響應**的過程。或許有人會借用皮亞傑式（Piagetian）的用語來描述這兩者的關係，是同化與融合的關係：敘事是同化於概念，概念是融合於敘事。在這個詮釋螺旋式的過程中，由於聖經所敘述的故事與教義的解釋框架之間不斷起了互動的作用，共同前進，從而就達到了新的解釋階段。

這個詮釋過程包含敘事與教義間持續的互動，這互動是嘗試找出一個已經隱藏在新約中的詮釋框架，而基礎則在拿撒勒人耶穌的故事中。接受道成肉身觀念的教義框架由於其明顯包含猶太教的一神論（monotheism），因而建立起來有點勉強，並且在啟蒙運動和後啟蒙時代一直受到批判。縱然如此，它始終不過是一個嘗試性假設，預設在拿撒勒人耶穌的故事與原始的詮釋框架之間有某種徹底的割裂，兩者中的一個包含於新約中，另一個則包含在道成肉身的教義中。

我們可以如此總結我們對聖經敘事與教義之間的分析。故事需要正確地被詮釋；基督教教義提供聖經敘事可被詮釋的概念框架。敘事要求詮釋，聖經故事亦不例外，舊約可被閱讀為一個古代近東的遊牧民族要求確認其身分的故事，同樣，符類福音亦可閱讀為一個被誤導的加利利革命或一個充滿疑惑的猶太拉比的故事。教義陳構出對應於基督教羣體自我理解的聖經敍事的具體詮釋，或者是詮釋的範圍，並質疑其他的詮釋。故此，「耶穌是基督」就是一個教義上的評論，承認可以在一種特定的角度看待拿撒勒人耶穌的故事。然而，這評論並非是武斷的，根據敍事本身，可以認為它是合法的但這陳述並非任意的：它從敍事本身的亮光下可被視為合法的。羅馬書一章3至4節引用拿撒勒人耶穌的故事，使徒保羅所描述的耶穌就是將基督的説話合法化，正如就保羅的其他神學或倫理學評論來説，可以查到某種敍事的基礎性結構。[137]

教義提供詮釋聖經故事的概念框架，但這並非一個任意的框架，而是該故事所建議的以及由聖經本身所暗示的框架，這可以看到，它是在故事裏面，而非外加於故事之上。敍事在先，詮釋框架是隨後出現的。新約同時包含拿撒勒人耶穌的故事和原初基督教羣體存在的相關敍事的詮釋；教義呈現出在新約中可以找到的一些偽教義指引、標誌和記號的範圍。

如果已經允許產生一種具體的概念框架的拿撒勒人耶穌的故事被遺忘，那麼這一個敍事過渡到一種思想的概念框架就可能對基督教神學造成破壞性後果。倘若某種概念化的基督教進路被視為自足和自主的，那麼原本促成這種進路的敍事就可能在歷史的洪流中消失。一旦這種情況出現，就必然會對這些框架的正常性和準確性產生極大的擔憂，它將會被暫時放在一旁而缺乏支持。除了那些對立的意識形態從外面強加的標準之外，我們是找不到任何別的標準來評價它。然而，基本性的敍事在信仰羣體中會被保留，並且在教義的反思中被記載為有優先的位置（尤其在改革運動的教會中，仍是一種福音派自我理解的歷史標記）。

「惟獨聖經」(*sola Scriptura*) 原則上最終認為，基本聖經敘事優先於任何從它引申出來的概念框架。我們可以把改革運動合理地詮釋為基於中世紀天主教的發展故事而對它的概念框架的一種延遲了的重新檢視；同樣，改革運動的口號「改革教會，不斷改革教會」(*ecclesia reformata, ecclesia semper reformanda*)，可被理解為這樣一個評論：必須使發展成的故事與由之產生的概念彼此相關，並且一直如此。我們沒有完全掌握耶穌的所有歷史，我們亦不能擁有關於耶穌傳統的整體。雖然如此，我們確實已經獲得部分歷史和一些傳統，就是第一代基督教羣體視之為基本性和建立身分的的傳統，我們還要有一些可能的詮釋框架的指引，使我們可以對任何引申出來關於福音的概念表述進行評價。我們擁有可以使任何擬議的概念框架得以成立或得到評價的標準。最後，基督教教義的存亡是與聖經而不是與任何具體的概念有關。

敘事與形而上學的關係可透過馬丁路德的「十架神學」而加以詮釋，或許它是神學上對這種關係的最敏銳的解釋。[138]路德神學經常被誤解為「反形而上學」，這引致到一連串關於他神學的非歷史性批判。路德的基本立場是，受死基督的故事一定要在這敘事本身所建立的框架中被詮釋，而非建基於一些加諸其上的怪異框架。路德對亞里斯多德式 (Aristotelian) 思想中的形而上學抱敵對態度是因為路德確信，強加於敘事之上的框架必然給敘事帶來嚴重的扭曲。

路德對神聖的屬性特別關注，如「上帝的榮耀」、「上帝的能力」和「上帝的義」。若這些屬性是由建基於形而上預設所定義上 (包括不加以批判地使用類比的原則〔principle of analogy〕），福音將被扭曲。既然「上帝的義」（*institia Dei*）的啟示（羅一16～17）只能引申出定罪（基於一種亞里斯多德式的對「義」〔*institia*〕的分析），那麼這種啟示如何能成為罪人的福音？路德神學的突破（大概在1515年的某個日子）主要在於他察覺到正是拿撒勒人耶穌的故事（焦點在於受死的基督）界定了諸如「上帝的義」這些術語的意義。[139]「十架的神學家」就是一個能基於聖經故事而引申出概念框架的人；「榮耀的神學家」就是一個基於預先確定的概念框架去詮釋聖經故事的人。

故此，即使粗略的去讀他在1515至1521年時期的作品，我們都可以知道路德並不反對形而上學；他所關注的是讓拿撒勒人耶穌的聖經故事（集中於受死的基督）扮演出他本身的概念框架。路德對聖經故事自律性的肯定並沒有包含對形而上學的拒絕；他只是反對使用任何預先設定的形而上學的權利而強加它的詮釋框架於聖經之上。承認邏輯行先的詮釋範疇或框架的存在就是最終徹底地破壞聖經的權威。

但對路德而言，「上帝的義」這類概念是由聖經故事所定義，而非由外在的源頭引入其意義的，即使「上帝」一語，亦是這樣被定義的，就像路德最有名的「受死和隱藏的上帝」（*Deus crucifixus et absconditus*）所指到的。據路德來看，亞里斯多德（Aristotle）對「上帝」的定義並非直接依賴聖經的詮釋，在聖經中所理解的是一位不同的上帝，祂是行動的主體。[140]我們可以將路德「惟獨十架是我們的神學」（*crux sola nostra theologia*）這格准視為「惟獨聖經」這原則的一個精巧的語句，它指出在神學思考中以歷史為基礎的故事優先於神性的抽象概念。

從以上分析中，我們清楚見到容讓敘事成為福音派神學反思的基礎是沒有問題的，並且它提供了一個無價的催化劑，使福音主義能在啟蒙運動持續的影響中得到洗滌，並能越過啟蒙運動，重新找到在基督徒生命和思想中一個更為真實的對待聖經角色的福音派進路。

結論

在這一章裏，我們已經指出，福音派對聖經權威的訴求是一致而明智的。現時關於「聖經權威的危機」的用詞完全是帶有誤導性，因為它混淆了次要事情（聖經權威如何在神學上被陳構和形式化）和聖經基本角色這個首要事情。並且，福音派對與舊有的普林斯頓學派有關的聖經權威進路表現出愈來愈大的疑慮，[141]認為繼續使用這個學派的觀念就會促使福音主義進一步被捆綁於啟蒙運動的理性主義的觀念和視角之中。

然而，我們不能把普林斯頓學派理解為表示拒斥或淡化強調聖經權威的福音派傳統；它僅表明一個持續性福音派議題的一個組成部分，該議題是要確保神學議題的每個層面皆是建基於聖經的。福音主義愈來愈察覺到普林斯頓立場最終是依賴於聖經以外的假設和規範的。[142]鑒於福音主義堅決不允許任何來自於聖經之外的東西在基督教思想中擔當規範性或基礎性的角色，那麼就必須對表述並捍衛聖經權威的這種具體方式進行質疑，但不是質疑聖經權威本身。最後，福音主義其實是以一種聖經權威的進路（更多建基於聖經的探討）來代替另一種進路（現在看來是建基於哲學的格准）。對聖經權威的信奉依然未變，改變的只是陳述的方式。

在首兩章裏，我們已經關注到福音主義內部的融貫性。

我們現在的注意力要轉向一個更廣闊的話題：當福音主義面對當代世界中智性上和神學上有對立聲音時所表現出的團結性和彈性。我們的分析先從福音主義與現今神學運動中被稱為「後自由主義」的關係開始。

註釋：

1. 仔細事項的卓越解釋，參 Roland H. Bainton, *Here I Stand: A Life of Martin Luther* (Nashville; TN: Abingdon, 1950), p. 185。
2. Westminster Confession I, 6; in E. F. K. Müller (ed.), *Die Bekenntnisschriften der reformierten Kirche* (Leipzig: Böhme, 1903), 545.11～20.
3. 就「惟獨聖經」原則的詮釋細節，參 Alister E. McGrath, *Reformation Thought: An Introduction* (2nd edn., Oxford and Cambridge, MA: Blackwell, 1993), pp. 140～155。就著對聖經的重視與改革運動傳統的關連，參 W. Robert Godfrey, 'Biblical Authority, in the Sixteenth and Seventeenth Centuries', in D. A. Carson & J. D. Woodbridge (eds.), *Scripture and Truth* (Grand Rapids, MI: Zondervan, 1983), pp. 225～250；他有其卓越的研究。
4. *D. Martin Luthers Werke. Kritische Gesamtausgabe: Tischreden,* vol.2 (Weimar: Böhlau, 1883-), p. 439.
5. *D. Martin Luthers Werke. Kritische Gesamtausgabe: Tischreden,* vol.2 (Weimar: Böhlau, 1883-), p. 12.
6. *Ioannis Calvini opera quae supersunt omnia* (59 vols., Brunschweig and Berlin: Schwetschke, 1863-1900), vol.9, p. 815。以下的論文對相關連的主題有思想性的闡析，John D. Morrison, 'John Calvin's Christological Assertion of Word Authority in the Context of Sixteenth Century Ecclesiological Polemics,' *Scottish Journal of Theology* 45 (1993), pp. 465～486。就改革運動的聖經一般教義的基督中心論取向，參 J. K. S. Reid, *The Authority of Scripture* (New York: Harper & Row, 1957), pp. 29～72；Brian A. Gerrish, 'The Word of God and the Words of Scripture: Luther and Calvin on Biblical Authority', in *The Old Protestantism and the New* (Chicago: University of Chicago Press, 1982), pp. 51～68。
7. Abraham Kuyper, *The Work of the Holy Spirit* (New York: Funk & Wagnalls, 1900), p. 397，與他相似的是巴文克（Herman Bavinck, 1854-1921），他堅稱基督教信仰的對象是耶穌基督，而且在聖經中被舉證。
8. 重要的討論參 Donald G. Bloesch, *Essentials of Evangelical Theology* (San Francisco: Harper & Row, 1982), vol.1, pp. 52～56。
9. Kuyper, *The Work of the Holy Spirit,* p. 399.
10. 討論參 Peter Jensen, 'The Spirit of Revelation', in B. G. Webb ed., *Spirit of the Living God* (Explorations 6; Homebush West, NSW: Lancer, 1992), pp. 1～18。
11. Karl Barth, *Church Dogmatics* (14vols., Edinburgh: Clark, 1936-75), II/2, pp. 52～54.

12. John Wenham, *Christ and the Bible* (2nd edn., Leicester: Inter-Varsity Press, 1984).
13. John Barton, *People of the Book?* (London: SPCK, 1988), p. 83.
14. 參 David Wenham (ed.), *Gospel Perspective 5: The Jesus Tradition outside the Gospels* (Sheffield: JSOT, 1984)，更簡略的有 R. T. France, *The Evidence for Jesus* (London: Hodder & Stoughton, 1986), pp. 19～85。
15. Stephen Neill, *The Supremacy of Jesus* (London: Hodder & Stoughton, 1984), pp. 9～17。或許他就這主題最一般性的闡析，見他所著：*The Challenge of Jesus Christ* (Madras: SPCK India, 1944)。
16. 參 Francis Schüssler Fiorenza, 'The Crisis of Scriptural Authority', *Interpretation* 44 (1990), pp. 353～368。
17. 參 Paul de Vooght, *Les sources de la doctrine chrétienne d'après les théologiens du XIVE siècle* (paris, 1954)，以及Hermann Schüssler, *Der Primät der Heiligen Schrift als theologisches und Kanonistisches Problem im Spätmittelalter* (Wiesbaden, 1977)。另參 Alister E. McGrath, *The Intellectual Origins of the European Reformation* (Qxford: Blackwell, 1987). pp. 122～174；George Tavard, *Holy Writ or Holy Church* (New York: Harper & Row, 1959). pp. 22～23。
18. 聖經在此時直接和間接的影響，參 Beryl Smalley, *The Study of the Bible in the Middle Ages* (3rd edn., Oxford: Blackwell, 1983)。
19. Don Cupitt, *Taking Leave of God* (London: SCM, 1980), p. 9.
20. 參經常被引用的，Allan Bloom, *The Closing of the American Mind* (New York: Simon & Schuster, 1987)。
21. 參 R. A. Markus, *Saeculum: History and Society in the Theology of St Augustine* (Cambridge: Cambridge University Press, 1970)；Jaroslav Pelikan, *The Mystery of Continuity: Time and History, Memory and Eternity in the Thought of St. Augustine* (Charlottesville, VA: University of Virginia Press, 1986)。
22. 參 Paul Althaus, *Die deutsche Stunde der Kirche* (Göttringen: Vandenhoeck & Ruprecht, 1933)，就一種把德國歷史優先化的神學的有力批判，參 Ernst Wolf, *Barmen; Kirche zwischen Versuchung und Gnade* (2nd edn., Munich: Kaiser Verlag, 1970)。
23. 這文件的文本，參 Gerhard Niemöller, *Die erste Bekenntnissynode der Deutschen Evangelischen Kirche zu Barmen* (2 vols., Götingen: Vandenhoeck & Ruprecht, 1959.) vol. 1, pp. 142～146。
24. 一種令人不安的分析，參 Robert P. Ericksen, *Theologians under Hitler: Gerhard Kittel, Paul Althaus, and Emanuel Hirsch* (New Haven, CT: Yale

University Press, 1985)。赫希公開支持希特拉尤為具影響力(參 Ericksen,頁120～197);更詳細的文獻支持,參 *Arbeiten zur Geschichte des Kirchenkampfes* (Gottingen and Zurich: Vandenhoeck & Ruprecht) 的系列。

25. Stanley Hauerwas and William H. Willimon, *Resident Aliens: Life in the Christian Colony* (Nashville, TN: Abingdon, 1989), pp. 24～25.
26. Wilfried Härle, 'Der Aufruf der 93 Intellektuellen und Karl Barths Bruch mit der liberalen Theologie', *Zeitschrift für Theologie und Kirche* 72 (1975), pp. 207～224。更一般性的,參 Wolfgang Huber, 'Evangelische Theologie und Kirche beim Ausbruch des Ersten Weltkriegs', *Studien zur Friedensforschung* 4 (1970), pp. 148～215。
27. Karl Barth, *Evangelische Theologie im 19. Jahrhundert* (Zurich: Zollikon, 1957), p. 6。更詳細參 Härle, 'Der Aufruf der 93 Intellektuellen und Karl Barths Bruch mit der liberalen Theologie'。
28. 就後史達林時代,參 Vladimir Shlapentokh, *Soviet Intellectuals and Political Powe*r (Princeton, NJ: Princeton University Press, 1990)。
29. 由於篇幅所限,未能在這點上提供更多的文獻,我傾向採納的進路是用以下著作來貼近的,Alister E. McGrath, 'Christian Ethics', in *The Religion of the Incarnation: Anglican Essays in Commemoration of Lux Mundi* (Bristol: Bristol Classic Press, 1989), pp. 189～204。
30. John Shelby Spong, *Rescuing the Bible from Fundamentalism* (San Francisco: HarperCollins, 1991).
31. *The Fundamentals: A Testimony of the Truth* (12 vols., Chicago: Testimony Publishing Company, 1910-15).
32. 標準的研究仍然是George Marsden, *Fundamentalism and American Culture: The Shaping of Twentieth Century Evangelicalism 1870-1925* (New York: Oxford University Press, 1980)。
33. Spong, *Rescuing the Bible from Fundamentalism,* pp. 108～25.
34. John Shelby spong, *Born of a Woman: A Bishop Rethinks the Birth of Jesus* (San Francisco: HarperCollins, 1992).
35. N. T. Wright, *Who was Jesus?* (Grand Rapids, MI: Eerdmans, 1992), pp. 65～92.
36. 同上,頁91～92。
37. Gordon Kaufman, *Essay on Theological Method* (Missoula, MT: Scholars Press, 1975), p. 15。他把上帝的概念訴諸於西方文化中,參其著作 *Theology for a Nuclear age* (Philadelphia: Westminster, 1985), pp. 22～23。
38. 參 H. C. G. Matthew, *The Liberal Imperialists* (London: Oxford University Press, 1973)。

39. 參 William A. Galston, *Liberal Purposes: Goods, Virtues, and Diversity in the Liberal State* (Cambridge: Cambridge University Press, 1990)。
40. 參 Lawrence Kohlberg, *The Philosophy of Moral Development* (New York: Harper & Row, 1981)。
41. 特別參 Carol Gilligan, *In a Different Voice: Psychological Theory and Women's Development* (Cambridge, MA: Harvard University Press, 1982)；Albert Borgmann, *Crossing the Postmodern Divide* (Chicago: University of Chicago Press, 1992), pp. 53～54。
42. Peter L. Berger, *A Far Glory: The Quest for Faith in an Age of Credulity* (New York: Free Press, 1992), pp. 10～11.
43. 同上，頁12；作者所強調的。
44. W. R. Inge, *Diary of a Dean* (London: Hutchinson, 1949), p. 12.
45. Eugene B. Borowitz, 'The Enduring Truth of Religious Liberalism', in N. J. Cohen (ed.), *The Fundamentalist Phenomenon* (Grand Rapids, MI: Eerdmans, 1990), pp. 230～247；引自頁231。
46. 這是他重要著作中的主題，*Die gegenwärtige geistige Lage im Spiegel philosophischer und theologischer Besinnung* (Göttingen: Vandenhoeck & Ruprecht, 1934)，此書是為回應1933事件而寫的。
47. 重要的分析參 Michael Oakeshott, *Experience and its Modes* (Cambridge: Cambridge University Press, 1933)，從哲學立場出發的最佳一般性研究，是Wayne Proudfoot, *Religious Experience* (Berkeley, CA: University of California Press, 1985)。一個更神學性進路，參 Nicholas Lash, *Easter in Ordinary: Reflections on Human Experience and the Knowledge of God* (London: SCM, 1988)。
48. 參 Gerhard Ebeling, 'Die Klageüber das Erfahrungsdefizit in der Theologie als Frage nach ihrer Sache', *Wort und Glaube* III (Tübingen: Mohr, 1975), pp. 3～28。
49. 一個細心的研究，參 C. Stephen Evans, *Subjectivity and Religious Belief* (Grand Rapids, MI: Christian University Press, 1976)。
50. George Lindbeck, *The Nature of Doctrine* (Philadelphia: Westminster, 1984)。評論與批判參 Alister E. McGrath, *The Genesis of Doctrine* (Oxford: Blackwell, 1990), pp. 14～34，及本書頁166～182。
51. Lindbeck, *Nature of Doctrine,* p. 32.
52. 同上，頁23。
53. 同上，頁17。
54. 重要的分析，參 William P. Alston, 'Christian Experience and Christian Belief', in A. Plantinga and N. Wolterstorff (eds.), *Faith and Rationality:*

Reason and Belief in God (Notre Dame, IN: University of Notre Dame Press, 1983), pp. 103～134。

55. Gerhard E. Spiegler, *The Eternal Covenant: Schleiermacher's Experiment in Cultural Theology* (New York: Harper & Row, 1967), pp. 136～156.
56. B. R. F. Lonergan, *Philosophy of God and Theology* (London: Darton, Longman & Todd, 1973), p. 50.
57. 需要注意的是朗尼根非常依賴於芝加哥作家海勒爾（Friedrich Heiler）一些甚富疑問的結論（例如：「高等宗教」是由相同共同的超越經驗所衍生出來）。
58. 參 Alister E. McGrath, *Luther's Theology of the Cross* (Oxford: Blackwell, 1985), pp. 148～175。
59. 對「皈依」重要性的深入分析，參 Paula Fredsen, 'Paul and Augustine', *Journal of Theological Studies* 37 (1986), pp. 3～34，尤其要注意對過去一種斷裂或不持續的重視。
60. Fraser Watts and Mark Williams, *The Psychology of Religious Knowing* (Cambridge: Cambridge University Press, 1988), pp. 10～23。就「委身」與「社羣取向」的區分，參 R. O. Allen and B. Spilka, 'Committed and Consensual Religion', *Journal for the Scientific Study of Religion* 6 (1967), pp. 191～206。
61. Watts and Williams, *Psychology of Religious Knowing,* pp. 109～127.
62. Lindbeck, *Nature of Doctrine,* P. 128.
63. 很多教義的「經驗－表現主義」理解都假定這種憂慮為毫無理由而被取消，這還建基於他們對啟示觀的非認知性理解：參 Arery Dulles, *Models of Revelation* (Dublin: Gill & Macmillan, 1983), pp. 98～114。對經驗作為神學資源的小心分析，參 Lash, *Easter in Ordinary*。
64. 參潘霍華於1944年7月16日寫給貝特格（Eberhard Bethge）的信，*Letters and Papers from Prison,* ed. E. Bethge (New York: Macmillan, & London: SCM, 1971), pp. 359～361。
65. 就「隱藏的上帝」在馬丁路德早期神學的主題，參 John Dillenberger, *God Hidden and Revealed* (Philadelphia: Fortress, 1953); McGrath, *Luther's Theology of the Cross,* pp. 161～175。
66. 參 McGrath, *Luther's Theology of the Cross*。這進路對基督教靈修學的含義，參 Alister McGrath, *Roots that Refresh: A Celebration of Reformation Spirituality* (London: Hodder & Stoughton, 1992)；北美版本書名是 *Spirituality in an Age of Change* (Grand Rapids, MI: Zondervan, 1994)。
67. Francis Schüssler Fiorenza, *Foundational Theology: Jesus and the Church* (New York: Crossroad Publishing Co., 1984), P. 283.

68. 就歐洲神學的其他反思，參 Alister E. McGrath, 'The European Roots of Evangelicalism', *Anvil* 9 (1992), pp. 239～248。
69. 就加爾文對神學和經驗之間的辯證的理解，參 Wilhelm Balke, 'The Word of God and Experientia according to Calvin', in W. H. Neuser ed., *Calvinus Ecclesiae Doctor* (Kampen: Kok, 1978), pp. 19～31。
70. Søren Kierkegaard, *Unscientific Postscript* (London: Oxford University Press, 1941), pp. 169～224。參 P. L. Holmer, 'Kierkegaard and Religious Propositions' *Journal of Religion* 35 (1955), pp. 135～146。
71. *D. Martin Luthers Werke: Kritische Gesamtausgabe,* vol.5 (Weimar: Böhlau, 1885), 163.28～29。整全的討論，參 McGrath, *Luther's Theology of the Cross,* pp. 148～152。
72. Plato, *Gorgias,* 493b-d.
73. Diogenes Allen, *The Traces of God* (Cambridge, MA: Cowley Publications, 1981), p. 19.
74. Augustine, *Confessions,* I.i.1. 引文引自查德威克（Henry Chadwick）近期的翻譯 (Oxford, Oxford University Press, 1991), p. 3。
75. 就奧古斯丁在這張力中的思想的一個優秀表述，參 John Burnaby, *Amor Dei: A Study in the Religion of St Augustine* (London: Hodder & Stoughton, 1938), pp. 52～73。
76. *Confessions,* XII.xvi.23; Chadwick, p. 257.
77. C. S. Lewis, *Surprised by Joy* (London: Collins, 1959), p. 20.
78. 同上，頁19。
79. C. S. Lewis, 'The Weight of Glory', in *Screwtape Proposes A Toast* (London: Collins, 1965), pp. 97～98.
80. Simone Weil, *Waiting for God* (New York: Putnam, 1951), P. 210.
81. Lewis, 'The Weight of Glory', p. 99.
82. C. S. Lewis, 'The Language of Religion', in *Christian Reflections* (London: Collins, 1981), p. 169.
83. Stanley Hauerwas, *The Peaceable Kingdom* (Notre Dame Press, 1983), p. xxi.
84. 參 Alister E. McGrath, *Bridge-Building: Effective Christian Apologetics* (Leicester: Inter-Varsity Press, 1992)。北美版本書名是 *Intellectuals Don't Need God and Other Modern Myths* (Grand Rapids, MI: Zondervan, 1993)。
85. 參 Gabriel Fackre, 'The Scandals of Particularity and University', *Mid-Stream* 22 (1983), pp. 32～52。
86. G. E. Lessing, 'Über den Beweis des Geistes und der Kraft', in *Gotthold Ephraim Lessings sämtlichen Schriften,* vol. 13, ed. Karl Lachmann (Berlin:

Göschen'sche Verlagshandlung, 1897), 5.34～36.

87. Stephen Toulmin, *The Uses of Argument* (Cambridge: Cambridge University Press, 1958), p. 127.
88. 參 Lewis Carroll, 'What the Tortoise said to Achilles', *Mind* 4 (1895), pp. 278～280。這論文的一些次要批判，參 J. Thomson, 'What Achilles should have said to the Tortoise', *Ratio* 3 (1960), pp. 95～105。理性演繹的循環問題在以下的論文中有整全的闡析，Susan Haack, 'The Justification of Deduction', *Mind* 85 (1976), pp. 112～119。
89. 有用的導論，參 Gottfried Martin, *Kant's Metaphysics and Theory of Science* (Manchester: Manchester University Press, 1955), pp. 16～20。
90. R. M. Hare, *The Language of Morals* (Oxford: Oxford University Press, 1952)。批判性的可參 Jeffrey Stout, *Ethics after Babel: The Languages of Morals and Their Discontents* (Princeton, NJ: Princeton University Press, 1988), pp. 60～81。
91. Toulmin, *Uses of Argument,* p. 183.
92. Alasdair MacIntyre, *Whose Justice? Which Rationality?* (Notre Dame, IN: University of Notre Dame, 1988), p. 6.
93. Hans-Georg Gadamer, *Truth and Method* (London: Sheed & Ward, 1975), p. 271.
94. Paul K. Feyerabend, *Science in a Free Society* (London: Verso, 1983), p. 82。就這觀點的更約束性的展述，參他的 *Against Method* (3rd edn., London: Verso, 1993)。論文收集在 *Farewell to Reason* (London: Verso, 1987) 亦十分重要。
95. 參 Thomas Aquinas, *Summa Theologia,* Ia q. 1 aa. 1, 8。
96. 「歷史耶穌的探索」是理性主義影響的一個卓越例子，當中理性主義就耶穌必須是怎麼模樣來對新約的詮釋進行一種控操性的影響。
97. 謹慎和有洞見的分析，參 Nicholas Wolterstorff, *Reason within the Bounds of Religion* (2nd edn., Grand Rapids, MI: Eerdmans, 1984)。
98. 參 Alister E. McGrath, *The Intellectual Origins of the European Reformation* (Oxford: Blackwell, 1987), pp. 140～151。
99. James I. Packer, *'Fundamentalism' and the Word of God* (Leicester: Inter-Varsity Press & Grand Rapids, MI: Eerdmans, reissued, Inter-Varsity Press, 1996), p. 48。就傳統對福音主義的正面角色的更多反思，參 James I. Packer, 'The Comfort of Conservatism' in M. J. Horton (ed.), *Power Religion* (Chicago: Moody Press, 1992), pp. 283～299。
100. *Epitome,* 1～8; in *Die Bekenntnisschriften der evangelisch-lutherischen Kirche* (2nd edn., Göttingen: Vandenhoeck & Ruprecht, 1952), 767.14-769.34.

101. 參 John Milbank, 'The Name of Jesus: Incarnation, Atonement, Ecclesiology', *Modern Theology* 7 (1991), pp. 311～333。

102. David L. Edwards with John Stott, *Essentials: A Liberal-Evangelical Dialogue* (London: Hodder & Stoughton, 1988), p. 73。這本書中有關福音派信仰的討論十分具啟發性。

103. 特別是馬素爾（I. Howard Marshall），他的*Biblical Inspiration* (London: Hodder & Stoughton, 1982)，從福音派觀點的其他「受靈感」的討論，參 Packer, '*Fundamentalism*' *and the Word of God.* 其他的討論，參 P. J. Achtemeier, *The Inspiration of Scripture* (Philadelphia: Westminster, 1980)；W. J. Abraham, *The Divine Inspiration of Holy Scripture* (Oxford: Oxford University Press, 1981); K. R. Trembath, *Evangelical Theories of Biblical Inspiration* (Oxford: Oxford University Press, 1987)。

104. 柏克萊（William Barclay）在通俗的層面上，是一位將神蹟理性化的出色學者，泰臣（Gerd Theissen）至少在他出色的著作中隱藏這種理性化，參 *The Shadow of the Galilean* (London: SCM, 1987), p. 120。就這類神蹟的福音派學術性討論，參 D. Wenham & Craig Blomberg (eds.), *Gospel Perspectives 6: The Miracles of Jesus* (Sheffield: JSOT Press, 1986)。

105. 就兩個源頭的理論，E. P. Sanders & M. Davies, *Studying the Synoptic Gospels* (London: SCM, 1989)；論到比喻，參 Craig L. Blomberg, *Interpreting the Parables* (Leicester: Inter-Varsity Press, 1990)。

106. Walter Wink, *Transforming Bible Study* (Nashville, TN: Abingdon, 1980), p. 155.

107. W. Robertson Smith, *Answer to the Form of Libel* (Edinburgh: Douglas, 1878), p. 21.

108. 參齊克果在*Unscientific Postscript,* pp. 169～224的討論。

109. 參 James Honston, *The Transforming Friendship* (Oxford: Lion Publishing, 1993)。更一般性的，參 Alister E. McGrath, *The Genesis of Doctrine* (Oxford: Blackwell, 1990), pp. 78～80。就聖經與教義關係的考慮，參頁52～66。

110.參 John Sandys-Wunsch & Laurence Eldredge, 'J. P. Gabler and the Distinction between Biblical and Dogmatic Theology', *Scottish Journal of Theology* 33 (1980), pp. 133～158；Magne Saebo, 'Johann Philip Gablers Bedeutung für die Biblische Theologie', *Zeitschrift für Alttestamentlichen Wissenschaft* 99 (1987), pp. 1～16。

111.詳細的概覽，參 Hans-Joachim Kraus, *Die Biblische Theologie: Ihre Geschichte und Problematik* (Neukirchen & Vluyn: Neukirchener Verlag, 1970)；更通俗的層面，參 Krister Stendahl, 'Biblical Theology, Contemporary', in *The Interpreter's Dictionary of the Bible* (New York: Abingdon, 1961), vol. 1, pp.

418～432。

112. 這點的卓越討論，參 David J. Hesselgrave & Edward Rommen, *Contextualization: Meanings, Methods and Models* (Grand Rapids, MI: Baker, & Leicester: Apollos, 1989)。

113. David F. Wells, 'The Nature and Function of Theology', in R. K. Johnston ed., *The Use of the Bible in Theology: Evangelical Options* (Atlanta, GA: John Knox, 1985), p. 177.

114. 重要的分析，參 N. T. Wright, *The New Testament and the People of God* (Minneapolis, MN: Fortress, 1992), pp. 139～143，以及他早期的論文 'How can the Bible be Authoritative?', *Vox Evangelica* 21 (1991), pp. 7～32。

115. Hans Frei, *The Eclipse of Biblical Narrative* (New Haven, CT: Yale University Press, 1974)。三種主要在十八世紀開始發展的進路的討論，參頁255～266。重要的材料可參 John Rogerson, *Old Testament Criticism in the Nineteenth Century* (London: SPCK, 1984)。

116. Frei, *The Eclipse of Biblical Narrati*ve p. 2；另參 Brevard Childs, 'The Sensus Literalis of Scripture: An Ancient and Modern. Problem', in H. Donner (eds.), *Beiträge zur alttestamentlichen Theologie* (Göttingen: Vandenhoeck & Ruprecht, 1977), pp. 80～93。

117. Brevard Childs, 'Critical Reflections on James Barr's Understanding of the Literal and Allegorical', *Journal for the Study of the Old Testament* 46 (1990), pp. 3～9；引自頁8。這篇論文是回應 James Barr, 'The Literal, the Allegorical and Modern Biblical Scholarship', *Journal for the Study of the Old Testament* 44 (1989), pp. 3～17。

118. 參 R. Lischer, 'Luther and Contemporary Preaching', *Scottish Journal of Theology* 36 (1983), pp. 487～504。另參他的論文，'The Limits of Story', *Interpretation* 38 (1984), pp. 26～38。

119. Frei, *Eclipse of Biblical Narrative,* pp. 141～142.

120. Andrew Fox, 'The Intellectual Consequences of the Sixteenth-Century Religious Upheaval and the Coming of a Rational World View', *Sixteenth Century Journal* 18 (1987), pp. 63～80.

121. Sidney A. Ahlstrom, 'The Scottish Philosophy and American Theology', *Church History* 24 (1955), pp. 257～272.

122. 一般性觀點，參 Alister E. McGrath, 'Geschichte, Überlieferung und Erzählung: Überlegungen zur Identität und Aufgabe christlicher Theologie', *Kerygma und Dogma* 32 (1986), pp. 234～253。更一般性的，參 Gabriel Fackre, 'Narrative Theology: An Overview', *Interpretation* 37 (1983), pp. 340～352，特別就「演繹」這觀念，參 Dale Patrick, *The Rendering of God in the*

Old Testament (Philadelphia: Fortress, 1981)，及 Hugh C. White, *Narration and Discourse in the Book of Genesis* (Cambridge: Cambridge University Press, 1991)。就敘事一般的特徵，參 Robert Scholes & Robert Kellogg, *The Nature of Narrative* (New York: Oxford University Press, 1966)。

123. 這點被布呂格文 (Walter Brueggemann) 清晰地展述出來，他指出舊約的標準歷史—批判進路在方法學上排除所有能引起以色列在記載其歷史時的驚訝感：參 Walter Brueggemann, *Abiding Astonishment: Psalms, Modernity and the Making of History* (Louisville, KY: Westminster/John Knox, 1991), pp. 37～38。

124. 參 David F. Ford, *Barth and God's Story* (Frankfurt: Peter Lang, 1985)。一個相似的進路可參 Robert W. Jenson, 'The Triune God', in C. E. Braaten & R. W. Jenson (eds.), *Christian Dogmatics* (2 vols., Philadelphia: Fortress, 1984), vol.1, pp. 87～92。

125. H. Richard Niebuhr, *The Meaning of Revelation* (New York: Macmillan, 1960), pp. 32～66.

126. 接下來是本人以下著作的一個簡要的理解，Alister E. McGrath, *The Genesis of Doctrine* (Oxford: Blackwell, 1990), pp. 52～66。

127. 巴特著作中有關這主題的，參 David F. Ford, 'Barth's Interpretation of the Bible', in S. W. Sykes (ed.), *Karl Barth: Studies of his Theological Method* (Oxford: Oxford University Press, 1979), pp. 55～87。

128. A. E. Harvey, 'Christian Propositions and Christian Stories', in A. E. Harvey (ed.), *God Incarnate: Story and Belief* (London: SPCK, 1981), pp. 1～13.

129. 從福音派角度就這洞見的闡析，參 Clark Pinnock, *Tracking the Maze* (San Francisco: Harper & Row, 1990), pp. 153～154；Stanley J. Grenz, *Revisioning Evangelical Theology* (Downers Grove, IL: InterVarsity Press, 1993), p. 78。

130. Colin E. Gunton, 'Christus Victor Revisited: A Study in Metaphor and the Transformation of Meaning', *Journal of Theological Studies* 36 (1985), pp. 129～145.

131. 參 D. E. de Clerck, 'Droits du Démon et nécessitéde la rédemption', *Recherches de Théologie Ancienne et Médiévale* 14 (1947), pp. 32～64。

132. Alister E. McGrath, *Iustitia Dei: A History of the Christian Doctrine of Justification* (2 vols. Cambridge: Cambridge University Press, 1986), vol. 1, pp. 55～62.

133. Rowan D. Willians, *Arius: Heresy and Tradition* (London: Darton, Longman & Todd, 1987), pp. 117～157，亦參它所列出的參考資料。

134. 同上，頁231。

135. 就基督教敬拜對塑造早期基督教教義的影響，參 Maurice F. Wiles, *The Making of Christian Doctrine* (Cambridge: CUP, 1967), pp. 62～93。就敬拜學在神學一般中的位置，參 Geoffrey Wainwright, *Doxology: The Praise of God in Worship, Doctrine and Life* (New York: Oxford University press, 1980)。

136. Robert W. Jenson, *The Triune Identity* (Philadelphia: Fortress, 1982), pp. 1～56.

137. 參 Richard B. Hays, *The Faith of Jesus Christ: An Investigation of the Narrative Substructure of Galatians 3:1-4:11* (Chico, CA: Scholars Press, 1993)，特別是頁193～246。

138. 參 McGrath, *Luther's Theology of the Cross,* pp. 148～181。

139. 完整的分析，參 McGrath, *Luther's Theology of the Cross,* pp. 95～181。

140. 就亞里斯多德的觀念，參 D. W. Hamlyn, 'Aristotle's God' in G. J. Hughes (ed.), *The Philosophical Assessment of Theology* (Tunbridge Wells: Search Press, 1987), pp. 15～33。

141. 例子，參 James D. G. Dunn, 'The Authority of Scripture according to Scripture', *Churchman* 96 (1982), pp. 104～123, 201～225。

142. 這些由常識哲學的一種啟蒙運動類型所衍生出來的規範，會在頁198至201有更詳細的探討，例子參 Sidney E. Ahlstrom, 'The Scottish Philosophy and American Theology', *Church History* 24 (1955), pp. 257～272。

4

福音主義與後自由主義

本書首兩章已討論過福音派神學的內在動態，尤其是集中於討論福音派對耶穌基督這個人和他的工作，以及聖經規範性角色的重視。處理了相連於這些核心問題的福音派神學遠象的融貫性後，我現在要評價當代西方文化中在意義上與福音派對立的進路，我目的不是要提出一個福音派的方案來取代這些進路，而是要指出它們可能會因之受到批評的根源。第一個要探討的主要進路是「後自由主義」，它是在六十年代以後因對自由神學普遍失望的餘波中出現的。

反抗自由主義

學術界和教會圈子現時普遍反抗自由主義的態度已經到達一個地步，甚至不再理會它們。正如我一位同工曾經問我，為何現代福音主義還要與一些已死之物進行對話？但我相信在基督教神學範疇之內，傾向繼續與自由主義保持接觸是十分重要的，或者更準確來說，保持接觸的是一組表現出自由主義的「家族相似性」的神學進路，最顯著的一種就是訴求於文化、經驗或宗教「普世性」、不再接受基督教信仰的獨特性。去釐清現時對自由主義作出反抗的根源，就是對福音主義本身內在的獨特性和強處獲取更深的了解。

福音主義一直以來都認為自由主義對基督教的整體性和一致性是個嚴重的威脅。[1] 自由主義那種從基督教啟示以外衍生出神學權威的規範和資源的策略，就像一隻特洛伊的馬（Trojan horse）一樣，企圖在基督教內以世界的觀念和價值來贏取某種不該有的、不受歡迎的存在和影響。現在福音主義對自由主義的實用性和理論性的批判已由福音主義以外的其他聲音所補充，以致強化了在基督教會中的一種共識，也就是自由主義在智性上是有缺陷的和敗壞的。在這些聲音中，最具影響力的要算是被稱為「後自由主義」的運動，鑒於這運動在教會和學術界的持續影響和重要性，本章將詳盡展示對這運動的某種福音派的評估和響應，標示出這兩個運動的異同之處。

後自由主義的出現普遍可被理解為是自1980年後西方神學最重要的事情之一。這運動源於美國，並且與耶魯神學院（Yale Divinity School），特別是與一些人有關：弗萊、荷文（Paul Holmer）、凱斯（David Kelsey）與林貝克。[2] 雖然在嚴格的意義下我們不能稱之為一種神學上的「耶魯學派」（Yale school），但他們自七十年代末至八十年代初對神學的進路及其出現，皆在耶魯出現了清晰的「家族相似性」[3]。由此起，這種後自由神學的趨勢就在英美神學的學術界慢慢建立起來，[4] 並似乎在這世紀對福音主義形成一種衝擊，至少在接著的十年會是這樣，因為福音主義增加了它在學術羣體中露面的機會。故此兩者之間的關係在本書所設定的議程中尤其重要。

後自由主義的顯著特徵可以說是在於它對現代性的整體化方案的拒斥，無論這種拒斥是採取某種啟蒙運動式的訴求於普遍理性的形式，抑或自由主義式的訴求於「宗教」、「文化」或某種人類共有的但不能傳遞的宗教經驗。現在看來這兩種形式都被認為是虛假的普遍性、臆想出來的結構的一種整體的思想方式。後自由主義用宗教羣體及其傳統來代替這種偽普世性，特別是藉著敍事來傳播的傳統。[5]因此柏加（William C. Placher）概括地對後自由主義思想作出了以下三個基本的特徵，這對後自由主義的認識是很有幫助的：[6]

- 以敍事為首來作為聖經的詮釋範疇；
- 聖經敍事體所創造出來的世界，在詮釋上比人類所經驗的世界更有優先性；
- 語言比經驗更有優先性。

從這些概括論點，已清楚地顯示出，這種對經驗的基本角色的批判，其實表示了後自由主義與上一代的自由主義的策略是截然不同的。

這個運動的哲學根源是相當複雜的。這運動的骨子裏顯然對麥肯太爾的進路較為欣賞，麥氏十分注重敍事、羣體與道德生活的關係。[7]就此而言，後自由主義可說是重新引入一種對基督教信仰的**獨特性**的強烈重視，以反抗自由主義中一種極度同一化的傾向，它企圖將理論（所有宗教皆言說相同的事情）和觀察（所有宗教皆不同）一致起來，但卻沒有成功。我們會先從自由主義本身談起。

自由主義的定義

從某種意義來說，「自由主義」可以簡單地視為一種神學立場，迄今為止的西方文化有很大部分都具有這種特色，只是現在已經由後自由主義所取代。但我們需要嘗試就這運動（自由主義）的基礎作出較詳細的分析。[8]或許這運動最具特色的面貌就是順適主義（accommodationism），亦即是十分堅持傳統基督教教義應該被重新陳述和詮釋，以便使它們與時代精神相協調；它特別強調應當接受由哲學性、社會性和宗教性的發展而帶來的新的見解，而非守住過往的教義。自由主義尤其對任何形式的獨特主義（particularism），比如關於某種具體的神聖啟示的觀念抱敵對的態度。對自由主義而言，宗教一定是建基於普世的人類資源，如人類的文化或共同的經驗。它這種反獨特論的立場最明顯就在於對宣教和傳福音的反感上，宣教或傳福音常常被視為「神學的種族主義」（theological racism）或「基督教的帝國主義」（Christian imperialism）而遭到排斥。

要理解神學的自由主義，就必須對一般意義下的自由主義的源頭作出闡析。「自由」（liberal）一詞源於法文，大概在拿破崙時代出現。自由的偉大意涵伴隨著1789年法國大革命中帶來的沮喪而更得到發展，情形有如拿破倫的軍事機器把攔在路上的東西壓碎一樣，雅各賓（Jacobin）與博納黨（Bonapartist）的政權，基於人民的「自由」（liberty）與人民的主權是在同一假設之下，以「個人自由」（personal liberty）的名義將國家力量加以擴展。這種信念源於盧梭將古典羅馬和希臘公共德性的概念推演到現代的法國去，但他卻沒有注意到兩者在處境上的基本分別。[9]

為反抗這種擴展，不少強調要保衛個人自由因而引起的反抗國家和社會操控的運動乘時而起，他們主要是通過限制國家的能力來達到目的。「自由」一詞起初就是在這種政治意涵上使用的，當時的作家如斯塔埃爾（Madame de Staël）與沙托布里昂（Chateaubriant）在1807年使用這詞時，就特別提到那些反抗「拿破崙式的極權主義」（Napoleonic totalitarianism）的人。[10]這詞在1811年出現於西班牙，指的是革新一些關於保衛出版自由和個人自由的原素。而這詞在英語上的出現可在史嘉樂（Walter Scott）日記中找到提示，他提到有一個「自由黨」（party of *libéraux*）。到了1830年代，這個詞成了英語中的固定詞匯，主要用來指一組價值，包含政治自由的理想、進步的不可避免性、容忍的德性與理性的能力。[11]

到了1830年代，「自由」一詞已被普遍地使用，特別是指歌頌個人自由時尚的一種政治態度，雪萊（Shelley）在他《解放了的普米斯》（*Prometheus Unbound*）一書中談到人性是「自由、不受限制、平等、毫無階級、毫無種族及無國籍的。」人性可以不受任何限制，完全自由地作出選擇。當時一種強烈的樂觀主義正彌漫在這種運動中，尤其在宗教的層面上，這可在莫利（John Morley，1838～1923年）有名的宣言中見到：「人性是美善的，而世界完全可以被製造為一處理想的地方，世界的罪惡是由敗壞的教育和敗壞的機制造成的。」[12]

我們可以在二十世紀初很多自由主義的英式思考中發現這種觀點，並且基於當時流行的一種天真的歷史實證主義（historical positivism），常常把這種思想歸屬於耶穌身上。一個出色的例子是自由主義神學家貝蒂納巴克（James Franklin Bethune-Baker），他宣稱「人類社會有著趨向完美進步的不死種子，這種完美性的條件已經在登山寶訓中作了描述。」[13]這顯示出他對人性的完美主義觀點，也表明對耶穌採取一種普通的自由主義式的現代看法，提勒爾對這種傾向大為譏諷，他特別提到哈納克說：「哈納克透過十九世紀天主教的黑幕所看見的耶穌，只不過是井底之蛙對某種自由主義新教面孔的反映而已。」[14]對不少人而言，這些進步的社會觀念已因為第一次和二次世界大戰而徹底摧毀，尤其是納粹集中營被公開知道之後。

鑒於自由主義對自由的這種信奉，而至我們的時代最大的悲慘之一很可能就是，根據許多觀察家的觀點，近年來「自由主義」已經從當初的開放和寬容態度墮落為一種毫不寬容的教條主義世界觀，除了人自己的觀點外，它拒絕承認其他觀點的效用性。自由主義原本是準備容忍各種各樣的觀點，或者鼓勵各抒己見，只要這些觀點與各人的私人世界有關，而不包含社會的或公共的意義。但結果是，自由主義試圖在嚴格限制的範圍內控制——無論是通過邊緣化手段還是通過緩和政策——各種不同的世界觀，按著它自己對自然與現實的感覺來界定和建構世界觀。事實上，自由主義對各種差異採取了一種父權主義態度，只有當它們不危及它自己的霸權時才容忍它們。因是之故，「自由專制」(liberal tyranny) 一詞已愈發能應用在此運動中。[15]雖然此詞看似是矛盾，但卻準確地描繪出自由主義根據自身世界觀而對他者作出操控的欲望，此情況在宗教領域如同政治領域中一樣真實，正如英國神學家麥奎利 (John Macquarrie) 這樣評論：

「自由」神學是甚麼意思呢？它若只是指神學家凡

> 在前面加上這個形容詞之時，他是對其他觀點抱有開明態度，不存偏見，則自由神學家在每種思潮學派中皆可發現；但若「自由」本身成為一個黨派的標籤，那麼它通常就會變得極其偏執 (illiberal)，不容異説。[16]

在很多現代神學中存在的一個令人深為不安的悖論就是，有些教條主義的代表人物卻自以為是自由主義者。儘管上文對自由主義作了諸多指責，但從傳統意義上看，它被認為是一種對他人的觀點持包容和尊重的明智態度的思想。自由主義內新的教條主義的出現，本身就是一個明確的標示，表明它有一種不安和憂慮感，表明它意識到自己在主流基督教裏正在愈來愈孤立，愈來愈邊緣化。[17]

如今保守的和主流的基督教作家都把自由主義看作是不相關的東西而拒斥它，這主義那麼容易迎合當代西方文化，並且顯然對很多被視為基督教至關重要的東西沒有任何批判就放棄了，他們對此很是反感。現代的一位作家菲甚 (Stanley Fish) 是其中一個當今的作者注意到政治的自由主義 (political liberalism)「基本上是一種對抗信念和信仰的態度」。[18]這種反信仰的姿態無可避免會在它的宗教載體中出現。事實上，自由主義已擁有與正統學説一樣多的確定性和教義，儘管這一點剛開始時並沒有人注意到，這也許是因為那些少數費力研究它的人，在它的繼續存在中得到利益。它的批評者指責它迎合世俗的低級趣味，嘩眾取寵，並且助長西方文化中一種愈來愈自負、愈來愈反基督教的傾向的出現。斯龐的作品經常被引用作為例子，來表明這種介入的自覺的自由主義進路智性上的空洞，膚淺的學術水平和文化上的清教徒主義。這些作品有明顯的不足之外，這使對它們不相關和不負責的指責很容易得到認同。我不想沉迷於這樣一種毫無意義的追問，而是想要確定為何自由主義會導致在運動內部出現這種信心的喪失。不過，我們可能要先回到自由主義的特性問題上探討。

現代美國的自由神學中，有兩種獨特（雖然是彼此相關）的策略可識別，兩者皆關注於避免基督教傳統的獨特性，並且把自身建基於普遍人性存在的共同性中。這或許可直接相連於那種自由主義的嘗試，就是「把個體從傳統的偶然性和獨特性中釋放出來。」（麥肯太爾）[19]。西方古典自由主義進路帶著濃厚的基要主義色彩，這使它從事這樣一種規劃性的研究，就是要為具有社會意義的事諸如道德、宗教中尋找一個普世性的基礎。[20] 奧格登可視為將神學建基於人類普遍經驗的代表，[21]卡夫曼則把神學建基於西方文化之上。[22]這些論點的不足之處我們已經作了探討（頁70～94）。

那麼，自由主義究竟可以為我們提供甚麼呢？很多自由主義的作家強調基督教與學術環境相關聯的重要性，並指出這就是此運動能對當代基督教有所貢獻的獨特之處。但必須指出的是，基督教對學術氛圍的關注和在當中尋找自身的身分從來都不是自由主義所獨有的，更不是**決定性**的特徵。阿奎那在寫他的《反駁外邦人大全》（*Summa contra Gentiles*）與《神學大全》（*Summa Theologia*）時，就已經認真處理十三世紀巴黎大學中的亞里斯多德主義（Aristotelianism），基於這理由，我亦可以稱他為一個自由主義者！事實上，這種對知性採取反思性和負責任的態度，一直是歷代基督教的典型，在過去二千年的基督教歷史中，這種面貌一直是一些具備思想性的基督徒的反思性特徵，而非自由主義所獨有的。

一個更近代的例子可使這論點表達得更清晰。對近代宗教哲學其中有突出的貢獻來自是一批美國作家，當中包括柏庭格（Alvin Plantinga）和沃爾施托夫（Nicholas Wolterstorff）。他們就「信心與理性」這主題的討論成為當前有關該主題辯論的標誌。[23]而他們卻無傾向自由主義，反而是代表著所謂的「古典改革宗進路」（classic Reformed approach），這種進路的靈感有不少是來自加爾文的作品。簡而言之，在學術上採取認真的態度與對文化有所理解並非自由主義者所獨有。

每一個人對社會內部發展需要敏銳和有所回應是無須爭辯的。但批判的角度看來，自由主義顯然充滿了一種意願，就是容許它的議程及其資源與那種由短暫而非普世的文化趨勢所塑造的議程相關連。法國社會學家依路（Jacques Ellul，1912～1994年）確認了這種趨勢，它於六十年代末和七十年代初顯然達到了頂峯，並且指出在六十年代自由主義最令人擔憂的特點之一就是：它傾向於審斷那些建基於其他根據上的某些議決，以此來塑造神學。

> 使我憂慮的不是基督徒的取向發生了變化，也不是他們的取向是由時代的問題形成的；相反，那是好事。使我憂慮的是基督徒接受當下的趨勢卻不引入任何基督教所獨有的東西。他們的信念竟由他們的社會環境決定，而不是由所啟示的信仰決定的；他們沒有原本應該在那信仰中體現出來的獨特性。因而，神學變成了證明所接納的觀點

之合理性的機械活動，並且在完全非基督教的根基上證明其合理性。[24]

徹底新穎的神學——「徹底」(radical)一詞已確保所依附的觀念有其文化上的可靠性——的形成一般都是極少，或者高度篩選性地提到基督教傳統，這使它此後的態度和觀念全都理性化，這些態度和觀念最終都緊緊立足於社會環境。對大多數人來説，自由神學似乎只不過是一些觀念與價值的短暫性集結，主要源於自由主義作家們所立足的社會環境，這通常是指各所大學，這些大學脱離平信徒所關注的牧養和社會問題，並且愈來愈受制於某種世俗觀點。神學若要保持「學術上的可信性」就必須同享這樣的觀點。自由主義很容易從世俗文化的發信者變成世俗文化收信者。

這趨勢的結果是不可避免的。在《美國主流宗教：它改變中的形態與未來》(*American Mainline Religion: Its Changing Shape and Future*)一書中，社會學家魯夫(Wade Clark Roof)與麥金尼(William McKinney)為主流教會穩定地走向衰落提供了一項重要的研究。[25]但這本書的重要性並非僅止於它是關於這種趨勢的文獻資料，這是一次又一次的探討之後得到確認的，也是本書在前一章所指出的。魯夫和麥金尼還展望未來，追問這些發展所產生的結果。他們的結論是甚麼呢？在九十年代，主流基督教所面對的挑戰將不會「從它所唾棄的保守派而來，而是從世俗主義者所產生出來」。[26]

但還有一個更令人憂慮的問題。自由主義將來會如何？它可以提供甚麼？對政治上的自由主義最具摧毀性的批判可能是從奧克肖特（Michael Oakeshott）而來，他將之定義為由無目的性的民間組織所建構的一種狀語式規則，[27]它並沒有任何真實的目的；故此，德沃金（Ronald Dworkin）認為，自由主義的德性不是在於它積極地促進任何道德概念或者生活目標，而在於它拒絕發揚**任何**生活方式。[28]它是中性的。相同議程已經切入神學的自由主義中，由於這種自由主義自稱的特權，它堅決不談及福音主義。自由主義若不重新堅定地信奉耶穌基督的福音，就很難找到能支撐它存在的根基，它必會被教會和社會大大忽視。這種被指責為不相干的恐懼將會揮之不去，結果會引發了某種愈益陷入困境的自由主義內部最有趣的動態之一，就是追求一種「大眾神學」（public theology）。我們現在就要轉向討論這種神學。

自由主義與「大眾神學」的探索

當代文化視域中一個反復出現的主題就是肯定啟蒙運動已經過去了。文化上後現代主義的興起，個人屬靈領域新紀元運動的出現[29]，基督教神學的後自由主義，皆指向啟蒙運動世界觀的毀滅，尤其是它的理性主義和對普世基要原則的追尋。然而，啟蒙運動死而不僵的消息似乎傳播得極為緩慢，一直沒有傳到某些地方。甚至似乎有些思想根本不能忍受這樣思想的死去。近期的《基督教世紀》（*Christian Century*）的一篇文章就闡析了這論點。在文章中，兩位自由主義的基督教倫理學者——斯塔克豪斯（Max L. Stackhouse）和麥卡恩（Dennis P. McCann）——強調一種「大眾神學」復興的需要，[30]他們指出，隨著社會主義作為可靠的世界觀的衰落，新的處境已經出現；有鑒於此，他們認為脫離「認信上的獨特性、排斥性的歷史和論述上的獨有領域」是有必要的。「這種對基督教思想的議程需要一種大眾神學，是對上帝的真實和上帝對世界的旨意的一種談論的方式，它們在觀念的市場上有智性上的效用，在貨品和服務的市場中有其道德上的效用。」

這提議有不少值得推舉之處。它堅持基督教神學需要面對廣泛的大眾，以及聆聽最世俗化的處境，除非基督徒只是「向他們的詩班宣講」，否則他們就必須找到某種「智性上的效用」的方式處理這廣大的世俗世界。然而，經過較深入的探討，結果發現，這些作家所極其真誠地提出的建議是有致命的缺點的，它依賴於一個假設，就是基督教神學的言語和價值是由歷史所塑造，而世俗文化的言語和價值卻不受這些影響所制約。這假設的中心就是依賴於「真理、公義和愛的超越處境原則」。換句話說，這三項抽象概念是有其普世的效用，並且決定了一個大眾福音是怎樣面對公眾的框架。

這種進路有三個缺點。第一，這三個概念是空洞而抽象之物，只有被內容所充滿時才有生命。它們必須具體化，在真實生命的處境中安立，這點已經被大部分關注真實生命中的命題而非那些死寂而抽象的普通原則中的基督教牧者和佈道家所認同。我們所有人都需要學習一門功課，就是二十年代的尼布爾在底特律市中所學到的，在他1929出版的《一個被馴服的憤世嫉俗者記事簿中的數頁》(*Leaves from the Notebook of a Tamed Cynic*)中，他說：

> 倘若一個傳道者渴想成為人羣中的一員，他只需不再拜服那些對每個人在理論上接受而在實踐

> 中否定的抽象理念，並苦苦思考這些事情對他和其他人在這現代文明中所遇到的社會問題上的效用性和實踐性。這樣，他的職事就立即觸及到現實和有其能量。[31]

尼布爾是一個卓越的例子，他的神學對正在流行中的自由經濟、社會和政治概念上提出批判；斯塔克豪斯所提供的「大眾神學」，似乎是以**辯護**文化的自由景象來建立他的神學。先有文化景象，而神學框架卻只是一種用完即棄的工具而已。

其次，這進路事實上無異於向世俗文化投降。斯塔克豪斯與麥卡恩所談論的「進入大眾中間」，實際上就是進入世俗。他們整個想法背後的驅動力是要證明神學的公眾相關性，要指出神學裏面還有一些值得聆聽的東西。然而，對那羣要接受這些宣講的聽眾而言，他們其實對基督教思想並無多大興趣，而只熱衷於那些實用性的問題上：你能否判斷我們曾經做過的事和已經知道的事是正確的？「大眾神學」已經表明，它完全樂意為現代美國的自由民主精神提供更好的推論，甚至比現代自由民主派的還要好。因為西方文化被「降格到無相關性」的這種幽靈所迷住，所以他們將基督教傳統中的獨特資源擱置——就是他們稱之為「認信的獨特性、排斥性的歷史及專有範疇的論述」領域，結果基督教福音的「真理」被轉化為二十世紀晚期自由民主思想的某些形式的蒼白回音。

這進路的後果十分簡單：它叫基督徒閉口，禁制他們具有公眾應該聆聽的任何獨特思想。基督徒必須首先成為世俗的自由主義者，然後才能向公眾宣講。「要求他們在公眾生活中保持中性論述……現在應當被認為是一種強迫人用別人的言語公開說話，因此，他們永不能用他們自己的真實說話的方式。」（吉尼斯，Os Guinness）[32]、紐比金（Lesslie Newbigin）對這無可避免的結果有這樣的評論：

> 我們就好像身處波斯和穆斯林帝國**極權**制度下的基督教羣體：我們在星期天使用教會的母語，但在其餘的時間就使用統治權強加給我們的言語。但是倘若我們忠於教會和聖經的言語，我們知道這種言語是強差人意的。[33]

但還有第三個更嚴重的問題。斯塔克豪斯和麥卡恩似乎都忽略了啟蒙運動已經完結的事實，那種以為言語和世俗文化的價值是有普世效用的信念再不能被認真看待。他們兩人仍相信某些言說和思想的普世性的觀念，並以為這些是超越了作為基督徒（或猶太人、或社會主義者、或任何人）的獨特性，他們仍相信某種道德和宗教的「世界性語言」（Esperanto），可以為我們打破多元的獨特性的方法，以致每個人可以言說同一種語言，並從此幸福快樂地生活下去。「世界性語言」到頭來只是一種人為的語言，是由人所發明的。然而，道德規範的言語必須先對所有羣體產生意義，無論我們生活在哪裏。後現代主義的興起就是一個顯著的標誌，表明啟蒙運動對「普世性道德」（universal morality）所信奉的基本信念已經崩潰。斯塔克豪斯和麥卡恩似乎是要追溯啟蒙運動時代那美好的老時光，但有人懷疑若繼續沿著他們那種過了時又不可靠的進路，基督教神學還可以在這一個後現代的世界中保持智性上的可靠性嗎？

將一種公眾神學建立在「普世文化價值觀」這個陳舊的童話故事式的概念上，實在過於嚴肅了。「真理、公正和愛」都是需要被定義的——並且是由不同的人以不同的方式來定義的。它們與「超越處境」的距離還遠，它們的意義完全依賴於所處的背景。斯塔克豪斯與麥卡恩似乎都相信世俗文化是不受歷史的偶發性所制約，這看法正好與他們曾清楚指出的基督教使人憤怒的獨特性相反。無怪乎自由主義基督教已在教會和社會中失去他們的聲音。自由主義正浪費它們的資源。

由於這原因，我們現在要轉向詳細探討後自由主義。

自由基礎論的後自由主義批判

後自由主義的出現可被視為一個標誌，展示出自由主義的智性和文化的可信性已受到決定性的挑戰，「共同人類經驗」(common human experience) 這概念現已視為不過是一種實驗性的小說，同樣「普遍理性」亦視為理性的白日夢而已，對文化上或經驗上的「後設敘事」(metanarratives，借用後現代主義的一個概念) 的信念從好的方面看是有缺陷的，從壞的方面看則招致壓制手段的緣由。像「宗教」、「文化」這些觀念，原本是早期自由主義作家很喜歡訴求的，視之為建構非特性化的基督教的普遍根基，但如今被認為只是虛構的結構，基本上反映了一套西方特有的前設。最具特別意義的是，現在已不再把基督教神學所關注的合理化獨特性的訴求為傲慢或帝國主義 (imperialism) 的。

自由主義批評後自由主義，認為後自由主義代表了一個「小數民族的道德規範」、某種「信仰主義」(fideism) 或「部落主義」(tribalism) 的失誤，這是由於它從價值和理性的普遍規範中抽離。然而這批自由主義的批判者似乎未能接受啟蒙運動經已過去的事實，任何「普世語言」(universal language) 或「共同人類經驗」的概念都只不過是虛構的，借用加達馬一個類比來說，這就好像魯賓遜的虛幻小島。任何形式的「基礎論」(foundationalism)，無論它是哲學上的，還是宗教的，已被普遍認為沒有效用了。[34] 後自由主義已經接受啟蒙運動一去不復返的事實，但自由主義卻可悲地正好碰上了智性地帶，在一個再也不可能接受絕對不變的根基的世界裏，絕望地尋找這樣的根基。自由主義似乎對後現代主義的出現視而不見，寧願生活在過去，而不是面對今天嚴峻的新世界。在這一點上後自由主義作家是值得稱道的，即使自由主義批判家的運動更願意依戀於「普世語言」或「大眾論述」(public discourse) 的神話，他們已經接受普遍標準和價值已經在文化上被拋棄的事實。

正如米奇利 (Mary Midgley) 曾這樣評論，「普世語言」的「不幸的笑話」就是似乎無人去言說它。[35] 對後自由主義放棄「普遍論述」(universal discourse) 的批評，就好像辱罵一個再不相信聖誕老人的孩子。它或許是一個使人安心、舒適和有用的幻象，但它只是一個幻象。正如後自由主義所強調，普世規範的幻象可成為極大的壓制，強迫觀察要與理論相符合，並且在一種先驗教義性的信念上肯定所有的論述都言說相同的事情，約束宗教某些部分的獨特性。因此，對基督教獨特性的重新肯定，一方面是反映出對普世性幻象的抗爭，另一方面是對基督教信仰那種真實單一的特性的醒覺。我們會在接著的部分闡析後者的一種觀點；我們現在集中討論作為後自由主義的自由基礎論的批判。

這些基本的論點是，自由神學覺得自己有責任將自身建基於某種在公眾領域的東西之上，例如：哲學概念或「共同人類經驗」。[36]林貝克將自由主義所關注的表述為一種「投身於隱藏的普世原則或結構的基礎企劃上」，無論到頭來這一切成為形而上的，抑或實存性的，或其他性質的。[37]這種衝動主要是出於護教的目的，是想透過對人的知識、文化或經驗進行先驗分析，從而為基督教神學找到一個共同基礎。這種批判的優點已在田立克的例子得到證明，他的護教神學已普遍被視為受著涉及聖經以外的文獻和非基督教的事所支配，沒有恰當地建立在基督教傳統的獨特性之上。

嘗試將基督教神學從聖經以外的文獻的前設中釋放出來，會受福音派所歡迎的，[38]這可以顯示出福音派至少在某種意義上能夠與後自由主義者所注重聖經作為基督教神學和基督徒生命的惟一規範源頭相結合。因此，福音主義者和自由主義者似乎都關心巴特常常提到的問題，即由於使用了某種有缺陷的神學方法——這種方法使產生於教會之外的觀念可以在教會裏面具有決定性影響——引入了非基督教的假設，從而可能導致基督教思想被奴役或者受貶損。在這一點上我們已經探討了自由主義的弱點（參頁66～70）。事實上，我們甚至必須承認，福音主義本身也受到啟蒙運動前設不適當的影響，尤其是在舊普林斯頓學派的例子中（參頁198～206）。

然而，這並不排除可以把福音與人的經驗、理性或文化之間的共同性看作是福音主義的「接觸點」，這是護教的一個步驟。[39]這也不意味著在試圖向世俗聽眾解釋或者傳播基督教的更富智性和獨特性的性質時，拒絕使用聖經之外的術語和概念。自由主義最終使基督教接受世俗主義，但後自由主義則避免這種護教上的災難。

但是，無論過去還是現在，這種不可靠的自由主義方案都尋找基礎性的普遍原則，因此——不是在動機上，而是在結果上——就把基督教歸結為這些原則；後自由主義提供了一種中介的立場，根據這種立場，在闡釋和舉薦基督教時可以使用中介性的術語和概念，但**不允許**它們全面優先於福音，或者支配我們對福音本身的理解。[40]故此，護教學是被理解為建基於和受制於系統神學的，而每一個護教性策略都只是被視為暫時性和啟發性的，它們只作為回應某些獨特處境而出現。[41]

重尋基督教與別不同之處

神學界已經愈來愈清楚地認識到，基督教不只是與眾不同，而且是任何拒絕承認這種不同的世界觀，若在可見到的事實上與這些神學有分歧，必遭受嚴重的拒斥。畢竟，耶穌基督被釘十架不只是為了鞏固我們每個人已知的事情。隨著啟蒙運動及其智性上相連的系統（包括自由主義與多元主義）的完結，對獨特性的禁令已經解除，宣稱某些事物是**有不同**的，再不會被視為是反理性的。猶太人是特別的；他們有特別的故事，並有一套不同的價值觀。同樣，基督徒也是特別的；他們有特別的故事，亦有一套不同的價值觀。[42]後自由主義體現了一種意願，就是尊重基督教傳統的獨特性，並視基督教神學為關注於基督教信仰的獨特文法的陳構。

這種觀點或許可在荷文的作品中，尤其是在《信仰的文法》（*Grammar of Faith,* 1978）一書可清楚見到。對他而言，基督教擁有一種核心文法，它引導著基督教「語言遊戲」(language games)的結構和形態。[43] 這種語言並非由神學所創造或強加的；它已經內住於聖經的典範中，而神學最終是依賴於這種典範。故此神學的目標是去識別這些聖經內在的法則(例如敬拜上帝的態度和傳述祂的態度)，而非從聖經以外強加一些法則。對荷文而言，自由主義一個最基本的缺點就是它嘗試去「重新詮釋」或「重新確立」聖經的概念，這種做法必然使聖經降格去迎合於時代的精神。「不斷地使聖經迎合於時代只是一種詭辯的、很可能是看不見的時代束縛，而不是想為上帝贏得那時代。」[44] 神學建基於聖經內在的典範，它必須盡其所能去描述和應用這些典範。肯定神學具備一個**軌約性**的權威，並非指出它可規限聖經，而是承認一種與別不同的約則模式已經存在於聖經的資料之內，這就是神學要揭示和陳構的。

這進路所引起的批判性問題(我們在本章稍後部分會回到這個問題上)就是：究竟神學是否只是一種關於信仰的文法，也就是說，是否只是基督教論述的約則？這種論述又與甚麼相關連？是否有某種真實或某些聖經文本以外的真實是與聖經敍事相關連呢？神學陳述是否僅是陳構聖經文法，或者他們是否關連於一些客觀的序列，而不顧我們是否覺察這些關連？正如我們將會看見，福音派對後自由主義進路的一個重要憂慮就是，它似乎表達一種純粹文本內在的事情，而較少關注它與文本以外客觀實體的可能關係。

對這種進路最重要的陳述可在林貝克的作品中看到，尤其是他的《教義的本質》。這本書其中一個優點就是引發一場關於基督教神學中被不公平地忽視的層面的辯論。由於合一運動的影響，這種爭論具有新的意義。[45] 故此，最恰當的做法，就是先勾畫並回應——當然是暫時地——林貝克的分析，並以此探討福音主義與後自由主義間的關係。

林貝克的《教義的本質》這書最誘人的特點之一就是，他明確把它看作是一個**前神學性**的文本，而不是系統神學的一部作品。這部作品描繪了一個研究計劃的輪廓，而非陳構出它的結果。林貝克視它為闡析神學問題和事件的框架，而非直接處理那些事件。福音派學者對這文本內容感到有點難以閱讀，因為他們只對一種方法所帶出來的應用性的結果特別感興趣，又因為福音主義判斷一種神學方法的可靠性部分就是看它的結果。我應該指出的是，《教義的本質》是在1984年出版的，我們是有足夠時間看它的方法在實際應用中得出了哪些結果，但林貝克本人並不曾寫過一部實質性的作品，表明他如何從前神學性的追尋過渡到神學性的陳述。

因而，我接下來的分析必須限於《教義的本質》本身，把對它的進路的分析與考察這種進路在應用中可能產生的結果連繫起來。然而，由於林貝克的前神學性方案包含了對現存進路的評價，所以列出他對與他對立的進路的評價並予以批判，這是最恰當不過的了。因此我們就轉向林貝克對教義的「認知性—命題式」進路的闡析。

林貝克對福音主義的批判

在林貝克對教義本質的分析中，他區分三種有關教義本質的「理論」或理解。我們經已分析過他對一種尤其是以北美神學自由主義為特色的進路。他稱之為「經驗—表現理論」的進路（參頁80～81）。雖然他並無清楚指明他意圖對抗福音主義，但他批判的其中一種進路顯然是與這種運動有關的。

這種觀點被林貝克視為「命題式」或「認知性」的，它將教義理解為「資料性的命題或關於客觀實在的真理宣稱」。[46]這種進路的方式與福音主義有一段很長歷史的關連，並在六十年代福音主義復興中具有重要意義，例如亨利就反對與新正統派有關的啟示進路，而強調神聖啟示具有使人增長知識的內容，這種內容是以命題的形式表現出來的。雖然我認為這種基督教教義的進路是不恰當的，因為它沒有充分看到聖經的啟示概念是極其複雜的，但對福音派學者來說，啟示和教義都具有智性的或知識性方面，這一點仍然是不證自明的，它仍然具有公理性。林貝克對這種進路的明確批判明顯對福音主義帶來衝擊，儘管他本人並沒有明確指出這種關連。

林貝克指出，這種進路之所以被拒斥是因為它是唯意志論（voluntarism）的，智性主義（intellectualism）的和拘泥於字面解釋的，他甚至提出那些「以知性態度接受或經驗宗教」的人就是「把異常的不安全感與天真結合」的人。[47]對這個批判首先感到卻步的是它的可靠性問題：它顯然建基於對「認知性—命題式」立場的一種不恰當的理解之上，也不可能立足於這樣的信念，因為那些傾向此立場的人都認為有可能以命題的形式確定無疑地、詳盡無遺地、不受時間限制地陳述關於上帝的客觀真理。

但這並不能視為是對這立場的適當表述，無論是它的古典形式或後批判性形式。它未能察覺到認知性的教義進路在歷史上和語言上的精細慎密。[48]例如：林貝克認為，教義的「認知性－命題式」進路把任何既定的教義都看作是「永遠真實」的[49]，但這種觀點不能解釋為何支持這種進路的人顯然有能力隨歷史環境的變化而對某種教義進行重新建構、擴展或者補充。[50]林貝克通過貶低教義陳述中「相對恰當性」這個概念，把教義的認知性進路所沒有的不可變更性，歸於教義；「恰當性」其實是可以從教義陳述的原初歷史內容中和它所表達的指涉者中得到評價。

很多中世紀的神學家皆視教義為一個動態的觀念，是一個「對神聖真理的感知，以及趨向這真理」（*perceptio divinae veritatis tendens in ipsam*）[51]。事實上，某些中世紀的作品確實認為教義可以看作歐幾裏德式的理論：里爾（Alan of Lille）的《神學指引》（*Regulae theologiae*）和阿米拿的尼古拉（Nicholas of Amien）的《大公信仰的藝術》（*De arte catholicae fidei*）都是十二世紀這種特色的卓越例子，[52]而後來亦可在莫爾齊利斯（Morzillus）的《自然哲學》（*De naturae philosophiae,* 1560）和莫林斯（Morinus）的《占星術的平底鞋》（*Astrologia gallica,* 1661）中找到。縱然如此，神學陳述句本質的更細微的差異是教父時期和中世紀時期基督教神學的特色。[53]神學首先關注的是澄清一個關於對上帝肯定的陳述的態度，其次的關注是這些態度如何與類比的肯定陳述句產生關連，而這些陳述是源自所熟悉的感觀世界。它嘗試達致概念上的清晰，而避免一些主觀的陳述，這些陳述句是因對上帝有仔細的考察而產生的。「上帝」一詞意指甚麼？「上帝是否存在」這問題如何與一種類比的問題「蘇格拉底是否存在」相關連？有甚麼理由可以證明「上帝是公義」的？這些語句又如何與模擬語句「蘇格拉底是公義的」相關連？里爾是中世紀神學家中最命題式的人，他關注於區別一些我們會被神學陳述所誤導的途徑，例如：將它們視為對物質的描述，或者認為這些關連於上帝的詞語和概念的意思與日常生活中使用的意思是一樣的。[54]要試圖獲得概念的清晰性和討論的模式，對教義上的肯定陳述的認知可被看為是一種感知，而不是一個純粹的描述，這感知可超越自身，指向上帝這個更大的奧祕中。

對這些神學家而言，教義對真實的描述是可靠但不完全，這些教義的力量在於所表達的事情，而非教義本身。在此應該指出質疑的問題是，這樣的教義是否恰當地（嚴格地限於可能的範圍之內）代表了它們所謂獨立實體之間的關連性。既然它們未必可能指望表達它的整體性，而即使很努力試圖去用言語表達某種完全超越教義之外的事情時，都不可避免地有其局限性，那麼所使用的具體的言語形式是最可靠、最可信的嗎？尼西亞爭論（Nicene controversy）就是努力用這種態度來表述見解的一個明顯例子。如果一種經驗必須用語言文字表達出來，才能傳遞或者得到羣體的認可，那麼「認知性—命題式」的向度是不可避免的；這並非將經驗化約為文字，而只是嘗試以文字來傳遞它。[55]

關於經驗語言化的這種觀點是有效的，不管所使用的語言是否被認為將一種本體論上的真理傳統化。例如：以下是朗費羅（Longfellow）在《奧拉夫皇帝傳》（*Saga of King Olaf*）中的句子

> 我聽到一個叫喊聲，
> 美麗的巴爾德
> 死了，死了。

這些話不會被認為具有本體論上的真實性。借用林貝克的用語，文字是不會被認為帶有本體上的真理，但放於內在的系統才視為真的，由此看出它們在北歐瓦爾哈拿神話（Nordic

Valhalla myth)[56]的語境中是一致的，除非這些神話是以歷史來閱讀，否則這些句子並無隱含任何本體上的真確或錯誤。然而魯益師對上述句子的回應是：「我對巴爾德一無所知，但我即時被提昇到北方天際廣闊的地域中，我強烈渴望某種從未曾描繪過的事情（除了說它是寒冷的、空曠的、凜冽的、蒼白的和遙遠的之外），於是……幾乎就在同一時間內我發現自己已經沒有了這種渴望，所以我希望還可以留在那種渴望裏。」[57]

以為文字能完全捕捉經驗這說法是荒謬的，維特根斯坦曾埋怨文字無從描述或表達咖啡的芳香，他肯定我們是完全意識到這一點的。然而這果真是個非常重要的問題嗎？文字或許真的未能對咖啡的芳香提供一個完全準確的描述，但文字已足夠讓我們知道怎樣尋找咖啡、怎樣確定我所尋找的真是咖啡，並經驗它的芳香。教義的認知性理論承認文字是處於經驗的邊緣位置，指出文字所不能表達的實體。用「智性主義」、拘泥於字面意義這等帶著貶意的稱號來評價這種進路，就是沒有充分認識到文字具有喚醒經驗的力量，可越過自身而指向不能言傳之物，又可以指向一些作者希望與讀者分享的經驗，當然他們未能公平地對待認知性或命題式陳述句中運作的眾多層面。

神學陳述句並非如數學公式一般在相同的水平上運作。「拘泥於文字」的指控是立不住腳的，甚至可能忽視非字面上豐富的意義，正如用比喻來表達一種闡述，又如類比或「典範」作為啟發一個神學反省。然而，人類沒有一種語言能夠直接應用於上帝，這是一個簡單的神學真理。事實上，教義的認知性進路正是由此開始，而不是否定這一點。林貝克有時對教義的認知性理論無動於衷，並且多少還有些排斥，這表明在他看來，提倡這種理論的人在神學陳述上接納了一種粗俗現實主義進路，正如英國作家羅賓遜（John Robinson）在《忠於上帝》（*Honest to God,* 1963）裏所批判的，例如，他認為上帝實際上是一位住在大氣層裏某一處的一位老人這觀點。

指控教義的「認知性」理論是「拘泥於文字」的，這顯然缺乏一種鑒別機制，認知性是分析同一節經文在不同的人的不同解釋所必不可少的。比如，對「這是我的身體」（太二十六26）這節經文，馬丁路德認為這是真實的字面意思，慈運理（Zwingli）解釋為是一個隱喻形式，而加爾文解釋為轉喻，他們的解釋是截然不同。認知性理論預設了使用在概念思維的過程中思想和論述的非字義的「四種主要修辭格」（four master tropes）：隱喻、轉喻、舉偶與反諷，而並非把它化約為好像林貝克所指的冷酷的字義表達概念。[58]加爾文和慈運理是十六世紀兩位在文本（聖經）分析和神學陳述中，使用許多修辭學分析和論述的非字義模式的大師。[59]這種修辭學分析的經驗提供了一個媒介，使得可以對經驗作認知性的理解而沒有將經驗化約到命題的形式，或退化到林貝克所指的含糊和輕蔑的「字義主義」（literalism）中去。不少近代神學家都無法容忍教義的「認知性」理論，這表明他們有時對人的言語那種令人大傷腦筋的性質感到難以忍受，不願意深入探討它的含糊性和多義性。

我們還要強調認知性心理學的科學對這種進路有著重要的睿見，它可以處理經驗被詮釋和以文字表達的心理進路。[60]例如：試比較一下美學上所應用的認知性過程和宗教反思上應用的認知性過程，顯然是有意義的，可以把美學認知性看作是宗教認知性的一個平行上的對比。將個人經驗象徵化的嘗試（其中在神學陳構和心理治療的洞見中有重要的相似性）表明，關於維護基督教教義的「認知性」過程的困難和積極的見解，相當於在智性領域裏具有重大意義的其他範疇，這範疇是關於人試圖用語言來表達經驗的困難和見解。雖然這些相似性的研究只是剛剛起步，但教義上的認知性模式可望因此得到更好的理解和接受。毫無疑問，這對林貝克關於教義的「認知性」理論的批判是意味深長的。

林貝克的批判若是針對新經院哲學主義（neo- scholasticism）對啟示的理解，有如與狄克邁（Hermann Dieckmann）有關的那種方法，它大意是說超自然啟示僅透過命題的媒介來傳遞概念知識，這種方式與林貝克提出的進路一樣都可能受到嚴厲的批評。在這一點上，林貝克確實對那些教義的認知性理論不足之處提出有價值的修正。縱使如此，並非所有教義上的認知性理論皆易受攻擊，重要的是需要把下列兩種觀念區分開：第一種認為，對上帝的詳盡而明確的闡述是通過概念和命題傳達的；另一種認為，教義陳述上有純粹認知性的尺度或元素。教義陳述句不需要亦不應該**純粹**視為認知性陳述句。

在此，基本的觀點就是，雖然人的言語不可能準確界定經驗，但可以作為標示指向經驗。雖然對教義的經驗層面的重視與文藝復興後期和浪漫時期興起以經驗為主導的神學有關，但這些洞見的線索早已存在於奧古斯丁的著作和他的中世紀詮釋者中。基督教教義透過建立基督從經驗的產生和詮釋的基礎來塑造基督徒生命。

基於人類經驗與際遇的豐富，渴望以文字表達經驗與文字不能完全掌握經驗之間的張力不斷存在，人類經驗中每種珍貴和具意義之物皆受一種幻滅所威脅，那就是就某種意義來說它們超越文字，但卻要求以文字來表述出來成為人類知識。它們受實存唯我論的幽靈所威脅，除非一種經驗是可被溝通的，否則只會陷於個體的私人經驗世界中。文字可指向一種經驗，它們起初可以勾畫經驗的輪廓，但到後來經驗的完整描述卻要超越文字。文字總是越過其自身，指向文字某種所不能領會的更大的事情上。人的言語以及其所使用的範疇如果試圖去概括、表達某種偏偏拒絕接受言語規範的事情，那就是超越了文字的範圍。人類經驗是完全難以捉摸的，這些經驗固執地反抗被禁錮於言語的格套中，而要求以詩、象徵和教義來表達。因為實在無法忍受這種難以捉摸，所以乾脆拒斥任何教義陳述中的認知性因素。

暗示某種更遠之物，是超出於經驗，這是人類經驗的特點。我們生活在這種超經驗之物的邊緣地帶，以經驗作路標，但卻始終存在於我們可理解的範圍之外，而只是偶然闖入我們的意識中。經驗和語言都超越自身，但卻證明有某些事情存在於它們的邊界之外，然而令人痛苦的是我們無法進入那個地帶。日常言語因為試圖捕捉超越經驗和可觀察領域之外的事情，抓住這些便知道存在於這些之外的事情，所以陷入了困境。正如沃茲沃思所言，人就是「邊界者」（borderers），確切地建基於人類經驗的真實世界，卻又渴望超越它的限制。[61]

這種找尋那不能得到之物的意識具有強烈的宗教意味和重要的宗教意涵。但它並非確切指到那些我們合理地指的「宗教」經驗或「宗教」處境。我們常常看到的，是人類懷著崇高的理想，但總是可悲地無法實現這些理想。在我們這些易犯錯誤而有限的受造物與我們感到自己蒙召去追求的使命之間，存在著一種道德層面上的張力。

正如魯益師所述，相似的張力是存在於追求美的美學層面中。[62] 在沃夫（Evelyn Waugh）的作品《渴想》（*Sehnsucht*）[63] 中，滲透著這種苦樂參半的渴求感，感到經驗無法傳遞它所承諾的事情，人有一種無力感，就是言語無法捕捉它所產生的經驗和靈感；也許《舊地重遊》（*Brideshead Revisited*）一書那種刻骨銘心的痛苦最有力地體現了這種感覺，因為是關於過去的記憶如何闖入現在，照亮並改變著現在。

> 或許我們所有的愛都只是提示和符號；飄浮不定的言語塗寫在門柱上，塗寫在前人已經走過破爛路的鋪石上；也許你和我都只是些預象，這種時時落到我們頭上的悲哀源於我們無望的探索，每一個都超越另一個，時爾瞥見轉動著的影子在我們前面不遠處的角落。[64]

基督教神學的言語正如一些深具感染力的詩作一樣，是在某些局限中運作：它必須用文字來表達那些本性上不能歸約為這些文字的事情；然而，文字與經驗之間還有一種基本的一致性的。基特（Keat）在閱讀查普曼（Chapman）的書時，經驗到查普曼眼中的荷馬（Homer）；沃茲沃思經驗到昆巴里（Cumbrian）所看見的大片水仙花；兩者都需要透過文字來表達和與人溝通，但這種中介或許根本上不能符合寫作的人的目的，但仍然是他們惟一的選擇。士來馬赫指出基督教教義的功能是從基督教羣體的語言中的詩化和修辭語句過渡到「指述—教誨性」（descriptive-dialectic）的重要作用[65]：詩和教義語言是有區別但相關著，不同層次的論述皆能在信仰羣體中獲得。正是因為基督教羣體的原初語言就是詩化和修辭性的，所以教義必須用其原初的語言向世界傳講才是負責任的。[66]

要考慮到教義具有護教和傳福音的特點，這種見解可以進一步發展。傳講可以直接指向信仰羣體之外的那些人，不必局限於羣體裏的人，目的就是要使他們能夠理解，作出回應（參頁46～49）。

所以，譏諷基督教教義只是文字遊戲，或者企圖將上帝的奧祕歸約為命題的努力，就是完全沒有認識到語言文字如何服事我們。要把我的經驗表達出來，與他人溝通，就需要用認知性形式來陳構語句。這些認知性形式不能掌握經驗的全部，這是十分明顯的，並且不是在於誇大的修辭：這是生活在歷史和以歷史形式來溝通的其中一個無法逃避的後果。士來馬赫承認教義是表達一種由基督教羣體語言所建構的經驗，故此是指向在教義陳述中認知性和經驗原素之間一種十分巧妙的互動。[67]

「經驗」和「意義」如一個硬幣的兩面，一方面禁止我們將基督教化約為單純的命題，另方面又引發經驗。每種經驗都包括詮釋因素，並且據此來調整。正如近代的科學觀察理論所表明的，經驗並非前理論數據，它事實上是有理論駕馭，有詮釋因素伴隨的。[68]狂野的經驗主義（empiricism）視經驗單純為一些需要詮釋的原始數據是不正確的：經驗必須受限制於一個詮釋的框架之內，但這是暫時的，在我們掌握經驗時，理論實際上比純粹的經驗主義所指的更有著重要的決定性角色。理論自身決定（至少某部分）經驗，而後者被假設為要藉理論去解釋或詮釋的。正如胡色爾（Edmund Husserl）的現象學強調的，先驗知識和信念決定我們所觀察到和經驗到的，有建構性的作用，因此他與林貝克將教義的「認知性」和「經驗」模式產生對立，這完全不能令人滿意的。基督教教義的認知性向度就是基督徒經驗得以支撐和傳送的框架，它是經驗的肉身得以成長和成形所賴以支撐的骨架。

教義亦提供一種概念工具，可以據此對經驗作出詮釋和批評。關於經驗的初始判斷要先在一個概念框架內解釋，最終則基於聖經故事及其教義上的提示（教義所表達的），這樣才能得到新的啟迪。這觀點已被艾伯靈所強化，他認為若能夠掌握經驗本身的需求，就必須在新的方式下經歷那經驗。[69] 從某種特定的角度來看，經驗是連於聖經故事和所引起的概念框架，並容許一種新的意義在其中。故此教義開啟了從經驗中獲得新經驗的道路。[70]

我們在上文（參頁78～96）已經指出，經驗本身如何不能足夠成為神學論述的基礎；但是經過詮釋，經驗卻能在基督教信仰的實存向度提供一些具核心性的洞悉。正如莫特曼（Moltmann）和雲格爾（Eberhard Jüngel）所闡析的，「十架神學」新的恰當性就指出了神學必須去詮釋經驗，這不會使神學歸約為它的範疇或受縛於它初始的提示。神學的認知性進路，諸如福音主義所肯定的那些進路，保留了教義的這種重要功能，把它看作是撒向經驗的一張網，這樣才可能更準確的捕捉並理解經驗。

林貝克的文化——語言的進路

正如早前所述，林貝克從格爾茲（Clifford Geertz）[71] 和維特根斯坦[72] 的作品中吸取養料來建立他自己關於神學本質的進路，他指出（這點與維特根斯坦的相似性尤其明顯）宗教可與語言相比擬，宗教教義正如文法規則那樣運作，宗教就是文化框架或中介，它可產生一種詞匯並且先於內在經驗。

> 宗教可被看作是一種決定全部生活、思想文化和(或)語言學的框架或中介……它主要不是要連繫於真和善的一套信念(雖然它可能包括這些信念),也不是一種基本態度、感覺或情感的符號論表達(雖然會產生這些)。相反,它和那些能夠描述現實、制定信念、體驗內在的態度、情緒和情感的習語相似。像文化或語言一樣,宗教是一個公眾的現象,這現象模造了一個獨立個體的主觀性,而不是單單將這主觀性鋪陳出來。它包含推論性和非推論性符號的一個詞匯,以及一種特定的邏輯或文法,根據這種邏輯或文法,這個詞匯才能有意義地被使用。[73]

正如一種語言是繫於一種生活形式(維特根斯坦指到繫於「語言遊戲」),所以一種宗教傳統亦是連繫於一種它所產生和反思的生活形式。

這種在教義上理解的一個基要原素,以及這種以注視真理的理論性這概念,是**內在系統一致性**的概念。這種理解部分是關注系統上的理性一致性:教義指引宗教就正如文法指引語言一樣。一個教義性陳述句中的理想化內容會被置於一旁,好使它的形式功能得到重視。林貝克以莎士比亞的《哈姆雷特》(*Hamlet*)來闡析這一點:「丹麥是哈姆雷特所居之地」這句話絕不是要說出本體論上的真理或謬誤,它只是一句陳述句,是有關莎士比亞所敍述的故事裏關於內容上的陳設的話而已。[74]敍事本身並非事實,亦非虛構:它是兩者或其中一方的載器,似事實的敍事並不必然具有事實性。[75]只有當敍事被看作為**歷史**時,則其宣稱才涉及本體上的真確或錯謬；所以林貝克指出，聖經可被閱讀為「龐大、結構鬆散的非虛構性小說」，其中正典性的敘事描述了對上帝的認同，因此，林貝克借用浪子的比喻指出，「關於上帝性格的描繪」不必然依賴聖經故事的事實性。

> 意義是由具體語言的運用所構成的，而不是跟語言分別出來的。因此，例如要弄清「上帝」一詞所意味著的意義，最恰當的途徑就是探討這個詞在宗教裏如何起作用，並如何塑造真實和經驗，而非首先確定其命題的或經驗的意義，並據此重新解釋或重新表述其用途。在這個意義上，文化－語言學方法的神學描述是屬內在的語言記號或內在文本的。[76]

這種進路所引起的主要困難，是涉及教義所規定的文化—語言傳統的起源。林貝克似乎認為，它只是「給予的」，是一個公認的起始點，「語言」就在那裏。林貝克指出，語言是從外面起源的，由此顯然產生了基督教傳統——以其特定的一種或一套方式談論上帝或表達人的願望——的起源問題。究竟基督教的習語是如何成形的？從他的分析來看，似乎存在一種對啟示的核心問題的故意逃避。這核心問題就是：聖經中所表述的，後來存在於基督教傳統中的基督教的習語，究竟是人長期積累而成的，抑或出於上帝在基督的故事中的自我彰顯。

林貝克在堅持「宗教言語、教義、禮儀和行為模式的客觀性」的首要性時，就引發出這些首要資料是如何被解釋的這問題。基督教教義從何而來?它們怎樣被評價?基督教語言是回應甚麼?它試圖描述的外在語言的真實體是甚麼?福音派的立場在廣義上是贊同林貝克所走的路線,並盼望他能再走前多幾步,基於此原因,福音派對後自由主義最基本的批判是關於它不恰當地信奉語言之外和系統之外的真實體。我們將接著闡析這點。

對後自由主義的一個福音主義的批判

基於我們一路進行的分析,我們可以開始對後自由主義作一個福音派的批判。在作任何批判之前,我們就它的優點陳列如下:

- 它強調基督教與眾不同之處,並慎重而有原則地拒絕跟隨舊路,將福音真理等同於二十世紀晚期美國的自由主義式的文化規範;
- 它堅持聖經是基督教觀念和價值的最高源頭;
- 它重新肯定耶穌基督在基督教會的生活和思想上的中心性。

事實上,福音派可從後自由主義學習,特別是後者具有強烈的羣體意識,這暴露出福音主義的「社會原子論」(social atomism)傾向。但說完優點之後,必須提出三個基本的批判,我將以問題的方式向三個後自由主義思想家:林貝克、侯活士和弗萊發問。

一、真理是甚麼?

神學陳述句指涉甚麼?在《信仰的文法》中,荷文列出一種規限神學的理論，它顯然對林貝克的進路有一定影響。神學本質上就是描述如何談論上帝、基督等的聖經內在的規則，這些規則並非由神學建立，而是早已在聖經內文中出現。[77]因此，神學對於聖經內容上並無加添任何新鮮的事物，而只是簡單地列出早已存在的結構，就正如文法只列出一些規則來指引著語言的使用。[78]文法是描述性的；它並沒有建立規則，只是基於已經運作的規則加以敍述。

林貝克相信神學是關注於對基督教信仰的內在系統層面的陳構和闡析，他是跟隨著與士萊馬赫相關的傳統，採納一種教義本質上是描述性的概念。對士萊馬赫來説，教義神學是「現已流傳於教會內的教義上的知識」。[79]本質上，神學是一種關於教義是否準確地陳構其所表達的信仰的追問。神學家必須思考教義的「教會價值」和「科學價值」，易而言之，要思考它們是否準確地表達了宗教情感，是否在整個神學詞匯的背景中具有一致性。教義是描述性的，它首先所關注的是內在系統的凝聚力。

林貝克指出教義的文化—語言學進路可擺脱基督教習語中是否有任何外在指涉者這問題。語言在一個文化和語言的世界中**運作**；它不必然要**指涉**任何東西，教義關注的是基督教習語的內在規限性，以確保它的一致性，至於這些習語如何與外在世界關連這問題則被視為不恰當的。林貝克以闡析的方法來提供一個亞里斯多德式和非亞里斯多德式的文法家的比較，兩者皆同意恰當的語句包含某些元件，例如主語和賓詞。亞里斯多德主義者會認為，這個句子某程度上是「反照」真實，而非亞里斯多德主義者卻認為，這種文法上的構成並不必然帶有本體上的意涵。同樣林貝克指出，基督教神學家仍然可以保持作為「文法上的正統」而無須作任何形而上的宣稱，只遵守規則，而不接受背後的本體論意涵。[80]

對林貝克而言，教義是基督教羣體的言語，一種自我永恆化的個人習語。事實上，他似乎認為，把神學看作基督教語言的文法就必然要拋棄任何關於上帝是一個獨立實體的談論，也不再認為會有可能作出關於祂的真理性的宣告（在本體論意義而不是內在系統意義上）。[81]由此林貝克指出，神學是一種「第二等級」活動，不是用來宣告真理，而這種功能則留給「第一等級」的言論。

> 正如文法本身並不會在語言使用的世界中肯定甚麼是真或假，它只關乎言語。同樣，神學和教義作為第二等級的活動，亦不會就上帝及祂與被造物的關係作任何真或假的判斷，它只談論這些判斷。[82]

因此，「真」是相等於（事實上是化約為）內在的一致性，然而林貝克自己似乎把「第一等級」和「第二等級」的陳述之間的重要區別變得模糊不清。正如林貝克早年的一名學生馬索爾（Bruce Marshall）指出，在對真理採取的進路中，阿奎那與林貝克有很大相似。[83]在林貝克分析的深處其實隱含著一種真理觀，對此福音派學者不大會持異議，這種真理觀或許連林貝克自己亦不可能清楚地陳構出來。

基於以上的引文，可以得出結論說，神學規限著基督徒談論上帝的途徑，但對這些陳述的真理性卻不作評論。因此，「宗教」就是語言；而神學則是指引性的文法。若問希臘文、拉丁文或英語是否真的，是沒甚麼意義；其意義在於揭示那些指導著這些語言運作的規則，使語言可被理解。然而，事實上（即使林貝克沒有留意到，他似乎亦不明確地承認），宗教是對真理作出宣稱，把「宗教」和「語言」作出直接的比較似乎在這點上是有缺陷的。若言語是被採納為對宗教的一種模範，它就必須承認有自身的限制，尤其在這一方面。

對真理宣稱這種明顯的逃避，可在林貝克討論**本體相同**（*homoousios*）的問題上看到。當他闡析他對神學裏面教義上規限性功能的理解時，指出〈尼西亞信經〉（Nicene creed）「並無作出第一等級的真理宣稱。」[84] 換言之，「本體相同」沒有任何本體論上的指涉者，而只是規限著有關基督和上帝的語言罷了。[85] 在這種情況下，深入研究是重要的，從探究當中，它為我們提供了林貝克論題其中一個少數歷史性和所想像出來的例子，並且容讓我們去判斷他的歷史性和神學上的能力，然而這都只是一種暫時性的方式。林貝克堅持認為，亞他那修將本體相同理解為「除非子不是父，凡談及父的就是談及子」，由此表明亞他那修「且去想想，這不是像一個以本體論上指涉的第一等級的命題，而是看作第二等級的言說規則。」[86] 林貝克認為，只有在中世紀時候的形而上概念，才把這種本質上是文法性的進路理解為本體相同。在教父時期，這個詞被理解為論述中的一項規則，較為不指涉任何語言之外的實體。

林貝克似乎忽視了一項事實，亞他那修將本體相同的規限性功能建立在其實質的內容上，換言之，給予父與子在本體上的關係在先，然後才出現關於這種關係的語言文法規則。對亞他那修而言，情況似乎是「規限性建構的同質排除了本體論上的革新，而非本體論的指涉者。」[87] 但必須強調的是，這並非說教父時代所討論的基督論未能覺察基督教教義的指涉性或規限性功能。縱然如此，似乎林貝克將規限性功能歸屬於本體相同，並且是與「屬性相通」（*communicatio idiomatum*）相關連的，而「屬性相通」的文法性或規限性功能似乎是建基在本體相同的評論上。

緊記這點後，讓我們回到「丹麥」這問題去。但是，究竟是指哪一個「丹麥」呢？是談論莎士比亞的《哈姆雷特》的「丹麥」呢？抑或是那個叫「丹麥」的現代國家？它們兩者沒有必然的等同。從林貝克式的理解中，「丹麥」一詞在莎翁的作品中是一致地使用的，但問題就產生了：這個「丹麥」如何與人類經驗的世界中那個在地理上和政治上有確定實體的「丹麥」連在一起？

我們如何確定《哈姆雷特》是事實還是虛構？這個問題的重要性是不容抹殺的。莎翁的丹麥如何關連於真實世界的丹麥呢？我們一定要以神學家的身分來發問，基督教習語中的「耶穌」（它）如何關連於拿撒勒人耶穌（他）呢？它與他有甚麼相同的地方？它就是**指**他嗎？或者是指另外的東西？能否表明它是源自於他的，或者只是人心裏自己構想出來的？

林貝克這裏清楚說明的正好是威廉士（Rowan Williams）所指到近代神學最嚴重的弱點之一：總是「受幻覺誘惑，以為能夠超越如何**學習**自己的語言這個問題。」[88]很可能有一點是林貝克似乎不願意也不可能思考到的，就是他之所以認定基督教教義是規限性的，是由於一種歷史上的誤解；它可能僅指歷史上所「給予」偶發的形式，給予它一種損害其廣大而有效性的社會—歷史性的根源；它可能代表著一種嚴重的誤解，或者甚至是歷史事件的蓄意性錯謬；它可能代表著一種對拿撒勒人耶穌的意義完全偽造的詮釋。基督教習語並不能僅被視為「給予」，而必須追問它的歷史和神學資格。

林貝克就基督教習語的進路似乎與布特曼關於「宣講」的進路有某種令人不安的相似性，至少表面上如此：兩者都被認為「宣講」就是在「給予」這處開始的，是在接受挑戰及辯解之外的。對於布特曼的宣講性基督論所查究的「歷史性耶穌的新探索」一定要延展到林貝克對教義本質的理解上。教義就如「宣講」，並非一些就立在此處之物，它要求我們接受或棄絕它：它乃是某種用來適當而準確地聲明某種歷史事件之意義的東西，關於它對某一事件的解釋的準確性是可以提出質疑的。[89]改革運動和啟蒙運動就是一些明顯的歷史階段，其中所接收的教義可就它們的歷史資格提出挑戰。不知是有意還是無意，林貝克對他教義的文化－語言進路，究竟是確實地肯定抑或放棄認識論上的現實論及真理的相應論，他看來多少有點模稜兩可。縱然如此，對他的整體印象是他認為一致性比相應性更加重要。[90]正因如此，福音主義提出了其中一個對後自由主義十分嚴厲的批判。對福音派而言，後自由主義將「真理」概念化約到「內在一致性」。無可置疑，內在系統一致性是一項值得尊重的質素。然而，內在融貫但對現實世界毫無意義的系統是完全有可能出現的。基督教並非僅對所敘述的耶穌的身分作詮釋，或是對信仰的文法給予一種一致性的解釋。基督教是要承認耶穌基督作為拯救者和主的真理，要認定福音的真理，從而承認基督教神學需要對耶穌的身分和意義盡可能作出可靠的解釋。

對福音派而言，神學植根於上帝的自我啟示上，而其評估亦建基於此。這是基督教神學最終極的基礎和判斷的標準。十六世紀的改革運動常常具有福音派的自我反思的明顯特點，而這反省是基於透過聖經的光照，來不斷審視教會生活與思想的原則，並在需要的地方為所定的原則作出恰當的修正。[91] 基督教語言需要經常在一種外在的判准中修正。對加爾文和馬丁路德來說，這個判准是聖經提供的，並在基督教會現有羣體中被理解和詮釋。

福音主義雖然承認後自由主義對某些真理問題上幼稚的進路表示質疑，但它仍是堅持認為，神學一定是關注於講述有關上帝真理的問題，這種真理可以採取敍事的形式（「講述真理」），或某種教義框架（在這種框架裏，當中敍事被移接到概念形式上），或只是肯定上帝的真實性和可信性。無論真理概念如何表達，人必須明白真理存在於基督教語言的**外面**，也在它的裏面。基督教旨在對哪一位是上帝和上帝是怎麼樣上提供一個有系統、規限性和融貫性理解，也就是說，存在一個外在系統的指涉者，它是基督教語言遊戲的基礎和判准。[92] 從另一角度來說，福音主義堅持基督教「真理」一定要顧及語言遊戲以外的真實，和表達這真實的語言遊戲的準確性。那就是說，基督教神學必須準確而一致地探討關於上帝身分和目的的真理。

對福音主義而言，這種神學工程是在聖經的基礎上進行的。後自由主義再次強調了這一點，從而為我們提供了線索，可以進而探討福音主義和後自由主義之間複雜的相互關係的第二個領域。

二、為何是聖經？

在《品格的羣體》（*Community of Character*）這書中，侯活士強調聖經在塑造基督教羣體信念和價值中的重要性，聖經對基督教羣體作出規範性宣稱。[93]基督教會世世代代肯定並將自身居於聖經之下,故此聖經詮釋最恰當的地方一定是基督教羣體本身。[94]教會可能會發現自己的觀念、價值與世俗社會的觀念、價值形成張力,因為世俗社會不是以聖經故事為方向,而是把其他的故事作為權威。

侯活士對教會使用聖經的方式提出了一種非常重要而有說服力的闡釋,由於他在聖經和教會之間建立了緊密的聯繫,這種闡釋特別受人歡迎。然而批判性的讀者沒有問的問題是:為何聖經擁有這樣的權威?為何耶穌基督的故事可行使這種控制性的權威?聖經權威原則上是否一些被一個羣體強加在聖經文本去的東西,而且又甘願順服於這種權威?這些權威是否已接受外加的或另一些權威?抑或在羣體承認它的權威性之前,文本自身已有一些固有內在的東西,而這些東西已建立了這種權威?這類問題的提出就要追問在後自由主義神學理論中有關啟示角色的問題。[95]

在這一立足點上,福音主義直接針對後自由主義的批判:聖經的優先性只立足於神學層面是不足夠的,事實上,要維護這種優先性顯然是在文化的、歷史的或約上的。伊斯蘭教的《可蘭經》的角色亦可在相似的基礎下得到確立。聖經在基督教羣體的規範角色無可否認是在基督教本身(正如《可蘭經》在伊斯蘭教中的規範角色是在伊斯蘭教本身的一樣);但這是否**正確**?對福音派而言,真理宣稱是不能在這點上避開的。聖經具有權威,並非因為基督教羣體把它解釋為權威,而在於它本身的所是,在於它所傳達的信息。

這點可從亨利對凱斯那本《現今神學中聖經的運用》(*Uses of Scripture in Recent Theology,* 1975)的批判中清楚看見。[96]亨利注意到凱斯對聖經的積極態度,但凱斯根本不想談到「聖經的權威」，除非以純粹功能主義的和內在的系統的術語來談，亨利承認自己對此感到迷惑。如亨利所指出的，神學這個概念作為人對某種客觀的外在規範的回應是被排除在凱斯的進路之外的，最終使整個「做神學」的觀念成為一種棘手的認識論上的相對主義（relativism）的母體。

福音派一直堅持聖經的優先性在於它是受聖靈啟示而寫的，與某個羣體或個體是否承認這一點無關。[97] 我並非旨在為普世福音派的共識辯護，或陳構它的任何一種獨特形式。我這裏所關注的是要指出這種福音主義的共識與後自由主義立場的一般信念之間有一種明顯的張力，這張力在有關啟示的教義中反映出更深更基本的張力。

而且，後自由主義對聖經的重視有可能導致這樣一種認識：基督教的核心是某個文本，而不是某個人，至少在荷文和林貝克的作品中是如此。巴特斯（Roland Barthes）的格言說：文本以外別無它物（*il-n'y-a pas de hors-text*）。對福音派而言，有某種真實的東西是在聖經文本以外的，當然它是聖經文本賦予並藉之傳播的[98]，這就是指基督徒在基督裏被救贖的經驗。對內在文本互涉的重視往往會掩蓋耶穌基督處於基督信仰的核心這一事實，在新約文本還未寫成之前這事實已經存在了。耶穌基督比他的文本載體和詮釋在歷史和神學上更具優先性，然而後自由主義卻無視這點，它只注重基督教作為一種連繫於文法規則的言語，而卻危害了與耶穌基督那種動態性的連繫。

然而，「威脅」意含一種可能性，過於實現性。後自由主義或許採取直覺比似是而非的陳述較明智。可以肯定，弗萊的作品是真正相信以耶穌基督這個人為核心的。然而，如下文所表明的，福音派學者卻想要對這種進路表示保留意見。

三、為何是耶穌基督?

接著來討論的課題集中在耶穌基督在後自由主義神學中所扮演的角色上。很顯然,對侯活士和弗萊來說,關於耶穌基督的故事對聖經作為基督徒的生活和思想的一個規範的合法性具有核心意義。但為何這種敍述具有如此權威這個問題也不能忽視。和林貝克一樣,弗萊與侯活士給我們的印象就是事情原本就是這樣,敍述故事是「給予」的,並先於羣體,結果令羣體的歷史身分連繫於它的開創者。隨後我將集中在弗萊的作品中,並嘗試闡析耶穌基督在他詮釋計劃中所扮演的獨特角色。(我是故意用「嘗試」一詞,因我必須承認弗萊的文字挫敗了我,這是我所遇到最晦澀的文字。)

弗萊就福音派敍事中「意義」和「真理」之間關係的觀點是極難疏隔的。[99]亨士格(George Hunsinger)對之作了大力支持的分析,他認為,弗萊成功地表明信徒「之所以認為能夠以信心認識基督,乃是因為這信心是先於福音書所敍述他的身分。」有些愛挑剔弗萊的詮釋者會說,他對表明福音關於耶穌基督的故事的內在一致性,以及這種敍事與信仰羣體之間的關係起了一定作用[100],但這敍事的基礎既沒有準確地被處理亦沒有詳細地被說明。例如:弗萊將基督的復活視為耶穌自我彰顯和上帝自我彰顯之間等同的內在系統的確定,並清晰地排除任何外在系統的指涉者。[101]我絲毫沒有想削弱弗萊分析的重要性,但我想,潘寧博(Wolfhart Pannenberg)討論基督論方法的文章展示了在歷史中闡析耶穌基督的故事的可能性。[102]

問題是弗萊的進路似乎把耶穌故事的優先性建立在類似於立敕爾(Albrecht Ritschl)在1874年所建立的基礎

上。對立敕爾而言，耶穌在信仰羣體中的優先性是首要地建基於歷史的層面；耶穌是先於羣體，後者將觀念與價值建立在前者身上。雖然立敕爾不懂得弗萊對獨特敍事形式與符類福音的文學特色感興趣，但相同主題卻凸顯出來。基督教精神是被理解為耶穌此人在信仰羣體中所代表的觀念和原則，而且在時空上的延展，換言之，「基督的傳統在教會中繁衍」（*die in der Kirche fortgepflanzten Überlieferung von Christus*）。這個「傳統」本質上是經驗性和歷史性的，指涉到一種首先在歷史的耶穌身上體現出來的普通的道德和宗教原則或觀念。這個觀念被信仰羣體採納並承傳下去，一直到今天。「基督一方面藉著信徒自己對他（基督）的歷史回憶——這在教會中是可能的——影響個別信徒。」[103]

結果就是基督在所有信仰羣體中間佔有了一個獨特的位置。那些「相信基督的」（立敕爾的理解）就能在上帝國裏有分，並與上帝復和，人與上帝的關係和這宗教的開創者與上帝的關係是無異的。雖然立敕爾對啟蒙運動的基督論有嚴厲的批判，但卻難以避免得出一個結論：他把基督看作是一個具有原型意義的、不可超越的個體，他的意義主要是以他作為基督教羣體的創立者的方式表述的，因而比起那些後來的人，就有時間上的優先性。立敕爾指出，雖然可以想像有另一個個體的出現，在宗教和倫理上的地位與基督相媲美，但「在歷史上這個體必依賴於基督，因而必與他有分別」。[104]承認這一點很重要的，因為如此，基督的獨特性是被認可為歷史性的，而不是本體性的，他是眾多同類宗教中的最初的一個，這種原初性源於使他成為基督教教會的獨特創立者這歷史事情。

關於耶穌基督的意義這種進路受到卜仁納的嚴厲批判。[105]他指出耶穌基督在信仰羣體中的獨特位置很少以歷史的先後次序來決定。即使懷著最大同情心的福音派批判者亦希望對弗萊的進路作出這樣的批評。弗萊容讓我們將基督故事的意義解釋為對基督教羣體「在信仰裏的反思」;[106]但卻不讓我們理解這種對宣稱的基礎成為意義。無論是在歷史性源頭的內容,抑或現今的處境,這種進路雖然確實使我們得到一種**基督教**的進路去理解耶穌基督的身分和意義,但卻留給我們一個最難的問題:這種進路本身是否能夠被證明是合理的?

所以,弗萊宣稱「新約故事簡單直接地講述拿撒勒人耶穌的故事,無論它是虛構的抑或是真實的」。[107]雖然立刻就可以承認這一點有其正面的一方面,尤其是它以耶穌為核心,但主要的困難也隨之浮現出來。這「故事」究竟是虛構的,還是真實的?為何不能説它只不過是「完全虛構但卻自稱為真實的故事」呢?[108]儘管這個問題可能會被某些神學家視為幼稚而遭拒斥,但仍然有著基本的重要性。這主要的憂慮最終導致布特曼的基督論進路變得支離破碎,就是他主要所指向關於**宣講**——存在過這一事實(*das Dass*)——的極保守的基督論基礎。若**宣講**的耶穌是錯誤的,這又會如何?其基督論含義非常重要,是需要探討的,因為「新的探索」已經出現。正如蓋士曼(Ernst Käsemann)、赫雷米亞斯(Joachim Jeremias)與博恩卡姆(Günther Bornkamm)的作品所表明的,[109]信仰與歷史的關係——布特曼認為兩者沒有關連而不予考慮——成了新約聖經學術界和基督論思考的一個核心問題。[110]然而,弗萊似乎帶我們回到不可靠的布特曼路上,對它明顯的缺點以及後來的發展卻沒有給予應有的重視。

鑒於這點的重要性，我們要闡析布特曼與艾伯靈在這點上的差異。[111] 他們的差異直接與他們如何評價拿撒勒耶穌歷史性的神學意義相關。對布特曼而言，我們所能知道的，並且必須知的，就是關於歷史上的耶穌存在過這一事實（*das Dass*）；對艾伯靈而言，歷史上耶穌此人是基督論的根本性基礎（*das Grunddatum*），倘若能證明基督論錯誤地詮釋了歷史上的耶穌的意義，則基督論將被廢除。因此，可以說艾伯靈表達了「對歷史耶穌的新探索」基本問題。他在這裏指向布特曼基督論的一個基本缺點：它完全不接受借助歷史學這學術性的角度去研究（或許「查究」這字眼太言重）。基督論的基礎有沒有可能是錯誤的？我們如何能知道從耶穌的傳講及至傳講**關於**耶穌之間有一個合理的轉換？艾伯靈提出了與蓋士曼在其他地方提出的類似的批判[112]，但其焦點是神學的，而不是純粹歷史的。對我們來說最重要的是，艾伯靈強調，即使布特曼將「存在這事實」極小化也必須從「甚麼」（*das Was*）或「誰」（*das Wie*）的角度來得到確立（即「宣講」的直接內容）。同一個命題似乎在弗萊的歷史態度上也顯得很重要。

無論是出於布特曼的進路，還是弗萊的進路，顯然都極其輕視歷史，這是福音主義難以接受的。福音主義極之重視新約研究的重要性，這不是偶然的。它不只認為新約的內在邏輯是重要的，還指出可以證明這種邏輯是在關於對拿撒勒耶穌的歷史的認識所導致的真正壓力下產生的。這絕不意味著要使基督論依賴於某個「不認識」的歷史人物。事實上，它試圖揭示並探討新約裏歷史與神學之間的關聯。[113]

結論

這樣看來，福音主義與後自由主義之間的關係的前景會如何呢？很顯然，對話才剛剛開始。應該特別注意的是，在目前也許最好把後自由主義看作是一種研究企劃，而不是一套既定的教義。[114]然而，正如史托特曾指出，單純專注於方法就好像在一個公開演講前清理一下自己的嗓子：你只能偶而為之，免得你的聽眾失去興趣。後自由主義遲早得面對一系列福音派視為重要的教義問題，從這個角度看，兩個運動的未來將愈發清晰。但福音派希望向後自由主義發問的問題至少亦是清楚的，它們大部分已經在這章裏處理了。對話將會是趨向更為批判性和積極的，並且對學術界和教會的重要性更趨明顯。

現在我們要轉而討論一些對福音派來說是極為複雜的問題，這些問題是由「現代主義」的興衰所引起的。

註釋：

1. 對自由主義的古典福音派批判仍是 J. Gresham Machen, *Christianity and Liberalism* (1923, repr.; Grand Rapids, MI: Eerdmans, 1994)。這著作是基於1921年名為「自由主義或基督教」的演講而成，這份講詞印於 *Princeton Theological Review* 20 (1922), pp. 93～117。
2. 對這進路有展述的作品包括 Hans Frei, *The Identity of Jesus Christ* (Philadelphia: Fortress, 1975)；Paul Holmer, *The Grammar of Faith* (New York: Harper & Row, 1978)；David Kelsey, *The Uses of Scripture in Recent Theology* (Philadelphia: Fortress, 1975)；*Journal of the American Academy of Religion* 48 (1980), pp. 358～402；George Lindbeck, *The Nature of Doctrine: Religion and Theology in a Postliberal Age* (Philadelphia: Westminster, 1984)。
3. 參 Brevard Childs, *The New Testament as Canon* (Philadelphia: Fortress, 1984), p. 541。
4. 參 Stanley Hauerwas, *Against the Nations* (Minneapolis, MN: Winston Press, 1985)；同上，*A Community of Character: Toward a Constructive Christian Social Ethic* (Notre Dame, IN: University of Notre Dame Press, 1981)；William C. Placher, *Unapologetic Theology: A Christian Voice in a Pluralistic Conversation* (Louisville, KY: Westminster/John Knox, 1989)；Ronald E. Thiemann, *Revelation and Theology: The Gospel as Narrated Promise* (Notre Dame, IN: University of Notre Dame Press, 1985)。
5. 一般的概覽，參 Willam C. Placher, 'Postliberal Theology', in D. F. Ford (ed.), *The Modern Theologians* (2 vols., Oxford & Cambridge, MA: Blackwell, 1989), vol.2, pp. 115～128；Sheila Greeve Davaney & Delwin Brown, 'Postliberalism' in A. E. McGrath ed., *The Blackwell Encyclopaedia of Modern Christian Thought* (Oxford & Cambridge, MA: Blackwell, 1993), pp. 453～456。
6. William C. Placher, 'Paul Ricoeur and Postliberal Theology: A Conflict of Interpretations', *Modern Theology* 4 (1987), pp. 35～52.
7. 參 Alasdair MacIntyre, *After Virtue* (2nd edn., Notre Dame, IN: University of Notre Dame Press, 1984)。就這文本及其企劃的深入閱讀，參 Richard J. Bernstein, 'Nietzsche or Aristotle? Reflections on Alasdair MacIntyre' After Virtue' *Soundings* 67 (1984), pp. 14～15；L. Gregory Jones, 'Alasdair MacIntyre on Narrative, Community and the Moral Life' *Modern Theology* 4 (1987), pp. 53～69。
8. 一個卓越的解釋，參 Kenneth Cauthen, *The Impact of American Religious*

Liberalism (Lanham, MD: University Press of America, 1962)；William R. Hutchinson, *The Modernist Impulse in American Protestantism* (New York: Oxford University Press, 1976)。

9. 參 B. K. Martin, *French Liberal Thought in the Eighteenth Century* (2nd edn., London: Turnstile Press, 1954)。
10. 斯塔埃爾跟隨愛人康斯坦 (Benjamin Constant) 流亡到瑞士，後者在這期間的著作是自由主義原則的具影響力宣言。參 Stephen Holmes, *Benjamin Constant and the Making of Modern Liberalism* (New Haven, CT: Yale University Press, 1984)。
11. 該用語的發展，參 Guido de Ruggiero, *History of European Liberalism* (London: Oxford University Press, 1927)。
12. 引自F. W. Knickerbocker, *Free Minds: John Morley and His Friends* (Cambridge, MA: Harvard University Press, 1943), p. 163。就維多利亞的一般自由主義，參 Ian Bradley, *The Optimists: Themes and Personalities in Victorian Liberalism* (London: Faber & Faber, 1980)。
13. J. F. Bethune-Baker, *The Faith of the Apostles' Creed: An Essay in Adjustment of Belief and Faith* (London: Macmillan, 1918).
14. George Tyrrell, *Christianity at the Cross-Roads* (1909; repr. London: Black, 1963), p. 49.
15. 參 Brian J. Walsh, 'Liberal Tyranny', *Third Way* 15/6 (1992), pp. 26～30。
16. John Macquarrie, *Jesus Christ in Modern Thought* (London: SCM, 1990), p. 253.
17. 就美國當前對自由主義批判的概覽，參 Ronald Beiner, *What's the Matter with Liberalism?* (Berkeley, CA: University of California Press, 1992)；Barry Penn Hollar, *On Being the Church in the United States: Contemporary Theological Critiques of Liberalism* (New York & Berne: Peter Lang, 1994)。
18. Stanley Fish, *There's No Such Thing as Free Speech* (New York: Oxford University Press, 1994), p. 296。菲甚辯稱根本沒有真理的客觀和普世的標準，所有「真理宣稱」只不過是言語的操控，為的是爭取政治或社會力量，因此現實中的「真理」的爭論只不過是權力的遊戲。
19. Alasdair MacIutyre, *Whose Justice? Which Rationality?* (Notre Dame, IN: University of Notre Dame Press, 1988), p. 335.
20. 但重要的是一些自由主義的當前辯護是非基礎主義的，就自由主義的非基礎主義進路，參 Richard Rorty, 'The Priority of Democracy to Philosophy', in G. Outka & J. P. Reeder (eds.), *Prospects for a Common Morality* (Princeton, NJ: Princeton University Press, 1993), pp. 254～278。

21. 例子，參 *On Theology,* (San Francisco: Harper & Row, 1986)。
22. 例子，參 Gordon Kaufman, *Essay on Theological Method* (Missoula, MT: Scholars Press, 1975)；同上，*Theology for a Nuchear Age* (Philadelphia: Westminster, 1985)。
23. 參 A. Plantinga & N. Wolterstorff (eds), *Faith and Rationality: Reason and Belief in God* (Notre Dame, IN: University of Notre Dame Press, 1983)。
24. Jacques Ellul, *Violence* (New York: Seabury Press, 1969), p. 28.
25. Wade Clark Roof & William Mckinney, *American Mainline Religion: Its Changing Shape and Future* (Brunswick, NJ: Rutgers University Press, 1987).
26. 同上，頁242。
27. Michael Oakeshott, *On Human Conduct* (Oxford: Clarendon, 1975)。這點的一個更富同情的理解，參 David R. Mappel, ‘Civil Association and the Idea of Contingency’, *Political Theory* 18 (1990), pp. 392～410。
28. Ronald Dworkin, ‘Liberalism’, in S. Hampshire (eds), *Public and Private Morality* (Cambridge: Cambridge University Press, 1978), p. 21。一個類似的評論，參 John Rawls, *A Theory of Justice* (Cambridge, MA: Harvard University Press, 1971), p. 19; Bruce Ackermann, *Social Justice in the Liberal State* (New Haven, CT: Yale University Press, 1980), p. 11。
29. 就新紀元一個尤其有用的評估，參 Linda Christensen, ‘The New Age’, in Michael Green & Alister McGrath, *How Shall We Reach Them?* (Nashville, TN: Thomas Nelson, 1995), pp. 78～106。
30. Max L. Stackhouse & Dennis P. McCann, ‘Public Theology after the Collapse of Socialism’, *Christian Century,* 16 January 1991, pp. 45～47。其他對「大眾神學」較同情的包括貝恩（Robert Benne）、洛溫（Robin Lovin），他們採取這進路的一個例子，參 Robert Benne, *The Paradoxical Vision: A Public Theology for the Twenty-First Century* (Minneapolis, MN: Fortress, 1995)。
31. Reinhold Niebuhr, *Leaves from the Notebook of a Tamed Critie* (New York: Meridian, 1957), p. 16.
32. Os Guinness, ‘Tribespeople, Idiots or Citizens? Evangelicals, Religious Liberty and a Public Philosophy for the Public Square’, in K. S. Kantzer & C. F. H. Henry (eds.), *Evangelical Affirmations* (Grand Rapids, MI: Zondervan, 1990), pp. 457～497；引自頁471。
33. Lesslie Newbigin, *Truth to Tell: The Gospel as Public Truth* (Grand Rapids, MI: Eerdmans, 1991), p. 49.
34. 就神學角度，參 D. Z. Phillips, *Faith after Foundationalism* (London: Rontledge,

1988)，一個更普遍的現象，參 Stephen Crook, *Modernist Radicalism and its Aftermath: Foundationalism and Anti-foundationalism in Radical Social Theory* (London: Rontledge, 1991)；John E. Thiel, *Nonfoundationalism* (Minneapolis; MN: Fortress, 1994)。

35. Mary Midgley, *Beast and Man* (New York: Meridian, 1980), p. 306.
36. 雖然以不同的進路，這點在以下的作者中，可參 Holmer, *The Grammar of Faith;* Frei, *The Eclipse of Biblical Narrative* 和 Lindbeck, *Nature of Doctrine*。
37. Lindbeck, *Nature of Doctrine,* p. 129.
38. 我認為較公平的是指出後自由主義作者並非完全脫離對聖經以外基礎的依賴，例如：林貝克在《教義的本質》一書中就清楚依賴格爾茲所提供的文化分析，後者的重要論文，參 'Religion as a Cultural System', in D. R. Cutler (ed), *The Religious Situation* (Boston, MA: Beacon, 1968), pp. 639～688；而侯活士在其《品格的羣體》一書中似乎亦Yves Simon, *Philosophy of Democratic Government* (Chicago: University of Chicago Press, 1951)一書中有關「政治權威」的分析。
39. 參 David F. Ford, 'The Best Apologetics is a Good Systematics: A Proposal About the Place of Narrative in Christian Systematic Theology', *Anglican Theological Review* 67 (1985), pp. 232～531；William Werphehowsk; 'Ad Hoc Apologetics', *Journal of Religion* 66 (1986), pp. 282～301；Benno van den Toren. 'A New Direction in Christian Apologetics', *European Journal of Theology* 2 (1993), pp. 49～64。
40. 參 Lindbeck, *Nature of Doctrine,* p. 131。費萊作相類似的觀點，他認為「借用」其他學科的原則以解釋基督教的主題是合法的：Hans Frei, 'An Afterword: Eberhard Busch's Biography of Karl Barth', in H. M. Rumscheidt (ed.), *Karl Barth in Re-Review* (Pittsburg, PA: Pickwick Publications, 1981), pp. 95～116, 特別是頁114。
41. 這是我在別處採納和確立的進路，這建基於直接從福音派傳統抽出來的假設，參 Alister E. McGrath, *Bridge-Building: Effective Christian Apologetics* (Leicester: Inter-Varsity Press, 1992)，北美的書名是*Intellectuals Don't Need God and Other Modern Myths: Building Bridges to Faith Through Apologetics* (Grand Rapids, MI: Zondervan, 1993)。
42. Stanley Hauerwas and William H. Willimon, *Resident Aliens: Life in the Christian Colony* (Nashville, TN: Abingdon, 1989), p. 18.
43. 這個維特根斯坦舊式的用語的使用是有重要意義：參 Paul Holmer, 'Wittgenstein: Saying and Showing', *Neue Zeitschrift für systematische Theologie und Religionsphilosophie* 33 (1980), pp. 222～235。

44. Holmer, *Grammar of Faith,* p. 23.

45. 參 Gordon J. Michaelson, Jr, 'The Response to Lindbeck', *Modern Theology* 4 (1988), pp. 107～120。

46. Lindbeck, *Nature of Doctrine,* p. 16.

47. 同上，頁21。這肯定是對應福音主義的那種通俗定型，雖然我不會預期在這作品中找到這種定型。

48. 或許是有理由地指出它沒有正確注意到所謂宗教宣稱是「認知性」為首要的這意思：關於這點一個卓越的討論，參 James Kellenberger, *Cognitivity of Religion: Three Views* (London: Macmillan, 1985)。

49. Lindbeck, *Nature of Doctrine,* p. 47。請比較在頁80、105所作的讓步。

50. 參 Brian A. Gerrish, 'The Nature of Doctrine', *Journal of Religion* 68 (1988), pp. 87～92；特別是頁87～88。

51. 就此，參 J. M. Parent, 'La notion de dogme au XIIIe Siècle', in *Etude d'histoire Litteraire et doctrinaire du XIIIe siècle* (Paris, 1983), pp. 141～163。

52. Gillian R. Evans, *Alan of Lille: The Frontiers of Theology in the Later Twelfth Century* (Cambridge: Cambridge University Press, 1983), pp. 64～80.

53. 例子，參比德（Bede）對比喻（*tropoi*）〔如：隱喻、詞語誤用、進深轉喻法、聯珠及轉喻〕及圖式（*schemata*）〔如：首語重覆、預期評述及軛式搭配法〕的不同模式及表述層次的仔細討論。Bede, *De schematibus et tropis;* J. P. Migne, *Patrologia Latina*, 90.175A-B。

54. 例子，參 Evans, *Alan of Lille,* pp. 33～36。一本近期作品以這種方式嘗試對「上帝」一詞作類似的釐清，Theodore W. Jennings, *Beyond Theism: A Grammar of God-Language* (New York: Oxford University Press, 1985), 特別參頁59～74。

55. 就認知命題與經驗關係的一個闡析，參 Alister E. McGrath, 'Theology and Experience: Reflections on Cognitive and Experiential: Approaches to Theology', *European Journal of Theology* 2 (1993), pp. 65～74。

56. 林貝克連結哈姆雷特與丹麥作出一個相關的重點；*Nature of Doctrine,* p.65。

57. C. S. Lewis, *Surprised by Joy* (London: Collins, 1959), p. 17。當然究竟朗費羅是否有意傳遞這種經驗是可以再討論的，但討論這點則越過本書的範圍。

58. 集中加爾文的一個卓越研究，參 Benoît Girardin, *Rhétorique et théologique. Calvin: le commentaire de l' épître aux Romains* (Paris: Gallimard, 1979), pp.205～273。

59. 類比與隱喻的修辭形象就這問題上有極重要的意義：參 Sallie McFague,

Metaphorical Theology: Models of God in Religious Language (Philadelphia: Fortress, 1985); Janet Martin Soskice, *Metaphor and Religious Language* (Oxford: Clarendon, 1985), pp. 118～161。

60. 參 Fraser Watts and Isaac Williams, *The Psychology of Religious Knowing* (Cambridge: Cambridge University Press, 1988), pp. 59～74。

61. Jonathan Wordsworth, *William Wordsworth: The Borders of Vision* (Oxford: Oxford University Press, 1982), pp. 1～35。相同的主題與其關於「勉強性」觀點，參 John R. Watson, *Wordsworth's Vital Soul: The Sacred and Profane in Wordsworth's Poetry* (London: Maacmillan, 1982)，這觀念不能因為是一種十九世紀過時的浪漫主義而被廢棄，很多英國浪漫主義的重要觀念都被二十世紀英國宗教及文學著作挪用和創造性地發展，因此，巴菲爾德（Owen Barfield）及托爾金（J. R. R. Tolkien）闡析柯爾律治（Coleridge）創造性想像的教義；魯益師、威廉士及托爾金若肯定「浪漫」經驗是或可成為宗教經驗，參 R. J. Reilly, *Romantic Religion* (Atheus, GA: Georgia Hate University Press, 1971)。

62. C. S. Lewis, 'The Weight of Glory', in *Screwtape Proposes A Toast* (London: Collins, 1965), pp. 97～98.

63. 就這概念在德國浪漫主義晚期的文學，參 Adalbert Elschenbroich, *Romantische Sehnsucht und Kosmogonie* (Tübingen: Niemeyer, 1971)。

64. Evelyn Waugh, *Brideshead Revisited* (Harmondsworth: Penguin, 1983), p. 288.

65. 士來馬赫所提供的重要分析，參 *Christian Faith* (Edinburgh: T. & T. Clark, 1928), pp. 78～83。

66. Gerrish, 'Nature of Doctrine', p. 92.

67. 就這點與席勒伯（Schillebeeckx）著作的關係，參 L. Dupré, 'Experience and Interpretation: A Philosophical Reflection on Schillebeeckx Jesus and Christ', *Theological Studies* 43 (1982), pp. 30～51。

68. 參 John R. Carnes, *Axiomatics and Dogmatics* (Belfast: Christian Journals, 1982), pp. 10～15，及赫臣（N. R. Hanson）早期的研究，*Perception and Discovery* (San Francisco: Freeman and Cooper, 1969)；及 *Observation and Explanation* (New York: Harper & Row, 1971)。

69. Gerhard Ebeling, 'Die Klage über das Erfahrungsdefizit in der Theologie als Frage nach ihrer Sache', in *Wort und Glaube* III (Tübingen: Mohr, 1975), pp. 3～28.

70. 參 Eberhard Jüngel, *God as the Mystery of the World* (Edinburgh: T. & T. Clark, 1983), p. 32。

71. Clifford Geertz, 'Religion as a Cultural System', in D. R. Cutler (ed.), *The*

Religious Situation (Boston, MA: Beacon, 1968), pp. 639～88.

72. 林貝克的哲學姿態一定是關連於英語世界悠長關於「維特根斯坦式忠誠主義」(Wittgensteinian fideism)：參 Kai Nielsen, 'Wittgensteinian Fideism', *Philosophy* 42 (1967), pp. 191～209。這用語的持續使用被批判的，參 Fergus Kerr, *Theology after Wittgenstein* (Oxford: Blackwell, 1985), pp. 28～31。這是林貝克著作的其中一個優點，就是嘗試在排拒教義的「認知」模式和肯定「文化－語言」進路的價值下回應維特根斯坦。
73. 參 Lindbeck, *Nature of Doctrine,* pp. 32～41；引自頁33。
74. Lindbeck, *Nature of Doctrine,* p. 65.
75. 就弗萊對「相似事實」與「事實性」關係的討論，參 Frei, *The Eclipse of Biblical Narrative,* p. 187。
76. Lindbeck, *Nature of Doctrine,* p. 114。林貝克辯稱「外在文本」進路刻劃出命題式和經驗－表現進路，這點的更多討論，參 T. W. Tilley, 'Incommensurability, Intratextuality, and Fideism', *Modern Theology* 5 (1989), pp. 87～111。
77. Holmer, *Grammar of Faith,* p. 203.
78. 同上，頁20。
79. F. D. E. Schleiermacher, *Brief Outline of the Study of Theology* (Richmond, VA: John Knox, 1966), p. 71.
80. Lindbeck, *Nature of Doctrine,* p. 106。另參頁66～67。
81. 就這點，參 D. Z. Phillips, 'Lindbeck's Audience', *Modern Theology* 4 (1988), pp. 133～154。
82. Lindbeck, *Nature of Doctrine,* p. 65。一個相似於林貝克的觀點，仍卻從福音派進路來陳構的，參 Stanley J. Grenz, *Revisioning Evangelical Theology* (Downers Grove, IL: InterVarsity Press, 1993), p. 15；Clark Pinnock, *Tracking the Maze* (San Francisco: Harper & Row, 1990), p. 186。
83. Bruce Marshall, 'Aquinas as a Postliberal Theologian', *The Thomist* 53 (1984), pp. 353～401；另參其 'Absorbing the World: Christianity and the Universe of Truths', in B. Marshall (ed.), *Theology and Dialogue: Essays in Conversation with George Lindbeck* (Notre Dame, IN: University of Notre Dame Press, 1990), pp. 69～102。
84. Lindbeck, *Nature of Doctrine,* p. 19.
85. 同上，頁92～96。
86. 同上，頁94。就林貝克在這點上並非僅依賴於朗尼根，而實際上誤解他的，參 Stephen Williams, 'Lindbeck's Repulative christology' *Modern Theology* 4 (1988), pp. 173～186。
87. Stephen Williams, 同上，頁178。

88. Rowan Williams, 'Trinity and Revelation', *Modern Theology* 2 (1986), pp. 197～212.
89. 參 Alister E. McGrath, *The Making of Modern German Christology* (2nd edn., Leicester: Apollos & Grand Rapids, MI: Zondervan, 1994), pp. 145～198。
90. 蒂曼（R. Thiemann）似乎代表了對這種進路的一個批判，至少就神學語言的指涉者而言。集中於「應許」的概念，他指出福音作為應許的特質是指向一個越過人類語言世界的真實，並指向終末論的領域，在其中「真理」或「指涉」的問題得到最終的解決：Thiemann, *Revelation and Theology,* pp. 153～156。
91. 例子，參 Alister E. McGrath, *Evangelicalism and the Future of Christianity* (London: Hodder & Stoughton, 1994, & Downers Grove, IL: InterVarsity Press, 1995)。
92. 聖經的精細「批判實在論」進路，可參 N. T. Wright, *The New Testament and the People of God,* vol.1: *Christian Origins and the Question of God* (Minneapolis, MN: Fortress, 1992), pp. 47～80。
93. Hauerwas, *Community of Character,* p. 56.
94. 同上，頁65～66。侯活士並非否定聖經可在其他領域中被使用和被詮釋；他只是指出這種使用和詮釋的適當領域是教會的生活。
95. 參 John Sykes. 'Narrative Accounts of Biblical Authority: The Need for a Doctrine of Revelation', *Modern Theology* 5 (1989), pp. 327～342；L. Gregory Jones, 'A Response to Sykes; Revelation and the Practices of Interpreting Scripture', *Modern Theology* 5 (1989), pp.343～348。
96. Carl F. H. Henry, 'Theology and Biblical Authority: A Review Article', *Journal of the Evangelical Theological Society* 19 (1976), pp. 315～323.
97. 這問題的一個福音派觀點的概覽，參 Kern Robert Trembath, *Evangelical Theorles of Biblical Inspiration* (New York: Oxford University Press, 1987)。
98. 就我陳述背後的諸多問題，參 Brevard Childs, *Biblical Theology in Crisis* (Philadelphia: Westminster, 1970), p. 102；Frei, *Eclipse of Biblical Narrative,* p.133。
99. 最好（最同情地理解）分析是，George Hunsinger, 'Hans Frci as Theologian: The Quest for a Generous Orthodoxy', *Modern Theology* 8 (1992), pp. 103～128。要注意在註釋13中的擴展出來的討論。
100. Hunsinger, 'Hans Frei as Theologian', p. 123.
101. 就論證，參 Frei, *Eclipse of Biblical Narrative,* p. 315。
102. 參 Wolfhart Pannenberg, *Jesus-God and Man* (Philadelphia: Westminster,

1968)，就對潘寧博方法論分析的反思，參 Alister E. McGrath, ‘Christology and Soteriology: A Response to Wolfhart Pannenberg's Critique of the Soteriological Approach to Christology’, *Theologische Zeitschrift* 42 (1986), pp. 222～236。

103. A. B. Ritschl, *The Christian Doctrine of Justification and Reconciliation* (Edinburgh: T. & T. Clark, 1900), vol. 3, p. 591.

104. 同上，頁465。

105. 參 Stefan Scheld, *Die Christologie Emil Brunners* (Wiesbaden: Franz Steiner, 1981)，特別參頁111～115。

106. 就這片語，參 Frei, *Identity of Jesus Christ,* p.4。

107. Frei, *Identity of Jesus Christ,* p. 56.

108. 就這片語，參 Frei, *Identity of Jesus Christ,* p. 143。

109. 參 Ernst Käsemann, ‘Blind Alleys in the Jesus of History Controversy’, in *New Testament Questions of Today* (London: SCM, 1969), pp. 23～66; Joachim Jeremias, *New Testament Theology* (London: SCM, 1975), vol.1; *Günther Bornkamm, Jesus of Nazareth* (London: Hodder & Stoughton, 1960)；Reinhard Slenczka, *Geschichtlichtlichkeit und Personsein Jesu Christi* (Göttingen: Vandenhoeck & Ruprecht, 1967)。

110. 參 McGrath, *Making of Modern German Christology,* pp. 145～198，及其當中的參考。

111. 參 Wolfgang Grieve, ‘Jesus und Glaube: Das Problem der Christologie Gerhard Ebelings’, *Kerygma und Dogma* 22 (1976), pp. 163～180。

112. 就一個分析，參 David V. Way, *The Lordship of Christ: Ernst Käsemann's Interpretation of Paul's Theology* (Oxford: Clarendon, 1991)。

113. 就相關問題的概覽，參 Douglas Jacobsen & Frederick Schmidt, ‘Behind Orthodoxy and Beyond It: Recent Developments in Evangelical Christology’, *Scottish Journal of Theology* 45 (1993), pp. 515～541。

114. 這點是林貝克在伊利諾州惠頓學院的1995年福音派－後自由主義對話會談中向我強調的。

5

福音主義與後現代主義

「後現代主義」(postmodernism)一詞在七十年代中期開始盛行。雖然此詞在這之前已使用,但及後卻獲得更多的接納和認可,尤其是1979年利奧塔以法文出版的《後現代的條件》(*La condition postmoderne*)一書,它五年後以英文出版。雖然「後現代主義」一詞的準確意義仍在辯論中,究竟它能否對當代文化氛圍提供一個合適的評估仍有待討論,但它現已獲得較廣泛的接納。我們在這章闡析這運動的輪廓,以及評論這種處境對福音主義的意義。我們先以討論啟蒙運動作開始,然後以後現代主義作為對它的一個回應。

啟蒙運動的定義

約在1750年,西歐和北美開始出現一個重要的轉勢,這時期被稱為「啟蒙運動」時期,這運動在不同的層面對基督教產生重要的影響。[1]它首要特質是肯定人類理性的無所不能，認為理性有能力告訴我們所有關於上帝和道德上的事情，而某類超自然啟示的觀念則被指為不相關而加以否定。耶穌基督只是眾多宗教教師中的一個，他告訴我們的事情是其他具備某程度常識的人亦能告訴我們的。理性因而享有至高無上的地位。

啟蒙運動產生重大影響的地區——西歐和北美——皆是以基督教為主要宗教的地方，所以基督教自然就處身於這種激進的理性主義那些破壞性和滲透力極強的批判當中。這些批判亦同樣針對猶太教或伊斯蘭教，很少有例外。這種前線突襲的結果在基督教各派裏產生了某種接近心理困境的現象。

有些人卻歡迎這種發展，視之為在人類文化中一項長久的改變。對《上帝成為肉身的神話》（*The Myth of God Incarnated,* 1977）這本英國自由主義神學作品的作者來説，啟蒙運動是任何時間皆不變的固定之物。它原本就在這裏，而神學必須服從它的霸權。當中一位作者霍特（Leslie Houlden）指出，我們別無選擇，只有接受啟蒙運動理性的觀點，並由此重構我們基督教的思想。「我們必須接受啟蒙運動留給我們的遺產，並把其中的大部分整理出來。」[2]然而，就連霍特也寫道，啟蒙運動的世界觀已經息微。

現在被普遍稱為「後現代主義」這種運動在西方世界的興起，就是這種信任理性崩潰的一種直接結果，也在更大程度上表明了對所謂的「現代」世界的幻想的破滅。[3]後現代主義作為一種智性運動，它首先宣告啟蒙運動是建立在一些帶有欺騙性的智性基礎之上，例如：相信人類理性的全能，其次它宣告人類歷史中已引進一些非常可怕的事件，例如：史達林的肅反運動和納粹的集中營。[4]在八十年代興起了一種新的文化氛圍來反抗啟蒙運動。誰願意參與一種智性上不確定的運動，而這運動曾引發了納粹大屠殺和史達林肅反運動的呢？尼采在上世紀八十年代宣告「上帝死了！」近年卻要宣告啟蒙運動之死。至今還未清楚可有何物會取代它，但可以肯定的是理性主義加諸於西方基督教的恐怖和約束性的外衣已經除掉。

「啟蒙運動」跟「現代性」的關係顯然非常複雜，從某角度而言，可與「文藝復興」和「人文主義」之間的關係並行。[5]對一些詮釋者而言，一方面可看為是一個文化運動，另一方面則是它是理想性或智性的核心。對其他人來說，兩者關係更微妙，如果不是完全等同，至少在某些本質性的領域，兩者是交叉的。

啟蒙運動基本所關注的可以說是把人的一些「獨特性」抽除，並要暴露人性的核心，即是那個「獨立、自治與及本質上非社羣性的道德存有。」[6]對啟蒙運動而言，「獨特性」是叫人丟臉的，因為它與人性那普遍性永恆不變的狀態的原則相妥協。人性與理性是一樣的，兩者皆不依附具體的歷史、社會、文化和年歷次序。因而可以認為，整個「啟蒙運動企劃」就是它的思想家根據他們各自的邏輯，[7]持之以恆地努力創立客觀的科學、普世的道德和法律以及自主的藝術。因此，在宗教的歷史偶發性後面可以看到一種普遍的理性原則，這種原則超越其具體的表現和表述。

這種進路的一般特徵可從黑格爾（G. W. F. Hegel）在1787年論及希臘歷史與羅馬宗教的一篇論文中見到。[8]他辯稱古典宗教的獨特化是由於一個系統中的政治和文化特質使然，在系統內這些宗教、家庭和部族的領袖透過多種操控的形式來維持他們的權威。然而，一個智性的精英分子冒起，就有能力識別出這些獨特性背後的普遍真理，因而能夠將人從壓制性的宗教迷信中解放出來。黑格爾評論在近代德國亦有相同的模式可識別出來。它一方面有純粹、普遍及理性的倫理宗教，另方面又有基督教的獨特性，並且令不少人深深地依附著。惟一使它有所進展的方法，就是保持對基督教一定的委身，同時又削弱它所宣稱的獨特性或普遍性。因是之故，黑格爾指出應當把基督教看作是體現某種普遍理性宗教的幾種具體形式之一。在這早期的作品中，我們可見現代主義一項基本的動力，就是有一種欲望想把一切——在這情況下是指人獨立的理性的至高無上的自足性——都歸入一種中心化的敍述故事中。

然而這一切很快就成為夢想而已。啟蒙運動思想家以為的「普遍」，最後只是一些民族中心性的東西，對所謂個體思想的重視，最後只是發現所謂「自由」思想者，原來亦受他們個別的歷史和文化所制約。熱烈鼓吹啟蒙運動的康德，極受德國哲學家哈曼(Johann Georg Hamann，1730～1788年)所抨擊，他認為康德的「認知主體」(knowing subject)基本上是受不能辨識的社會力量所塑造[9]，這些力量最終使整個啟蒙運動變成虛幻，把整個啟蒙運動視為錯謬。

現在我們的注意力轉向啟蒙運動在福音主義內造成的明顯損害。

啟蒙運動對福音主義的影響

啟蒙運動逐漸成為過去之音，對福音派的護教學和神學思想的影響亦逐漸降低，它已失去過往一度所擁有的正面或負面的影響力；所有迹象都表明，它對以後的影響只能愈加減少。隨著啟蒙運動的逐漸消亡，對理性主義的不信任也漸漸普及起來。理性再不被視為擁有潛質去給予教會賴以存在的神學洞見，這並非指理性在神學上再不重要，它只是說，既然理性主義的幻覺和假象對我們來說已經成為過去，那麼確定理性在神學中的恰當地位的方式就清晰起來了。對理性在神學上超越性的反抗不等於反抗理性在當中應有的真實和有效的作用。[10]理性主義是一回事；一個合乎理性的信仰又是另一回事。理性在福音主義中經常有它應有的地位，正如伯薩（Theodore Beza）於1559年6月5日在維也納學術大會就職典禮的演說中指出，「由於上帝已賦予我們作為人類一分子所具備的智性，我們因此有責任使用這些恩賜。」[11]但在視理性為獲取知識的惟一手段，與福音派堅持理性在上帝自我啟示的工程中那種恰當和有限的角色是有天淵之別的。但有趣的是，福音主義曾深受啟蒙運動的理性主義所影響，我們隨後會解釋產生這種影響的理由和內容。

或許我們會以為，福音主義對啟蒙運動那種嚴厲的理性主義必加以唾棄的，但事實上，福音主義對這些觀念和方法表現出比這運動內裏的許多派別都有更開放的態度。啟蒙運動與福音主義的緊密關係的源頭是歷史辯論的題目，我們至少有證據指出新教主義（Protestantism）中的發展是與啟蒙運動的源頭有關。[12]無論是甚麼解釋，歷史事實就是：啟蒙運動世界觀成為福音主義由於十八世紀的復興和更新，而在這主義上有某些領域被擴展，甚至佔主導地位，令致在十九世紀福音主義又不得不為這些領域辯護。[13]啟蒙運動在某些國家如：西班牙、希臘和義大利幾乎沒有影響[14]，最終福音主義也沒有在這些國家出現，但在德國、英國、蘇格蘭和美國都甚興旺。[15]結果，在福音主義的這些形成階段中，許多啟蒙運動的基本假設顯然被不加批判地吸收進來了。

一個明顯的例子是「常識哲學」，這是一種有改革宗世系並受啟蒙運動觀念強烈影響，又在十八世紀晚期出現於格拉斯哥（Glasgow）和愛丁堡（Edinburgh）大學的哲學流派，代表人物有哈奇森（Francis Hutcheson）、裏里德（Thomas Reid）、亞當·史密夫（Adam Smith）、福開森（Adam Ferguson）、布雷爾（Hugh Blair）和羅畢遜（William Robertson）。[16] 這種哲學（特別以里德裏與福開森那種形式）後被威瑟斯龐（John Witherspoon）引介到普林斯頓大學，他在1768年從蘇格蘭移民到新澤西學院（即今天的普林斯頓大學）任校長。[17] 然而，吊詭性地這種哲學被視為「自由派的先鋒」卻並非「保守分子將理性來服事正在衰落的正統派。」[18]

啟蒙運動在美國的發展可說是因以下雙方的聯盟：瑪莉（Henry F. May）所形容的「溫和的啟蒙運動」和在美國基督教「大覺醒運動」（Great Awakening）高峯時期的改革宗神學形式。[19] 這種匯合的整體結果是「大覺醒運動」中的傳福音熱情被啟蒙運動的道德主義和理性主義的形式所沖淡，尤其是在普林斯頓而這結果很快就成為明顯。哈佛（Harvard）接受了這種哲學，到1810年成為唯一論派。普林斯頓的神學觀點起初是受亞歷山大（Archibald Alexander）所主導，他的改革宗觀點是對正統作猛烈攻擊的。然而，這些觀點的形成並得到發展而成為哲學根基的立足點，卻是蘇格蘭啟蒙運動，正如阿爾斯特倫（Ahlstrom）指出，若有人讀亞歷山大的《道德科學綱領》（*Outline of Moral Science*），但沒有注意到它的作者是誰，那他必會得出這樣的結論，就是它是「某個溫和的、不拘泥於宗教教條及形式的英國人綜合了巴特勒(Butler)、裏里德和普賴斯(Price)的觀點」寫下的作品。[20]事實上,一種不穩定的張力存在於普林斯頓學派的神學實質和賴之以證立、辯護和闡析的哲學之間。普林斯頓必然要成為一個煉爐,鍛造出十九世紀偉大的關於聖經的啟示和權威的福音主義理論。結果怎樣?像霍奇這些人的理論就深受啟蒙運動的前概念所影響。正如馬斯登(George Marsden)指出,普林斯頓神學是受以下兩點的前設所影響:「任何有常識、心智健全、沒有偏見的人可以並且必然能意識到相同的事情」及「基本真理對所有人在任何時空下皆一樣。」[21]

這種哲學最強烈的理性主義色彩可在沃菲爾德作品中特別清晰地看到,[22]但在早期霍奇的作品中已出現。特倫巴思(Kern Robert Trembath)在深入分析霍奇關於聖經啟示的演繹派理論時表明了他的神學在某程度上依賴於「蘇格蘭的常識哲學。」例如:霍奇往往避開一些批判性問題,即由於罪的緣故人的理性可能犯錯或被誤導到怎樣的程度,這個問題導致對過高評價人的理性在神學中的地位的質疑。「霍奇未能注意他對常識哲學的非批判性接納,如何遠離傳統奧古斯丁式和加爾文式對原罪後果的整全性。」[23]

或許更有意義的是,「常識」學派的語言哲學給霍奇對聖經語言意義的理解帶來戲劇性的影響。文字可以直接並且立刻被人的思想所知道,而無須任何中介的幫助,認識聖經中的文字就是立刻認識到文字所關連的實體。[24]這種語言理論具有根本性的意義,因它指導著霍奇相信今日聖經的讀者可以「肯定所接觸的就是屬於上帝本身的文字、思想和動機。」[25]但這種形而上的觀念並且連同其他同等具疑問的神學觀點,皆從啟蒙運動借用過來的。霍奇對聖經權威的分析最終是建基於一種未被確立的語言本質的理論之上，這完全反映出啟蒙運動的精神。

這情況是舊普林斯頓學派的影響，它的理性主義進入近代美國改革家的福音主義中。福音派人士並沒有費力去考察普林斯頓進路的來源，而欣然地吸納了它們的結果。布洛斯（Donald G. Bloesch）曾辯稱一種更強烈的理性主義精神甚至可在近代美國的福音派人士，如：亨利、蒙哥馬利（John Warwick Montgomery）、薛華（Francis Schaeffer）和蓋斯勒（Norman Geisler）的作品中識別出來。[26] 因而，就是亨利也能承擔這樣的風險，確信一種「邏輯上一致的神聖啟示」。[27] 最後，亨利冒險在他關於聖經權威的評論中暗暗訴求於一種更加基本的認識論根基，並總結出聖經本身的權威是從這個更為根本的基礎衍生出來。最後，對他而言，「若沒有無矛盾和邏輯一致性，則沒有知識是可能的。」[28]

「邏輯一致」（logically consistent）這非批判性用語強化了布洛斯的基本批判，即從新教經院哲學主義（Protestant scholasticism）和舊普林斯頓學派產生的這種傳統高度「信任理性判斷啟示真理的能力」是可疑的。承認這種核心地位的邏輯是甚麼？誰的理性能提供聖經權威的基礎？

這個進路的危險將會是十分明顯的。它不僅將聖經化約為「一本滿布神學指令的書」，[29] 它還開啟了一條將神聖啟示真理依賴於墮落了的人之理性判斷的道路。福音派是不能容許把啟示禁制在有罪的理性的限制中，無論罪在思想上對人的心靈損害到甚麼程度，重要的是有限和墮落的人類心靈不應該被容許作為神聖啟示的審判官。神學怎能容許自身被邏輯學家所驅禁？現代福音主義並無意思要跟隨「福音派理性主義」，後者是在十六世紀下半葉興起，以容讓聖經以外的規範來判斷聖經見證的方法來達致一種文化上的有效性。這正是亨利所建議的策略的後果(雖然我相信這並非他的意圖)。

這種發展的嚴重後果在基督教神學中早已被發現，三世紀的特土良(Tertullian)已指出將福音建基於人類智慧的危險。[30]關於基督兩性的教義——換言之，是指基督教明確教導的基督既有神性又有人性的教義——提供了一個很好的個案研究，說明不嚴謹地談論神聖啟示的「邏輯性本質」(logical nature)會導致產生嚴重後果。這個基督教的基本教義是福音主義所忠心信奉的，但經常被世俗哲學家批判為「反邏輯」，甚至在教父時期，這類哲學家迅速地指出這教義中存在所謂的邏輯錯誤。

這類批判在啟蒙運動中被深化，不少批評基督教的人皆跟隨斯賓諾莎，宣告說把耶穌視為同時是上帝和人就等於談論一個方圓。亨利在這點上影響著福音主義。事實上，一些福音派學者甚至提出了「一性」基督論，以回應理性主義的壓力。按亨利這裏的說法，就是符合「邏輯」，而不顧這樣做可能帶來嚴重的非正統後果。[31]然而，福音派學者為何會覺得有壓力要去服從完全可疑的、有限的、墮落的人類理性的命令?不是已經多次強調，甚至世俗哲學家也問「邏輯果真是真理的敵人」嗎?

倘若神聖啟示似乎在某些事情中是邏輯上不一致的(如基督的兩個本性)，我們不能因著它的「非邏輯」的特性，就認為這教義是錯誤的，或該教義並非神聖啟示。反而這只顯示出墮落的人類理性未能完全掌握上帝的奧祕，這點已被基督教思想家，如阿奎那和加爾文指出過。

福音主義若走在亨利的道路上，則必然會讓墮落的人類理性來審判上帝啟示，或變成了它最終的基礎。福音主義絕不能走上這樣的路，即使它曾在一種接受啟蒙運動世界觀的文化裏面提供短期的護教作用。但那是昨日之事。今日福音主義可以完全避免基礎主義的錯謬，並保持神聖啟示自身的整合性。讓聖經作為聖經吧！

亨利採納的神學風格亦給人一種印象，即普遍原則或「客觀事實」(啟蒙運動概念的特色) 較優勝於啟示的歷史敍事。[32] 亨利在一種真正啟蒙運動的姿態下堅持，聖經每個部分都可化約到首要原則或邏輯格准。「聖經作者所寫的無論是比喻、寓言、感情短語和修辭性問題，它們的文學載體都有一個邏輯點是以命題的方式陳構，並且在客觀上有真假可言。」[33] 亨利採納了一個在弗萊看來具有理性主義特色的進路：從一篇本質上是敍事的作品中提取出邏輯性命題式的陳述句。

故此，顯然地一羣具影響力的福音派作者有意無意地吸納了與啟蒙運動關連的預設而非基督教傳統。這裏顯示出與基督教神學在教父時期的發展有明顯和重要的相似，那個時期一個充滿自信、蓬勃發展的教會從它原初的巴勒斯坦環境擴展到一個由希臘哲學支配的更加具有智性深度的環境中。在此必須強調的是這個環境對基督教神學的含義仍在爭議中。[34] 但至少大家都普遍贊同基督教神學竊取了一些希臘哲學的外衣，為著確保得著希羅世界的聆聽者。[35] 起初的關注或許是護教性的，也就是從世俗聽眾中爭取福音聽眾，但「對話」最後似乎受到它所尋找的聽眾的觀念和世界觀的決定性所影響。

這或許驅使我們認為這代表著基督教神學向希臘哲學的投降，激起特土良那句怒言：「雅典與耶路撒冷，學術與教會有甚麼相干?」[36]然而,更明智地解讀這兩種源泉,就會對其產生作出更有意義——並且也可能是更令人擔憂——的解釋。教父時期基督教神學家似乎假設某些觀念與方法是自明而無須任何立證,因此順理成章將這些「中性」的觀點拼合到神學裏去。不僅如此因為它們是一切有思想的人所共有的,所以它們可以在開始時作為某種護教方案的基礎,隨後就成為一種整全的基督教神學的根基。建基於希臘哲學觀念這種「中立性」和「普遍性」,基督教神學就此愈發陷入一連串的智性冒險中,這些使它愈來愈遠離新約的福音。

福音主義受啟蒙運動影響的情況與此相同,某些核心的啟蒙觀念被一些福音派人士未經批判地帶了進來,結果是這場運動的部分原素有可能成為一種如今正在我們眼前消失的世俗觀點的祕密囚徒。福音派有絕對的責任確保他們的核心觀念是以聖經為基礎的,而非啟蒙運動影響的後果。沒有做到這一點就是允許源於基督教信仰之外的觀念和價值在基督教信仰裏面發揮絕對影響力,從而不可避免地加劇神學受文化制約的程度。

啟蒙運動在哪些方面表現出這種持續影響力呢?可以確定有以下四個方面。

一、聖經的本質

在福音派中有一種傾向要把聖經視為僅是一本基督教教義的資源之書,忽視、壓抑或否定其敍事特性。我們已討論過弗萊的著作(參頁114~115),他辯稱在啟蒙運動階段,聖經詮釋學最獨特的特徵之一就是否定其敍事特質,或把它看作是某種令人難堪的東西,無論它包含怎樣的概念信息，最好是被剔除。[37]弗萊特別追溯這種傾向的產生，認為把聖經的意義歸結為「文法和邏輯上準確無誤的命題句子」可以追溯到十八世紀洛克（John Locke）哲學的持續影響。[38]可以認為，將聖經視為純然命題或真理之書的普遍傾向特別源於舊普林斯頓學派，尤其是霍奇和沃菲爾德的作品，其中啟蒙前設的影響尤為深刻。

可喜的是福音主義現已漸漸開始使自己擺脱這種可疑的啟蒙運動遺迹，[39]形成一種更加明智地對待聖經本身的性質的立場。例如，對敍事的角色愈發敏鋭，尤其是舊約，可以認為，舊約中的聖經敍事提供了關於上帝的本質和性格的鋪墊性描述。[40]福音主義不是強行把聖經放入啟蒙運動所規定的模子裏，而能致力於讓聖經成為**聖經**的工作。

二、屬靈觀

有一種趨勢是從理解聖經文本的角度來認識靈性，也就是説，解讀聖經，理解當中的文字和觀念，繼而明白它的歷史背景和對今日的意義。這種強調一直被認為是有道理的。然而我們需要深入到啟蒙運動的背後，揭示福音派中更古舊和真實的進路，例如在愛德華茲（Jonathan Edwards）、約翰和查理·衛斯理（John and Charles Wesley）的作品中所表現出來的。啟蒙運動那種強烈理性主義精神常常導致所謂的靈性禁制，禁止對聖經有任何情感的介入，禁止使用人的想像力——這是早期福音主義曾珍愛的兩種解讀聖經的進路。

我們都普遍認為，所有形式的新教遠比羅馬大公教會或東正教會更受啟蒙運動中理性主義所影響。這對福音派的屬靈生命觀有破壞性的影響，並且把它與羅馬天主教和東正教的靈性觀相連繫起來，使它處於一種極為不利的地位。啟蒙運動強迫福音主義對屬靈觀所採納的進路源於一種相當冷漠、客觀、理性的聖經進路。傳統的「靈修時間」就是深受這種觀點所影響。[41]

然而啟蒙運動已成過去，我們必須從理性主義中抽身出來，意即重新揭示聖經屬靈觀的關係性、情感性和想像性層面，這一切在啟蒙運動中皆視之為不恰當的。正如馬丁路德經常強調，基督教是關注整全的人（*totus homo*），而非僅是人的思想，馬丁路德在其中只不過是強調在基督徒生活的所有層面中要保持對人本性的聖經理解的重要性。

當澳洲作家賓格斯（Robert Banks）指出，屬靈觀所關注的「並非僅是我們的靈，還有我們的思想、意志、想像力、感受和身體」時，也就指出了關於人性的這種聖經觀對屬靈觀的含義。這種觀點是啟蒙運動之前的福音主義傳統所熟悉的。現在到了我們重新發現它的時候了。對賓格斯而言，屬靈觀就是「我們與上帝一起、與其他基督徒和在世的生活中的品格和質素。」他著意要避免兩種對屬靈觀不恰當的理解，第一是純智性或動腦的；第二是純內在化，對聖經真理或外在世界全無關係的。我們可以重新宣稱我們自己的傳統，復興屬靈觀上的福音派進路，這種進路曾受到啟蒙運動的壓制，但在今天具有舉足輕重的意義。

三、護教學

談到護教學，福音主義顯示出願意在啟蒙運動關於普遍的人類理性的範式裏活動，比如影響了洛克那本理性主義護教學的經典著作《基督教的合理性》（*The Reasonableness of Christianity,* 1695）的範式。基於那個完全可疑的前設：「所有人都會贊成那些合理的東西」，使基督教信仰的理性資格得到闡明。但這個進路在兩方面顯示出嚴重困難。首先，它假設基督教的訴求是純理性的；其次，它建基於一套普遍化的假設，沒有考慮大大特色化的環境，福音就必須在這樣的環境中才能作全球性的宣講。因為福音主義已經遠遠超越它的傳統家鄉，亦即是指說英語的西方國家，所以這些困難就顯得更加明顯。即使在它傳統的家鄉中，啟蒙運動已很大程度上給後現代主義觀點讓步了。

這對福音主義在後現代性和非西方的語境中的護教學有重要的含義，前者再不能接受普遍人類理性的基本啟蒙運動前設；後者認為「普遍」理性只是西方的玩意。結果大部分的福音派護教學皆未能在這兩個語境中有效地運作。在後現代主義的情況中，福音主義發現它關於證據和理性的普遍範籌的基本假設一開始就被拒斥，故此阻礙了福音在這種語境中有效地表述；在非西方語境的情況中，福音派必須先改變聽眾使之接受西方思維模式，然後才能令人信服地傳講福音。然而在新約中，福音的**有效性**或可**溝通性**在哪處依靠非基督教信仰來達致的？福音主義必須以新約而非已過時的啟蒙運動前設塑造自身的進路。嚴重的危險是福音主義或許只是延長了啟蒙運動的影響，因為它仍在不加批判地認同啟蒙運動的某些主要前設和價值觀念，這些觀念至少有一部分是與福音主義精神有潛在著的抵觸。

四、傳福音

最後，福音主義在傳福音方面亦顯得容易受到某種理性主義形式的影響。基於一種啟蒙運動的世界觀，傳福音是勸導人關於福音的**真理**，而「真理」這個至關重要的字則以一種強烈的認知方式被理解為「命題式的真確」。於是傳福音就是關注於宣告福音的認知性真理。這種進路有若干的困難，它們都是與「真理」概念本身相關的。一種笛卡兒式非聖經的「真理」觀，而不是基督教觀，開始發揮支配作用。[42] 當新約肯定耶穌基督是「真理」（約十四6），它並非引導我們僅僅理解基督是命題式的真確。「真理」在這語境中清楚帶有人格與認知性的層面。

福音主義必須重新發現聖經真理觀的豐富和獨特性。[43] 通常被翻譯為「真理」或「真」的希伯來文字根是關連於「一些可以依賴」，或「可信靠」的人或事物，[44] 與聖經的「義」概念有著清楚的平行，但這概念與啟蒙運動的個人道德無關，而是本質上指到一種立約上的信靠。[45] 馬丁路德將信心特別理解為一種「信任」（*fiducia*），這種個人的可信靠性一定要視之為所有聖經真理觀的基礎。傳福音是信靠上帝福音的宣告和表揚。倘若我們將聖經的真理觀等同於啟蒙運動的概念或命題所對應的觀念，或視傳福音為宣告基督教教義是命題式的真確，則是一種拙劣的模仿。

這種有缺陷的傳福音概念成為過去破壞了基督教信仰的生命力，並為各種理性主義和形式主義開了道。信仰變成只不過是對命題的智性贊同，而喪失了與耶穌基督連結的那分動態關聯——對基督徒來說，惟有耶穌基督才是真理。約翰福音裏指出耶穌不僅展示真理給我們，或告訴我們真理；**他就是真理**，這些話一定要好好地看待。任何「真理」的概念倘若不能掌握真理是人格性的，就要被福音派所摒棄。

在新約的意義下，「真理」並非抽象或純粹客觀的；它是帶有人格性的，包含了掌握它和被它掌握的一種存在上的轉化，這裏有必要重新發現聖經真理觀的豐富性，並把傳福音從這些世俗和不全面的真理觀中拯救出來，尤其是聖經真理觀中**立約**的尺度應該得到推崇。丹麥哲學家齊克果對重新發現聖經的真理關連性起了不小的作用，尤其是他堅持認為認識真理就是被真理所認識。「真理」是某種影響我們內在存有的東西，因我們進到「一種佔據至深激情的內在性的過程」。[46]這裏無意否定或忽視基督教神學的認知層面，只是要指出神學往往是多於一種信息的傳遞，一種只碰觸到思想而對心靈沒有感觸的神學不是真正的基督教神學。

將傳福音簡化為一種「客觀真確」的福音的宣告，是粗暴地對待新約裏關於基督宣告的概念——這並非一些關於基督的命題，而是基督自身的整個存有和工作。「上帝的愛」這個概念是新約裏極為核心的概念，它提醒我們，傳福音就是傳講某種客觀真理，指望這種傳講會引發一種主觀反應，也就是說，包括聽福音者的思想、心靈以及整個存在的一種回應。啟蒙運動的「真理」和「知識」概念，被齊克果這樣的批判家所猛烈抨擊的，因它沒有涉及豐富的人性，只集中於理智上的「信仰」，而缺乏情感和接受信仰者的更新。

加爾文著作中的知識概念可以代表現代福音主義一個更可靠的指引。一位北美的加爾文詮釋者馬偕 (John Mackay) 這樣說：

一個宗教思想體系和一種教會組織形式，雖然是

> 由某個心裏火熱的人創立的，但若不是把一個充滿渴望上帝的激情並常常與上帝聯合的生命實體放在核心位置上，就不可能具有本質上的真實性。在加爾文主義和長老宗的最真正和古典形式的深處，存在著一種深度的敬虔，也就是一種對上帝的個人體驗，這是與事奉上帝的激情相關。[47]

所有這一切都能在一種負責任的福音派的傳福音進路中找到。約翰福音關於耶穌基督**就是**真理的肯定，提醒我們一種單純命題式聖經或傳福音進路是極其貧乏而不恰當的。傳福音就是把耶穌基督這個人並他的一切豐富性向他的世界傳達、呈現出來，以便使世界按著他的樣式得以重塑和更新。

根據這種分析，福音主義顯然地有責任確保它不再成為理性主義的祕密囚徒。對「常識」的訴求往往達致對理性主義世界觀一種天真的接納，以致基督教信仰以外的價值和理性可以在其中發揮了規範性的角色。

現代性之死

後現代性是個含糊和難以界定的概念，從某些層面來說，它可描述為現代性崩潰後所興起的一種智性觀點。[48] 雖然某些人仍堅持認為現代性還存在並且發揮著作用，但這種觀點已愈來愈少。現代性相信一個在原則上可被理解和掌握的世界，後現代性不僅傾向於認為世界最終是不能理解和主宰的，它還認為這樣的理解和主宰無論如何都是不道德的。所以維爾德（Alan Wilde）的說法是：「一個必須修補的世界已取代一個無須修補的世界。」[49] 後現代性的特徵就是對現代性的偉大論題的基本醒悟，把這些理論放在一套表示隔絕和疑問的引號裏。用後現代的術語來說，後現代主義關於「真理」、「理性」、「公義」或「現實」的傷口也清楚地表明，那曾以為是普遍性的東西如今被看作是過時的、有疑問的。正如文化分析學者吉尼斯所言：

> 若說現代主義是一個人自我信任和自我道賀的宣言，那麼後現代主義就是一種謙恭的（若非失望）承認。沒有一個獨一的真理，只有許多真理；沒有一個宏大理性，只有許多的理性；沒有特權的文明（或文化、信念、規範和風格），只有許多文化、信念、規範和風格的集合。沒有普世的公義，只有利益與利益羣體的競爭；沒有人類進步的宏大故事，只有眾多人事和文化的故事；沒有簡單的真實或任何宏大客觀普遍和抽離的知識，只有無盡互相比證的表述。[50]

現代人普遍把猶太人大屠殺（Holocaust）的痛苦看作是對現代性的狂妄和欺騙的有力和震攝力的控告，[51]啟蒙運動對理性能力的信任，並以為可替世界和上帝提供普世有效用的知識的基礎的信念已經崩潰，理性無法給予適用於我們所居住的這個真實世界的道德觀。隨著對普遍而必然的真理標準的信心的崩潰，相對主義和多元主義便興旺起來。正如利奧塔宣告，後現代主義「提煉出我們對差異的感銳，加強我們對不可共量的容忍能力。」[52]其含義十分清楚：後現代主義透過創造一個可容忍各種不可比較的差異的環境來排除普遍化的推動力。根據後現代主義對世界的看法，猶太人與納粹可並存，彼此無須製造一個要求毀滅對方的意識形態。

現代主義那種普及化和一致性的傾向特別可從建築行業的領域中清楚見到。設計的意識形態與現代主義關連，至少部分可建基於格羅皮厄斯（Walter Gropius）及其它人在二十年代和三十年代所奠基的國際學院。[53]這運動志力於發展一種技術性的理性範疇內，並強調建築物功能性的有效原素，尤其對長方形和直線有特別的運用，[54]在二十年代接觸這類形式的人可能會都覺得這種風格具有解放性；事實上，它表現出強烈的壓制性。史達林式的城市規劃極度乏味，讓居住在這類現代城市的人有種反道德的感覺，正如克里爾（Leon Krier）指出，「現代主義衍伸出一種無意義的一致性和一致的無意義感……奧斯維辛（Auschwitz）、比爾肯澳（Birkenau）和海恩斯（Milton Keynes）皆是相同父母的孩子。」[55]納粹集中營的設計顯示出現代主義關注功能的有效性和長方形與直線的優先性，一行行整齊一致的長方形營房象徵著納粹和它所喜愛的建築形式的那種壓抑性。正如詹明信（Fredrick Jameson）曾在他對後現代文化的重要分析中指出，建築提供了一種看得見摸得著的途徑，讓不滿足連同那種不斷趨向與現代性相關的一致性的衝動得以表達出來。[56]

要明白現代主義的議程為何現在變得那麼負面，我們或許要集中於兩個意象：風景和天使。在1720年，德國哲學家沃爾弗（Christian Wolff）出版了一本作品，書名可譯成《關於上帝、世界、人類靈魂和萬物的理性思考》（*Rational Thought about God, the World, the Human Soul, and Everything else*）。這題目立刻顯示出對普遍性和理性的宣稱，並總結出從人類理性主權而生的解放和釋放，在這部作品的首頁插圖包含一個重要的含義，它顯示出一幅風景畫，有山、森林、市鎮，頂端有黑雲，然而理性以燦爛笑容的陽光從雲邊透出，照射到漆黑的風景中。當中的信息十分清楚：理性光照，驅散生命中的厚雲。

在啟蒙運動最輝煌的時候，它與它的聯盟似乎為未來指出了希望，不論這種希望是理解為準彌賽亞式的能引向一個和平、正義時代的社會－經濟革命，還是理解為人的理性都能理解的但受該種理性控制的一個世界的遠象。因此，由於自然秩序的不可預測和混亂，以及人類事務的非理性而對人的存在構成的威脅，就可望消除，天堂的大門正在敞開，那是一個人類可安居、沒有憂慮，並且皆是井然有序的世界。正如利奧塔指出，現代性一直被迫要在將來尋找自身的合法性。[57]這可從勒維納斯（Lévinas）的倫理學中見到。比如，它常常突然出現一個「烏托邦時刻」，當中承認「某些不能實現卻又最終指引著所有道德行為的事物」。對勒維納斯而言，沒有一種道德生命是沒有烏托邦主義的。[58]

但事實並非如此。這些理論會發現它本身與人類生命經驗產生愈來愈多的張力。天堂已經被置於非常從屬的地位，甚至可以愈來愈清楚地看到，這地方不外乎是個遠象式的烏托邦罷了。現代性不但不承認自己沒有帶來所承諾的事情，反而一直阻礙、推遲它的烏托邦的到來。天堂總是處在將要到來的狀態。這個遠象或許仍存留在某些人心中，但它已置身於其崩潰的、散落在地上的碎片。或許對現代性最具遠象式批判的要數德國馬克思主義作家本雅明（Walter Benjamin，1892～1940年），他視三十年代晚期興起的納粹正為現代性失效的記號，他視1939年納粹－蘇維埃公約（Nazi-Soviet Pact）為馬克思主義失敗的一個災難性記號，因此他不能再活在這種絕望中，並且很快就自殺死了。

本雅明的〈論歷史概念〉（'Theses on the Concept of History'）這論文中對理解啟蒙運動中現代主義的失敗有著基本的重要性。[59]在中心的段落中加插了德國畫家克萊（Paul Klee）所畫的天使，本雅明將這位天使詮釋為「歷史的天使」，被周遭的狂風巨浪弄得完全無助和絕望。那天使看似：

> 要離開某個他一直凝神沉思的事物。他的眼睛凝視著、口張開著，他翅膀展開。這正是一幅歷史天使的圖畫。他的面轉向過去。我們所認為發生了一連串的事件，他卻只看為一場大災難，這大災難不斷地堆積著災殃的殘骸，又把殘骸用力扔在他的腳前。天使很想停下來，喚醒那死亡，並把粉碎了的東西回復完整，但一場風暴從天堂吹來，猛烈地吹襲他的雙翼，使他再不能接近這些災殃。雖然他面前的碎片正愈積愈高，但這風暴以不可抵擋之力把他推向他所背對著的未來。這風暴就是我們所說的進步。[60]

本雅明在此處反映出一種啟蒙運動中現代主義理想幻滅的意識，這意識正很大程度上引致近年後現代主義的出現。現代性只能引致以社會、政治、經濟和科技性的方式來滅絕整個人性——或人性的大部分。[61]

啟蒙運動打破傳統，這運動剛開始時似乎是解放性的。然而正如本雅明清楚看到的，它到頭來變成更強烈的壓迫。

米沃什(Czeslaw Milosz)所言的「拒絕回憶」[62]正是尼采「權力意志」的一個整合原素,這正是一個不被過去束縛的決定。但三十年代納粹主義和史達林主義的興起已清楚指出,與傳統決裂是可以非常容易變成與文明和用來對抗極權主義的防線之間的決裂。

我們一直陳述的或許給人這樣一種印象,就是現代主義和後現代主義之間存在基本的分歧。這種印象當然有其真實的一面,但整幅圖畫比起我們的分析是更為複雜的。例如,從長遠的角度來看,後現代主義跟現代主義的關係極可能相類同於浪漫主義跟啟蒙運動的理性主義的關係,這只是一個對運動的修正回應,但沒有出現重大轉機或者重尋方向。[63]究竟後現代主義是否現代主義內部的一個運動,又或者是它將來的替代品?這樣的説法言之尚早。但有一點要注意的,是在兩者的分歧中,他們都直接或間接關注於培育人類的自由,後現代強調個體自我界定的絕對自由,這只是現代主義的延伸。我們現在必須努力對後現代主義的實質作出更透徹的界定。

後現代主義的定義

後現代主義一般被視為一種文化識別能力,沒有絕對、不變的確定性或基礎,以多元主義和分歧為樂,並旨在透過所有人類思想的徹底「處境性」來思想。當中每一項都可視為對啟蒙運動整全化的一種有意識和蓄意的反抗。要完整地定義後現代主義其實是不可能的。[64]部分原因是有關「現代性」的本質未能取得一致的贊同,而「後現代主義」一詞本身所意含的前提就是,「現代性」已經有恰當的定義和理解,這樣才可以談到它的終結和被取替。這個問題在文學的例子中非常清晰，「現代主義」在文學中常常是一個富爭論性的概念。究竟這詞是指馬拉梅（Mallarmé）和霍伊塞（Joyce）的寫作類型，抑或指在康拉德（Joseph Conrad）的《黑人與水仙》（*The Nigger and the Narcissus*）的「前言」，又或伍爾夫（Virginia Woolf）的〈現代小說〉（'Modern Fiction'）一文中表現出的寫作類型？[65] 縱然如此，要確定它主要的一般特點還是可能的，那就是有意地、全面地拋棄中心化的敘事。現代性與後現代性的一般分別可從以下對照中總結出來：[66]

現代主義	後現代主義
目的	遊玩
設計	機會
階級制	無政府
中心性	離散性
可選擇的	融合一起的

請注意，歸屬在「現代主義」範籌之下的概念都十分強調思想主體的分析、組織、控制和主宰能力，而「後現代主義」範籌下的概念則強調思想主體沒有主宰或控制能力，結果，事物必須恢復其本來面目，各有其榮耀和可玩弄的一面。宗教是這樣，其他一切事物也莫不如此。

因而，後現代主義顯然地在真理問題上內置了一種對相對主義和多元主義的預先信奉，用這運動的術語來說，就是後現代主義代表了一種處境，在這種處境中，意指者取代被意指者而成為價值和取向的焦點。以結構主義語言學——由索緒爾（Ferdinand de Saussure）創立，後來由羅馬的雅博遜（Jakobson）和其他人發展——的用語説，承認語言符號和它與其他符號的相互依存的**隨意性**，是標誌著固定和絕對意義的可能性的終結，據索緒爾來説，一個「符號」包含：**意指**（接收信息者所聽到言説用語的聽覺形象），**被意指**（接收者通過意指的刺激在心靈中產生的意義），和**兩者的聯合**。對他來説，兩者的聯合是一種文化上的約定俗成，當中並沒有關連於兩者普遍的超越的基礎：這是隨意的，反映文化制約的偶然性。[67]

一些著作家如德里達（Jacques Derrida）、福柯和布希勒（Jean Baudrillard）進一步發揮這樣的觀點，指出語言最終是稀奇古怪和反復無常的，更不會反映任何絕對的語言法則，是隨意的，不能開顯意義的，因此布希亞認為現代社會是受困於一種無止境的人為符號系統的網絡中，它並無任何**意義**，而只因著創造它的人相信這系統而持續著。[68]

後現代主義中最能説明這種趨勢的一個特點——儘管也表明它迷醉於文本和語言——就是**解構**，這種批判方法宣稱文本作者的身分和動機與文本的詮釋無關，在任何情況下，根本不能找到固定的意義。這運動的興起首要是德里達在六十年代晚期對海德格作品的閱讀而出現。[69]有兩種文本閱讀的一般原則可在這種進路中察見。

- 任何被書寫的文章都將承載一種意義，這意義不會包含作者寫作的動機或曾想過的動機。
- 作者不能以第一身地將他或她想寫的事情用文字記錄下。

因此任何的詮釋對文本都是同樣有效的和同樣沒有意義的，這視乎你的角度。[70]正如這進路的一位美國支持者德曼（Paul de Man）所認為，「意義」的觀念只是法西斯主義（Fascism）的聲音，這進路在後越南的美國大開異彩，受到學術界諸如德曼、克徹曼（Geoffrey Hartman）、布盧姆（Harold Bloom）、米勒（J. Hillis Miller）的尊重。[71]「後設敍事」——一種普及化的敍事體宣稱能為**識別**意義而提供普及的框架——必被拒絕視為權威性，這些敍事並非識別意義，而是以法西斯主義的方式來強加自己的意義。

利奧塔在1986年的一篇文章中發展了這種進路，他指出所有普及的敍事（如馬克思主義）都有極權主義觀點，因而都有可能衍生一些思維的規範來導引出「反人性的罪行」。[72]如果人相信自己的觀點是正確的，就會不可避免地受到一種誘惑，想去控制或毀滅那些與他們觀點不一的人。[73]牛津文學批評家伊格爾頓（Terry Eagleton）在接著的一年採納了類似的進路，他辯指「真理」、「意義」這類概念是極之壓制性的，應視之為一種學術的恐怖主義而予以拒斥：

> 後現代主義標誌著這類「後設敍事」的終結。這敍事所隱含的恐怖主義功能，曾為一種虛幻的「普遍」人類歷史提供了基礎和合法性。我們正從現代性及其操縱理性和崇拜總體性的噩夢中醒過來，進到後現代安詳的多元主義中，生活風格和語言遊戲的混雜幅度已放棄了整體化和合法化本身的衝動……科學和哲學一定要拋棄它們浮誇的形而上的宣稱，並更適當地把自己看為與其他故事一樣的其中一個故事。[74]

要特別注意的是，當提到現代主義和後現代主義時所用的形容詞：前者是「恐怖主義的」和「操控性的」，而後者則是「安詳」和「適度的」。這裏顯示出一種重要的訴求，就是訴求於重視現代西方社會裏文化規範中「安詳」的一部分。但如我們所看到的，這必然引出一個令人尷尬的問題：那些價值從哪裏來？如果那些價值沒有得到普遍人的接受，那麼後現代主義還能有普遍訴求嗎？由於後現代主義非常謙和，它似乎成了那些喜歡它的人的世界觀。

以上勾畫的這種觀點的意義隨著1989年德曼在戰時所寫的一些文章的出版而變得眾所周知，那時德曼已成為後現代主義運動中一位領導性人物。在此年的12月1日，《紐約時報》（*New York Times*）報導，德曼為比利時納粹報紙《傍晚》（*Le Soir*）所寫的文章是反猶太和支持納粹的，結果引起醜聞。德曼的解構主義是不是企圖否定他自己的過去？他是否真的是一個前法西斯主義者，想從自己的罪疚中逃脱？既然「作者動機的謬誤」（fallacy of authorial intention）在後現代主義中具有定理的位置，那就誰也不能説，德曼事實上所要表達的事情與那些文章所傳遞的信息不同；畢竟，根據解構的意思，作者的觀點是不相干的、無關緊要的。我們不能援引德曼的歷史處境為他辯護，因他自己這樣寫「關注作者的真實和歷史存在從一個批判的角度而言是浪費時間的」。解構似乎已淪落到內在不一致的泥坑中。

基督教神學中對這發展最敏感的要算是護教學，傳統上這是嘗試為基督教向世界作真理宣稱而辯護。[75]從護教學而言，在後現代語境中所產生的問題如，當存在眾多相互競爭的代替品，當「真理」本身已成為不被尊重的概念時，基督教對真理的宣稱又如何能被認真對待？無人能宣稱擁有真理，這宣稱只是角度的問題，這種思想路線的結論就如其災難性一樣簡單：「真理就是沒有真理」。[76]

所有對真理的宣稱都有同樣的效用；這裏沒有普世的或享有特權的觀點能讓人去決定甚麼是對甚麼是錯，這處境對基督教護教學同樣有利也有弊。一方面護教學無須再在限制性很強的啟蒙運動世界觀的限制中運作，這種世界觀受縛於純粹智性的虛幻中。基督教再也不會被當作是理性宗教的墮落形式而遭拒斥。現代性心理的嚴格限制已是知性過時，並且再不是護教學的一個大困難。普林斯頓神學家艾倫總結這種發展：

> 在一個後現代的世界中，基督教與智性是相關的，相關於一些根本性問題，如：為何世界存在？為何是現存的秩序而非別的樣子？相關於道德和社會基礎的討論，尤其與人的意義有關。必須承認的是基督教與我們這個社會是相關的，不單相關於我們的心靈，亦相關於我們的思想，這是我們文化處境的主要改變。[77]

但隨著那種進步而來的是一種倒退，後現代主義宣告所有信念系統皆被視為同樣可信的。若相對於我是真的就是真。基督教可被接受，原因是某些人相信是真，而非本身是真。既然真理問題事實上已預先被撤銷，那麼在這樣的處境中基督教又怎能被人接受呢？這對大專式的佈道工作尤有重要的含義，那些在大專院校裏的基督教護教學家希望強調，基督教有充分理由相信自己擁有既真又是中肯的見解。既然真理的優點不予承認，基督教又如何能在大專院校裏被接受呢？

後現代主義的弱點：福柯與利奧塔

後現代主義對真理問題有一種特有的厭惡，認為「真理」概念從最樂觀的方面看是虛幻的，從最不利的方面看是壓制的。但在議題上真理問題的需要是相對來説較易辯解的。後現代主義堅持要行動一致地面對世界是不可能的，其根本理由是世界本身是一些持久在轉移的片斷結集而非一個聯合、穩定和一致的整體。以一種一致的方式來思想或行動就一方面是壓迫性（因為它強行把秩序加於某種本質上無序的東西之上），或者是**虛幻性**（因為它忽略世界的真正本相）。政治正確性地表明，「真理」這個觀念過分強調它的權威性，所以會傾向接近智性上的法西斯主義。布盧姆（Allan Bloom）在《美國人思想的封閉》（*The Closing of the American Mind*）一書中這樣總結：

> 危險……的不是錯誤而是不容忍。相對主義必然是開放性的，這正是所有小學教育在五十多年期間所灌輸的德性，亦是惟一的德性。開放性是我們時代中最偉大的洞見，相對主義使它成為在面對許多真理宣言和人類的生活方式中惟一合理的立場。真正的相信者正是那真正的危險。歷史和文化的研究告訴我們過去的世界是瘋狂的；人類經常以為自己是正確的，於是引致戰爭、迫害、奴役、民族仇視、種族主義（racism）和沙文主義（chauvinism）。問題不是去修正錯誤和使其正確；而是不要以為自己一定正確。[78]

在「開放性」和「容忍」的修辭語下隱伏一種使人深為

不安的可能性，就是人類可能把自己的生活建立在一種幻覺上，一個無恥的諾言上，這是由於錯誤的信念、觀點。如今的壓制模式可能會繼續存在，並且被證明是合理的。就算是最有容忍能力的多元主義者亦難以接受印度教的一些觀點，即堅守一種固有的社會秩序，由此證明印度社會的不公平是合法的，或者在丈夫葬禮中，強行把妻子放在丈夫的棺木上活生生燒死。

並且一個信念的吸引力經常與它的真理性成反比。在十六世紀，激進的作家和講道者閔次爾（Thomas Müntzer）領導了一次德國農民革命，反抗管治他們的君主，在農民和德國皇室軍隊對峙的那個決定性的早上，閔次爾承諾，凡跟隨他的人都必不會被敵人的武器所傷害。農民們受此富有吸引力和意義的信念所鼓舞，滿懷希望地投入戰鬥。

絡果成了一場災難，六千人被屠殺，六百人被俘擄。只有一小部分人逃脱。他們以為「不會受傷」是與他們的信念相關，這個信念是有吸引力的、有意義的。但它亦是一個很暴力而殘酷的謊言，當中沒有任何真理性的基礎。這批充滿信心而又可悲的人在最後的時候仍信靠這一種絕對的虛幻之上，只有當第一顆炮火射出時，他們才知受騙。

容許「容忍」和「開放」這類判准會比「真理」更受重視，顯而易見的只是一種智性上膚淺和沒有道德責任的標記。一切問題最首要和最基本的必然是：它是否真的？它是否值得信任和相信？真理當然沒有相關性的保證，但無人能安身立命於一個謊言之上。一個信念系統無論怎樣安慰人、使人安心，都可能表明其本身是錯誤的，或者建立在完全虛假的基礎上。

如果我不顧一切確鑿的證據，仍堅持認為美國的獨立宣言發表在1789年，而不是1776年，那麼可以設想，沒有任何人會對我的智性自由或個人品格的信任有任何評價，也不能指望得到我的歷史學同仁的寬容。在學術界若允許我認真地推崇「寬容」這美德，就會變得荒唐可笑。我可能會頑固地**錯下去**，無法對要求作出正確決定的證據給予回應。對真理作順服的回應是一種完整智性的標記，它標誌著願意聆聽那支持真理的東西，願意批判它，並且一旦發現它是真確的話，就願意接納它。真理是要求被接納，因為它本來就應該被人接受並且根據它行動。學術上的一致和政治上的責任都要求滿懷激情地去發現、講述真理並按真理而行。重要的是不僅要堅持認為真理是要緊的，而且要堅持認為基督教是真的。

侯活士曾寫道「作基督徒的惟一理由……是因為基督教所確信的都是真的。」[79]普林斯頓哲學家艾倫講述關於與一個人的對談。有一個人問他為何他沒有宗教上的需要還要到教堂去。艾倫迅速地回答：「因為基督教是真的」。[80]魯益士（Gordon Lewis）的《測試基督教的真理宣稱》（*Testing Christianity's Truth Claims*）一書十分重要，不僅因為它是近代護教學發展的文獻資料，而且因為它堅定地宣稱，真理的批判都是人作出來的，所以是可以被檢視的，並且原則上**應該**被檢視。如果多元主義拒絕讓**它的**真理批判被檢視，那它就不可能指望得到別人認真的對待，惟有那些與它一樣持有偏見的人是例外的。[81]當一個宣稱的內容是要講述真理，而得到的回應是認為它的內容根本沒有真理可述，或所講述的真理只不過是壓迫的同義詞時，那必是一個可悲的時代。

後現代主義提出「真理是法西斯主義」的，或所有世界觀皆有相同的效用，或一些事情「對我來說是真」但並非本身是「真」的這等話，就會引致以下的問題。法西斯主義是否和民主自由主義同樣真確（或者是有相同的效用）？有人會熱切和真誠地相信在印度教火葬中活活燒死寡婦是一件美事，[82]或有人會認同納粹期間把數以百萬計的猶太人放入毒氣室是合理的。這些信念皆可說是「對他們是真確的」，但這所謂的合理性難道可以不受任何質疑嗎？它們難道與許多——人應當與別人和睦相處、寬容以待（包括猶太人在內）——其他的信念有同樣的效用嗎？這些質疑的道德嚴肅性經常作為智性的攻城槌。所帶出的事實是：某些觀點就是不能被承認為真的。一定有某些判准和審斷的標準，使人認為某些觀點不能接受而予以排斥，否則，後現代主義將被視為非批判性的、無知的，是政治和道德自滿的溫牀，容許三十年代的德國第三帝國興起。即使是後現代主義，也不能隨便接受納粹主義是美好的事這觀點，然而正因如此，危險才出現，正如沙特所言：「明天當我死後，某些人或會定意建立法西斯主義，其他人或許會因膽怯或卑憐而無法阻止他們。到了那個時候，法西斯主義將成為人類的真理。」

這是很重要的一點，或許正是後現代主義最軟弱的一點。為表示對它額外重視，我們可以思考福柯和利奧塔的道德觀點的後果，一般認為他們兩人同是後現代思潮的智性支柱。

福柯在一系列高度原創性和創建性的著作中，激烈地辯稱「真理」這類觀念是權力的利益所滋生的。從這種觀點背後可以看出一種與尼采的「權力意志」概念及其對「真理」概念的意義的直接碰觸。[83]對福柯而言，真理和權力之間有直接的聯繫，「真理」確定有標準可以強迫人服從的，從而支持那壓迫的體制。[84]因此，甚麼是「瘋顛」和「犯罪」就並非依賴一些客觀的判准，而是依賴於那些權威者的標準和利益，每一個社會皆有它的「真理的一般性政治」，都是為它的既得利益服務的。

因此，「真理」若以服事社會利益為它永恆的意識形態，並為這意識形態所囚禁或消滅那些剛好與它的一般性觀點背道而馳的人提供合理的辨解，哲學也很容易成為這種壓迫的幫兇，為壓迫者提供合理的論證，以證明他們的做法是正確的。**知識**與**權力**是無法分開的。哲學家使社會相信，它迫害其邊緣分子是基於「真理」和「道德」—— 關於甚麼是對甚麼是錯的普遍而客觀的道德標準—— 而不是基於它自己的既得利益。因而，啟蒙運動對知識之**善性**的基本信念就受到質疑。知識可以解放人，也同樣可以奴役人。因此，哲學的任務就是提出批判，為要得到至終的解放。

> 哲學就是挑戰所有關於支配的現象，無論支配是在甚麼程度，或以甚麼形式來表現—— 政治、經濟、性別、建制等等。從某種角度來說，哲學的批判功能正是從蘇格拉底的律令中冒出：「關注你自己」，亦即是：通過對自己的主宰，使你自己立足於自由之中。[85]

基於這些原因，福柯相信客觀真理或道德這類觀念一定要接受挑戰。以觀念（如「真理」）合法化或持續化去壓迫是要被唾棄的，這種信念滲入後現代主義的結構中。但它正確嗎？福柯的批判不正是基於一些關於對錯的確實信念嗎？讓我來闡析一下：縱觀福柯的作品，我們看到一種強烈的信念，就是壓制是錯誤的。因而福柯本人信奉一種客觀的道德價值，即務要自由，不要壓制。福柯對道德的批判事實上預設著某種道德價值，他對約定俗成倫理的批判隱含著一些道德價值，雖然他沒有承認，但顯然是信奉它們的。他對社會道德價值的批判，似乎表明他沒有自己任何道德價值，讓他不受任何自由道德價值的支配，然而他的批判實質上建立在他自己憑直覺接受的道德價值上，這種價值正是他想和讀者分享的。

為何爭鬥比投降更可取？為何選擇自由而非壓迫呢？有甚麼道德上的框架和判准可以提出來，使這種隱念的假設得以維護？倘若福柯的立場要被確立，這些規範性的問題就必須回答。然而福柯斷然拒絕把對普遍規範性原則的訴求看作是他的方法的部分。事實上，他訴諸於情感而非理性、憐憫而非原則。[86] 很多跟他同樣對壓迫反感的人皆確信他是可以被接納的，但根本的問題仍沒有解答，就是為何壓迫是錯誤的？相同的問題正等待後現代主義給予一個具說服力的答案，它軟弱之處亦正是福柯的軟弱之處。正如邁爾悲痛地評論：

> 尼采和福柯的跟隨者滿懷激情地相信，真理只是用來壓制的一種修辭工具，並對此滔滔不絕。那麼他們這些話具有甚麼地位呢？我們應該給他們選擇權。它是錯嗎？又或者是在替壓迫服務？[87]

因而，後現代主義事實上否定了理論上所肯定的東西。一個隨意的問題「究竟後現代主義是否真確？」就會毫無惡意地引起一些基本性判准的問題，令後現代主義感到尷尬而難以處理。

現在普遍認為，在這點上存在一個內在的矛盾，相似於薛華在沙特的倫理虛無主義（ethical nihilism）例子中所指出的論點。沙特基本觀念是，倫理是某種不相干的東西。如果某個行為中存在著倫理成分，那它是存在於選擇中，而不在於最終的道德決定中。這個突出的觀點引起了極大的注意。後來沙特簽署了阿爾及利亞宣言（Algerian Manifesto）——反對法國持續侵佔阿爾及利亞。現實世界中的事件令他的倫理學說受到質疑。

> 〔沙特〕採取一種審慎的道德態度，說這是一場非正義的骯髒的爭戰。他所採取的左翼的政治立場是表明這種不一致的另一個例子。對許多世俗的存在主義者來說，自從沙特簽署阿爾及利亞宣言那一刻起，他就背叛了自己的立場，因而失去了作為前衛領袖的位置。[88]

這說明了薛華的觀點，沙特以及其他虛無主義者（nihilist）「不可能與他們自己的體系的結論保持一致」——從而指出福音派的護教學者必須探討那些結論將是怎麼樣。「一個持有非基督教立場的人愈是與自己的前設保持邏輯一致，就愈遠離現實世界；愈是接近現實世界，就愈與他自己的前設相矛盾。」[89]在這一點上，福柯的反壓制倫理學似乎就是一個例子，因為它們需要基本原則，而這些原則福柯已經預先宣稱其本身就是壓制性的。但事情並非這麼簡單。

福柯似乎認為，使用強制力只能導致非正義。但事實真的如此嗎？在近期一篇討論殘暴本質的論文中，拜伊（Hélé

Béji) 指出「正義與非正義有一點是相同的，那就是它們都必須藉強制力的權威才能施行。」[90] 這裏最重要的一點是，必須說服人相信，在他們還未出現要為「正義」效力之前，它就存在於他們自己的利益之中。對福音主義而言，原罪論的一個核心層面是人性是徹底自我中心，完全沒有利他主義的成分，除非自身的利益被照顧。霍布斯（Thomas Hobbes）和邊沁政治哲學的其中一項優點正是確認人皆「缺乏利他主義，故此需要用強制的驚嚇來鼓勵他們追尋較大的利益，而非一己的利益。」[91] 福柯似乎把公義定義為純粹個體的滿足或喜悅，或者仍然對人類行為的嚴峻現實一無所知。

從以上來看，福柯不能提供任何規範性標準，使得我們可以區別可被接納的社會體制（如民主自由）和不可被接納的極權體制。這點已在沃爾澤（Michael Walzer）的〈米高福柯的政治〉（'The Politics of Michel Foucault'）一文中得到注意和發展，[92] 它至今仍是對福柯的道德和社會思想分析最為透徹。沃爾澤在文章尾段指出，必須把福柯看作是一個「道德和政治上的無政府主義者。」當然，這也可能是對他的一種誤解，但這個反對會引起關於「作者動機」的所有問題。縱觀福柯的生涯，人們很容易認為，他堅持不懈地努力去破壞一種觀點：解讀文本必然涉及對它的正確或錯誤的詮釋。對他而言，作者在一文本中的寫作動機是無關重要的，文本（包括福柯自己的文本）可從多種方式來閱讀，而且全都有其效用的。

但沃爾澤的論點似乎不能不理會的。倫理學是許多個體的自由創作，而沒有普及有效性和壓力。[93] 它是一些個體所創作之物，無必要亦不能透過訴求於任何普遍公義概念或倫理判准來確立或批判，若這樣做的話，就是一種欺騙行為，或者有壓迫企圖。福柯的倫理學就是一種徹底的自我創作，正如羅蒂（Richard Rorty）——可能是一位發展福柯這種對普遍原則和規範標準抱反感的最傑出美國哲學家——所言，這進路的後果必須被看為：

> 我們裏面深處是沒有任何東西的，即使有，都只是我們放置進去的，沒有任何標準不是我們在創作一項實踐時所創作的，沒有任何理性標準不是一種對這種判准的訴求，沒有任何嚴謹的論證不是順服於我們自身的習慣。[94]

但倘若這種進路是正確的，那麼能給予甚麼理由來反對納粹主義或史達林主義呢？羅蒂不能提供一種道德上或政治上合理的理由來拒斥極權主義，如他自己所承認的。羅蒂又認為，如果他是對的，那就必須承認：

> 當祕密警員到來，當施刑者以暴力對待無辜者，我們不能告訴他們：「你們正在背叛你們裏面的某種東西。雖然你們體現了一個權威社會的做法，雖然這樣的社會可能一直存在下去，但有某種東西在那些行為之外譴責著你們。」[95]

對羅蒂來說，很難避免的結論是道德價值的真理是完全依賴於這些價值的存在，正是在這點上很多後現代主義者深深感到為難。似乎這裏有些事情是搞錯了，而這種為難感正是一個重要的入口，讓基督教堅持，首先，真理是**事關重大**的，其次它是可**被理解**的，在考慮利奧塔的立場時這點會再被強化。

利奧塔認為，後現代世界多元化的一個直接結果必然是放棄任何道德上或智性上的「共識」。[96]然而他不太情願得出「公義」不再是一個普遍概念這樣的結論。雖然他毫不留情把「共識」觀念看作「一種過時的、可疑的價值」予以摒棄，但顯然，這個評論並不包括公義在內。但在後現代性的前設中，公義如何能作為一個普遍價值？利奧塔在這方面沉默起來，或許因為追溯這問題的答案不會對他的理論帶來好處。

這種對相對主義的信奉亦可在利奧塔對自然科學的態度中見到。對他而言，自然科學依靠「謬誤推理」（paralogy）——即謬誤或者甚至是自相矛盾的推理，它放棄任何擁有中心化敍事或受其支配觀點。

> 後現代科學，所關注的事物，如：無法的決定性、準確控制的限制性、因不完整信息引致的衝突、被擊打成「碎片」（*fracta*）、災難和實用性吊詭，是在理論上把自己的發展概括為非連續的、災難性的、不可糾正的、充滿吊詭性的。它正在改變**知識**這個詞的含義，同時也表達了這種改變是怎樣。它所產生的不是已知的東西，而是未知的東西。[97]

這種對自然科學的方法、目標和結果的解釋當然不可被認真接受。正如康納（Steven Connor）指出，利奧塔的進路與經驗科學的真相存在嚴重的分歧。

> 利奧塔繪畫了一幅科學被化解成相對主義的狂

亂狀態的圖畫，他惟一目的就是要歡樂地逃脫那發黴陳舊的範式的限制，並把運作程式踩在腳下，而追求奇異的反邏輯形式。但事實完全不是這樣的。如果某些純粹科學——以數學和理論物理學作顯明的例子——旨在探索理解現實的思想的不同結構，那麼總的說來，這仍然受制於理性模式，與可論證之真理並行和一致。[98]

如此的爭論會使一羣後現代性的聽眾大為不悅，他們大前提是傾向於排除那些被視為不相關的「價值」或「真理」的概念。但我以上所探討的並非必然以後現代的支持者為對象，我心裏有兩批特別的聽眾。

第一批是**福音派**支持者。他們需要對自身的論證和理性有信心。這些論證可加強和鼓勵他們的信念，促使他們面對後現代批評中仍持守信念的真確性和整全性。

第二批是**普羅大眾**。無意之間聽到福音主義和後現代主義的對話，這些聽眾會對後現代主義者摒除真理這做法感到驚愕，即使後現代主義者可以與他們共同生活。

以上所指出的因素表明後現代主義在一系列重要的連結點上存在著不一致，由此有助於削弱它在公眾中的貌似合理性。如果福音主義者不能使後現代主義者相信真理問題的重要性，那麼他或她可以表明後現代主義在公共領域是孤弱無助的，因為它暗中支持大眾深為厭惡的信念和做法。

結論

本章探討了與現代主義和後現代主義的興起有關的

一系列複雜問題，以及它們對福音主義的影響。由此可以很清楚地看出，我的基本信念是：福音主義面對這兩種世界觀——一種力求證明整體化的合理性，另一種則追求分裂——所提出的不同挑戰，表現出了一種高度的適應性和融貫性。

過去，福音主義曾面臨現代性的挑戰，出於它認為是可信服的理由，它選擇用對手的方法和假設來迎接這種挑戰。福音主義在十九世紀可能給人一種印象，以為現代性原本就在這裏，所以把現代世界觀的一些批判性特點合併到自己的護教方案裏來，並且至少表現出一些迹象，表明還允許它們對它的神學方法產生一定的隱蔽的影響。如今該是福音主義清除自身中殘存的啟蒙主義的基本影響的時候了，這並非因為啟蒙運動已經過去，而是因為啟蒙運動那些在基督教福音之外那些源頭和合法性的觀念，卻對福音發揮了決定性的作用，這是十分危險的。福音主義還須針對現代性的消亡作出護教上和神學上的調整；這個任務在這種運動中仍然處於首要位置。[99]

然而現代性的消亡並非意指福音主義需要認同後現代主義的議題。事實上，福音主義提供了批判後現代主義世界觀的一個非常有利的角度，尤其是它明顯地對啟蒙運動所強調真理作了過激反應。對福音主義而言，真理始終是一種具有強烈的感情意義的東西，雖然西方社會有一種相當大的文化壓力，要求認同它流行的「我的看法與你的觀點一樣好」。也許這種壓力最集中體現在宗教多元主義所提出的問題上。我們現在就轉向宗教多元主義。

註釋：

1. 參 Alister E. McGrath, 'Religion', in J. W. Yolton (ed.), *The Blackwell Companion to the Enlightenment* (Oxford & Cambridge, MA: Blackwell, 1992), pp. 447～452。
2. Leslie Houlden, in J. Hick (ed.), *The Myth of God Incarnate* (London: SCM, 1977), p. 125.
3. 就這一般性主題，參 *Diogenes Allen. Christian Belief in a Postmodern World* (Louisville, KY: Westminster/John Knox, 1989); Thomas C. Oden, *After Modernity... What? Agenda for Theology* (Grand Rapids, MI: Zondervan, 1990)。
4. 詳情可參 Matei Calinescu, *Five Faces of Modernity* (Durham, NC: Duke University Press, 1987)；Terry Eagleton, *The Ideology of the Aesthetic* (Oxford: Blackwell, 1990)；Kevin Hart, *The Trespass of the Sign* (Cambridge: Cambridge University Press, 1989)；David Harvey, *The Condition of Postmodernity* (Oxford: Blackwell, 1989)；Christopher Norris, *What's Wrong with Postmodernism?* (Baltimore, MD: Johns Hopkins University Press, 1990)。
5. 就這早期關係，參 Alister E. McGrath, *The Intellectual Origins of the European Reformation* (Oxford: Blackwell, 1987), pp. 32～68。
6. Louis Dumont, *Essays on Individualism: Modern Theory in Anthropological Perspective* (Chicago: University of Chicago Press, 1986), p. 25.
7. Harvey, *The Condition of Postmodernity,* p. 12.
8. G. W. F. Hegel, 'Über die Religion der Griechen und Römer', in J. Hoffmeister (ed.), *Dokumente zu Hegels Entwicklung* (Stuttgart: Fromanns Verlag, 1936), pp. 43～48.
9. 參 C. G. Hempelmann, 'Keine ewige Wahrheiten, als unaufhörlich zeitlich: Hamanns Kontroverse mit Kant über Sprache und Vernunft', *theologische Beiträge* 18 (1987), pp. 5～33。
10. 參 A. Plantinga & N. Wolterstorff (eds.), *Faith and Rationality: Reason and Belief in God* (Notre Dame, IN: University of Notre Dame Press, 1983)；Nicholas Wolterstorff, *Reason within the Bounds of Religion* (2nd edn., Grand Rapids, MI: Eerdmans, 1984)。
11. 完整的文本，參 *Le Livre du Recteur de l' Academie de Genève, 1559-1878* (6 vols., Geneva: Droz, 1964-1980), vol. 1, pp. 61～64 & 67～77。
12. 參 Hugh Trevor-Roper, 'The Religious Origins of the Enlightenment', in *Religion, The Reformation and Social Change* (London, Macmillan, 1967), pp. 1～45。

13. 就啟蒙運動的局部地方變型的一般性概覽，參 R. Porter & M. Teich (ed.), *The Enlightenment in National Context* (Cambridge: Cambridge University Press, 1981)。

14. 參 Franco Venturi, *Italy and The Enlightenment* (London: Longman, 1972)；Dino Carpaneto & Giuseppe Ricuperati, *Italy in the Age of Reason, 1685-1789* (London: Longman, 1987)；David Goodman, 'Science and the Clergy in the Spanish Enlightenment', *History of Science* 21 (1983), pp. 111～140。

15. 參 Anand C. Chitnis, *The Scottish Enlightenment* (London: Croom Helm, 1976)；Henry F. May, *The Enlightenment in America* (Oxford: Oxford University Press, 1976)。

16. Richard Sher, *Church and University in the Scottish Enlightenment* (Princeton, NJ: Princeton University Press, 1985)。就哲學所展開的影響的重要討論，參 Michael Gauvreau, 'The Empire of Evangelicalism: Varieties of Common Sense in Scotland, Canada, and the United States', in M. A. Noll, D. W. Bebbington & G. A. Rawlyk (ed.), *Evangelicalism: Camparative Studies of Popular Protestantism in North America, The British Isles, and Beyond* (New York: Oxford University Press, 1994), pp. 219～252，並附有深入的文獻證據。

17. 這發展的文獻上支持，參 Mark Noll, *Princeton and the Republic, 1768-1822* (Princeton, NJ: Princeton University Press, 1989), pp. 28～58。

18. 有説服力的論辯，參 Sidney E. Ahlstrom, 'The Scottish Philosophy and American Theology', *Church History* 24 (1955), pp. 257～272。

19. 參 May, *The Enlightenment in America*。

20. Ahlstrom, 'The Scottish Philosophy', p. 266.

21. George Marsden, *Fundamentalism and American Culture* (New York: Oxford University Press, 1980), pp. 111～112.

22. 一個特別有趣的研究，參 John C. Vander Stelt, *Philosophy and Scripture: A Study in Old Princeton and Westminster Theology* (Marlton, NJ: Mack, 1978), pp. 166～184；Jack B. Rogers & Donald K. McKim, *The Authority and Interpretations of the Bible* (San Francisco: Harper & Row, 1979), pp. 323～351。對倫內（H. Evan Runner）而言，這趨勢引致一種在改革宗福音主義的「理性主義式的僵屍」（*rationalistic rigor mortis*）：H. Evan Runner, *The Relation of the Bible to Learning* (Rexdale, Ontario: Association for Reformed Scientific Studies, 1967), pp. 81～83。

23. Kern Robert Trembath, *Evangelical Theories of Biblical Inspiration* (New York: Oxford University Press, 1987), p. 18.

24. Trembath, *Evangelical Theories of Biblical Inspiration,* p. 19; Rogers and McKim, *The Authority and Interpretations of the Bible,* p. 291.
25. Trembath, *Evangelical Theories of Biblical Inspiration,* p. 20.
26. Donald G. Bloesch, *Essentials of Evangelical Theology* (2vols, San Francisco: Harper & Row, 1979), vol.2 pp. 267～268.
27. Carl F. H. Henry, *God, Revelation and Authority* (6vols. Waco, TX: Word, 1976-83), vol.3 p. 476.
28. Henry, God, *Revelation and Authority,* vol.1 p. 232。就從福音派領域對這進路的批判，參 Stuart C. Hackett, *The Reconstruction of the Christian Revelation Claim* (Grand Rapids, MI: Baker, 1984)。
29. Bernard Ramm, *Special Revelation and the Word of God* (Grand Rapids, MI: Eerdmans, 1961), p. 68.
30. Tertullian, *De praescriptione haereticorum,* 7; in *Sources chrétiennes,* vol. 46, ed. R. F. Refoulé (Paris: Editions du Cerf, 1957), 96.4～99.3.
31. 這趨勢的文獻，參 Millard J. Erickson, *The Evangelical Mind and Heart* (Grand Rapids, MI: Baker, 1993), pp. 102～104。
32. 參 Carl F. H. Henry, ‘Narrative Theology: An Evangelical Appraisal’, *Trinity Journal* 8 (1987), pp. 3～19，當中採取一個批判性的姿態，弗萊對此的回應，參其著，‘Response to Narrative Theology: An Evangelical Appraisal’, *Trinity Journal* 8 (1987), pp. 21～24。
33. Henry, *God, Revelation and Authority,* vol.3, p. 453。就這進路的評論，參 Kevin J. Vanhoozer, ‘The Semantics of Biblical Literature’, in D. A. Carson & J. D. Woodbridge (eds.), *Hermeneutics, Authority and Canon* (Grand Rapids, MI: Zondervan, 1986), pp. 49～104，特別參頁67～75。就現今有關需要對聖經文本文學風格更多注意的辯護，參 Kevin J. Vanhoozer, ‘From Canon to Concept: Same and Other in the Relation between Biblical and Systematic Theology’, *Scottish Bulletin of Evangelical Theology* 12 (1994), pp. 96～124。
34. 重要的概覽，參 Robert Grant, *Gods and the One God: Christian Theology in the Graeco-Roman World* (London: SPCK, 1986)；Henry Chadwick, *Early Christian Thought and the Classical Tradition* (Oxford: Clarendon, 1966)。
35. 就是殉道士游斯丁 (Justin Martyr) 護教著作中那種進路的風格，參 *Apologia,* I. xlvi.2～3; II.x.2～3; II.xiii.4～6; in *Saint Justin: Apologies,* ed. A. Wartelle (Paris: Etudes Augustiniennes, 1987), 160.6～9; 210.3～7; 216.11～18。這種進路的一個更具規模的形式是關連於: Clement of Alexandria, *Stromata,* I.v.28; in *Die griechischen christlichen Schriftsteller der erste Jahrhunderte.* Clemens Alexandrinus: Zweiter Band. Stromata Buch I-VI, ed. O. Stählin &

L. Früchtel (Berlin: Akademie Verlag, 1985), pp. 17.31～18.5。

36. Tertullian, *De praescriptione haereticorum,* 7.
37. Hans Frei, *The Eclipse of Biblical Narrative: A Study in Eighteenth and Nineteenth Century Biblical Hermeneutics* (New Haven, CT: Yale University Press, 1977)。就敘事神學（narrative theology）的新課題，參 Ronald F. Thiemann, *Revelation and Theology: The Gospel as Narrated Promise* (Notre Dame, IN: University of Notre Dame Press, 1985); Garrett Green, *Scriptural Authority and Narrative Interpretation* (Philadelphia: Fortress, 1987)。
38. Frei, *The Eclipse of Biblical Narrative,* p. 9。洛克的知識論被認為是建立晚期英國自然神論基礎的重要原素，就自然神論有關的困難，參 R. E. Sullivan, *John Toland and the Deist Controversy* (Cambridge, MA: Harvard University Press, 1982)。
39. Gabriel Fackre, 'Narrative Theology in Evangelical Perspective', in *Ecumenical Faith in Evangelical Perspective* (Grand Rapids, MI: Eerdmans, 1993), pp. 123～146.
40. 參 Dale Patrick, *The Rendering of God in the Old Testament* (Philadelphia: Fortress, 1981)。
41. 就一種避免這種限制的進路的分析和發展，參 Alister E. McGrath, *Beyond the Quiet Time* (London: SPCK, & Grand Rapids, MI: Baker, 1995)。
42. 就真理的世俗概念，特別是被啟蒙運動所制約的，參 Michael Dummett, *Truth and Other Enigmas* (London: Duckworth, 1978)；Leszek Kolakowski, 'Marx and the Classical Definition of Truth', in *Marxism and Beyond* (London: Pall Mall Press, 1969), pp. 59～87；J. R. Lucas, 'True', *Philosophy* 44 (1969), pp. 175～186。
43. 隨後的討論，參 G. J. Botterweck & H. Ringgen (ed.) *Theologisches Wörterbuch zum Alten Testament* I/3 (Stuttgart: Verlag Kohlhammer, 1971), cols. 333～341；M. E. J. Richardsom (ed.), *Hebrew and Aramaic Lexicon of the Old Testament* (4vols., Leiden: Brill, 1994), vol.1, pp. 68～69。
44. 參 D. Michel, 'Ämät: Untersuchung über Wahrheit im Hebräische', *Archiv für Begriffsgeschichte* 12 (1968), pp. 30～57; Anthony Thiselton, 'Truth', in C. Brown (ed.) *The New International Dictionary of New Testament Theology* (Grand Rapids, MI: Eerdmans, 1978), vol.3, pp. 874～902。
45. 參 H. Hommel, 'Wahrheit und Gerechtigkeit: Zur Geschichte und Deutung eines Begriffspaars', *Antike und Abendland* 15 (1969), pp. 159～186，及這研究的進一步擴展，參 Alister E. McGrath, *Iustitia Dei: A History of the Christian Doctrine of Justification* (2vols., Cambridge: Cambridge Univer-

sity Press, 1986), vol.1 pp. 4～16。

46. Søren Kierkegaard, *Unscientific Postscript* (London: Oxford University Press, 1941), pp. 169～224。另參 P. L. Holmer, 'Kierkegaard and Religious Propositions', *Journal of Religion* 35 (1955), pp. 135～146。
47. John Mackay, *The Presbyterian Way of Life* (Englewood Cliffs, NJ: Prentice-Hall, 1960), pp. 9～10.
48. 就「現代」與「後現代」神學的區分，參 Nancey Murphy & James Wm. McClendon, Jr, 'Distinguishing Modern and Postmodern Theologies', *Modern Theology* 5 (1989), pp. 191～214。
49. Alan Wilde, *Horizons of Assent: Modernism, Postmodernism and the Ironic Imagination* (Baltimore, MD: Johns Hopkins University Press, 1981), p. 131.
50. Os Guinness, *Fit Bodies, Fat Minds* (London: Hodder & Stoughton, 1994), p. 105.
51. 尤其參 Zygmunt Bauman, *Modernity and the Holocaust* (Cambridge: Polity Press, 1989)。另外有用的評論，參 Stephen Toulmin, *Cosomopolis: The Hidden Agenda of Modernity* (New York: Free Press, 1990)。
52. Jean-François Lyotard, *The Postmodern Condition: A Report on Knowledge* (Manchester: Manchester University Press, 1984), p. xxv。對「真理」的後現代概念的一個卓越福音派回應，參 J. Richard Middleton & Brian J. Walsh, *Truth is Stranger than it Used to Be* (Downers Grove, IL: InterVarsity Press, 1995)，其他福音派的回應，參 Roger Lundin, *The Culture of Interpretation* (Grand Rapids, MI: Eerdmans, 1993)，以及 Gene Edward Veith, *Postmodern Times: A Christian Guide to Contemporary Thought and Culture* (Wheaton, IL: Crossway, 1994)。
53. 就現代主義興起的一個卓越概覽，參 Harvey, *The Condition of Postmodernity,* pp. 260～283。就一些在其建築形式背後的觀念，參 Walter Gropius, *The Scope of Total Architecture* (New York: Collier, 1966)。
54. 參 Leonardo Benevolo, *A History of Modern Architecture* (London: Routledge & Kegan Paul, 1971)；Kenneth Frampton, *Modern Architecture, 1851-1945* (New York: Rizzoli, 1983)。
55. 引自 Howard Harris & Alan Lipman, 'Viewpoint: A Culture of Despair. Reflections on Post-Modern Architecture', *Sociological Review* 34 (1986), pp. 837～854；引自頁838。凱恩斯（Milton Keynes）是英國在貝福施馬（Bedfordshire）後一個新市鎮，它以數個現代主義風格所設計。這主題更完整的闡析，可參 Alberto Perez Gomez, *Architecture and the Crisis of Modern Science* (Cambridge, MA: Massachussets Institute of Technology Press, 1983)；James Hoston, *The Modernist City* (Chicago, University of

Chicago Press, 1989)。

56. Frederick Jameson, *Postmodernism, or the Cultural Logic of Late Capitalism* (London: Verso, 1992)。就一些這類主題的更擴展性反思，參 Sophie Watson & Katherine Gibson (ed.), *Postmodern Cities and Spaces* (Oxford: Blackwell, 1994)。

57. Jean-François Lyotard, *Le postmodernism expliquéaux enfants* (Paris: Editions Galilée, 1986), p. 36.

58. 參 'The Paradox of Morality: An Interview with Emmanuel Lévinas', in R. Bernesconi & D. Wood, *The Provocation of Lévinas: The Rethinking of the Other* (London: Routledge & Kegan Paul, 1988), p. 178。

59. 就他們的神學意義，參 Alister E. McGrath, *The Genesis of Doctrine* (Oxford: Blackwell, 1990), pp. 165～171。

60. Walter Benjamin, 'Theses on the Philosophy of History', in *Illuminations: Essays and Reflections* (London: Jonathan Cape, 1970), pp. 257～258.

61. 參 Edith Wyschogrod, *Spirit in Ashes: Hegel, Heidegger and Man-made Mass Death* (New Haven, CT: Yale University Press, 1985)。

62. Czeslaw Milosz, *Nobel Lecture* (New York: Farrar, Straus & Giroux, 1980), p. 14.

63. 參 Gregory Baum, 'Modernity: A Sociological Perspective', *Concilium* 6 (1992), pp. 3～9。特別注意其結論（頁8）：「曾被命名為後現代的是現代性本身的一個片語」。

64. 以下的作品十分有用：Calinescu, *Five Faces of Modernity; Eagleton, The Ideology of the Aesthetic*；Hart, *The Trespass of the Sign; Harvey, the Condition of Postmodernity*; Norris, *What's Wrong with Postmodernism?*

65. 就一些這類問題，參 David Lodge, 'Modernism, Antimodernism, Postmodernism', in *Working with Structuralism* (London: Routledge & Kegan Paul, 1981), pp. 3～16。Michael Levenson, *Genealogy of Modernism* (Cambridge: Cambridge University Press, 1984)，此書傾向一種「主觀主義」觀點，認為「現代主義」代表著對一個可被客觀地認識的世界的一種拒絕，以致同情一種觀點認為它不能透過個體的意識被經驗。

66. Ihab Hassan, *The Dismemberment of Orpheus: Toward a Postmodern Literature* (New York: Oxford University Press, 1982), pp. 267～268。另參他的 'Culture of Postmodernism', *Theory, Culture and Society* 2 (1985), pp. 119～132，特別參頁123～124。

67. 參 Ferdinand de Saussure, *Course in General Linguistics* (New York: McGraw-Hill, 1966)；Umberto Eco, *A Theory of Semiotics* (Bloomington, IN: Indiana University Press, 1976)。

68. 就一些反思，參 Mark Gottdiener, *Postmodern Semiotics: Material Culture and the Form of Postmodern Life* (Oxford: Blackwell, 1995), pp. 3～53。

69. 就此，參 Paul de Man, *Allegories of Reading* (New Haven, CT: Yale University Press, 1979)；J. Hillis Millar, *The Ethics of Reading* (New York: Columbia University Press, 1987)，另參 Christopher Norris, *Deconstruction and the Interests of Theory* (London: Pinter Publishers, 1988)。

70. 就這進路的前設及含義的一種深入閱讀，參 Christopher Norris, 'Kant Disfigured: Ethics, Deconstruction and the Text Sublime', in *The Truth about Postmodernism* (Oxford: Blackwell, 1993), pp. 182～256。

71. 就這趨勢的一個卓越分析，參 David Lehman, *Signs of the Times* (London: Andre Deutsch, 1991)。

72. Lyotard, *Le Postmodernism expliqué aux enfants,* pp. 121～122，另參他支持「對整體性之戰」的論證：Lyotard, *The Postmodern Condition,* p. 82。就相關的論證，參 Stanley Fish, *These's No Such Thing as Free Speech* (New York: Oxford University Press, 1994)。菲甚辯指所有「真理宣稱」都只是用來達致政治或社會力量的，因此在現實世界中對「真理」的辯論只不過是權力的遊戲，因此他反對北美首要的言論自由特性，視之為壓迫和操控的言論。

73. 參 Kenneth L. Gergen, *The Saturated Self: Dilemmas of Identity in Contemporary Life* (New York: Basic Books, 1991), p. 252。一個一般性概覽，參 Gary J. Percesepe, 'The Unbearable Lightness of Being Postmodern', *Christian Scholar's Review,* 20 (1992), pp. 118～135。

74. Terry Eagleton, 'Awakening from Modernity', *The Times Literary Supplement,* 20 February 1978.

75. 卓越的概覽，參 Gordon R. Lewis, *Testing Christianity's Truth Claims: Approaches to Christian Apologetics* (Chicago: Moody Press, 1976)。

76. John Caputo, *Radical Hermeneutics* (Bloomington, IN: Indiana University Press, 1987), p. 156。就這種對「真理」的進路中的張力的深入討論，參 J. L. Marsh, J. D. Caputo & M. Westphal, *Modernity and Its Discontents* (New York: Fordham University Press, 1992), pp. 89～92, 168～177。

77. Allen, *Christian Belief in a Postmodern World,* pp. 5～6.

78. Allan Bloom, *The Closing of the American Mind* (New York: Simon & Schuster, 1987), pp. 25～26.

79. Stanley Hauerwas, *A Community of Character* (Notre Dame, IN: University of Notre Dame Press, 1981), p. 1.

80. Allen, *Christian Belief in a Postmodern World,* p. 1.

81. Lewis, *Testing Christianity's Truth Claims.*

82. Bloom, *The Closing of the American Mind,* p. 26。就英國決定放棄這種實踐的解釋，參 Stephen Neill, *A History of Christianity in India, 1707-1858* (Cambridge: Cambridge University Press, 1985), pp. 157～158。孟加拉法例（Bengal Code, 1829）第十七條宣稱「把妻子陪亡夫一同火葬的習俗或把印度的寡婦活生生燒死或埋葬是不合法的，並且受刑事法庭受審」。
83. Michael Mahon, *Foueault's Nietzschean Genealogy: Truth, Power, and the Subject* (Albany, NY: State University of New York Press, 1992).
84. 最重要的著作包括：*Order of Things: An Archaeology of the Human Sciences* (New York: Vintage, 1973)；*Power/Knowledge: Selected Interviews and Other Writings, 1972-1977* (New York: Pantheon, 1980)；*Histoire de la folie à l'âge classique* (Paris: Gallimard, 1972)。
85. 這段引文是取自一個晚期的對話，刊於 'The Ethic of Care for the Self as a Practice of Freedom', in James Bernauer & David Rasmussen (ed.), *The Final Foucault* (Cambridge, MA: Massachussets Institute of Technology Press, 1988), p. 20。
86. Stanley Rosen, *Hermeneutics as Politic*s (Oxford: Oxford University Press, 1987), pp. 189～190.
87. Ben F. Meyer, 'The Philosophical Crusher', *First Things,* 12,April, 1991, pp. 9～11。引自頁10，另參 Bernard bergonzi, *Exploding English: Criticism, Theory, Culture* (Oxford: Clarendon, 1990)。
88. Francis A. Schaeffer, *Trilogy* (Wheaton, IL: Crossway, and Leicester: Inter-Varsity Press, 1990), p. 58.
89. Schaeffer, *Trilogy,* p. 134.
90. Hélé Béji, 'La patrimoine de la cruauté', *Le débat* 73 (1993), p. 167.
91. 這點的流暢語句歸功於以下的著作：Robert S. Downie & Elisabeth Talfer, *Respect for Persons* (London: Allen & Unwin, 1969), p. 42。
92. Michael Walzer, 'The Politics of Michel Foncault' , in ed. David Couzens Hoy, *Foucault: A Critical Reader* (Oxford: Blackwell, 1986). pp. 51～68。他本身的立場，參所著 *Spheres of Justice: A Defence of Pluralism and Equality* (Oxford: Blackwell, 1983)。
93. 就這點更詳盡的闡析，參 Zygmunt Bauman, *Postmodern Ethics* (Oxford: Blackwell, 1993)，特別參頁37～61。
94. Richard Rorty, *Consequences of Pragmatism* (Minneapolis, MN: University of Minneapolis Press, 1982), p. xlii.
95. Rorty, *Consequences of Pragmatism,* p. xlii.
96. Lyotard, *The Postmodern Condition,* p. 66.
97. Lyotard, *the Postmodern Condition,* p. 60.

98. Steven Connor, *Postmodernist Culture: An Introduction to Theories of the Contemporary* (Oxford: Blackwell, 1989), p. 35.

99. 就一些護教學層次的承諾性指示，參 Richard R. Topping, 'The Anti-Foundationalist Challenge to Evangelical Apologetics', *Evangelical Quarterly* 63 (1991), pp. 45～60。

福音主義與宗教多元主義

福音派堅定不移地認為，基督教福音是獨一無二，不能與其他關於生命的宗教和哲學相混淆或相等同。這種對福音獨特性的有力辯護，是嚴格地建立在一套關於融合耶穌基督的人格和事工的基督論評論上，但這遭到許多人的敵視，因為它包含對自由主義的否定。自由主義試圖把一切宗教都看作有同等的本質（不論它們表面上有多大的差異），並且對生命的看法也有同等的效用。

人們常常以為，宗教多元主義（religious pluralism）是個全新的問題，給基督教的宣稱帶來了迄今為止最難以想像的困難，尤其是那些關心耶穌基督的獨特性和終極性的人。然而，需要指出的是，當保羅第一次赴歐洲宣講福音的時候，宗教多元主義就已經像今天一樣，是生活中的一個事實了。基本上，多元主義的興起並沒有對基督教宣講的理論和實踐提出反對，若有任何影響，它只是使我們更接近新約的世界。正如使徒行傳所描述，就早期教會面對這種處境的情況，福音主義者基連（Micharel Green）這樣評論：

> 我感覺諷刺的是人們今日反對基督教福音宣講，是因為太多其他信仰擁擠在我們地球村的門階上，但這又有何新鮮感呢？古代信仰的多元化比今天還厲害！早期基督徒在展示他們對耶穌作絕對的宣稱時，一開始就已經遇到有其他信仰存在的問題，他們的進路很有趣……他們沒有譴責其他信仰，而只是全力以赴地在宣講中以勸誘的話講述耶穌。[1]

今日的宗教多元主義已有其更大實質意義的論點，原因很多，包括一種強烈以人權為導向的西方文化興起（尤其在美國），連同一些不願意因宗教信仰而引起不利情況出現的政治政策。要充分了解這一點是很重要，因為一個文化問題常常與這樣的爭論有關：為基督教辯護就被認為是貶低其他非基督教的宗教，這情況在多元文化社會中是不能接受的。這點在羅馬天主教作家諾亞（Joseph A. Di Noia, OP）清楚地表達出來，他描述近期一次在神學家專題討論會中他自己作為五位成員之一的經歷。那次他們討論的問題是「耶穌基督是否救恩裏獨特的中保？」惟有諾亞對這個問題提出了明確而肯定的回答，其餘四位都不太願意這樣做，原因是他們相信這樣做會觸怒其他宗教。[2]

尤其是對那些抱自由主義政治信念的人，多元文化議程所要求的，就是所有宗教都不應該被容許作真理宣稱，以免有優勝主義（triumphalism）或帝國主義出現。事實上，似乎有一種廣泛傳播的觀念存在，就是拒斥多元主義是不可能容忍的。結果自由主義的政治議題就規定：所有宗教應得到平等的對待。然而，從這種本質上本來屬於對**政治上**的寬容的評論卻引申到**神學上**的宣告，就是一切宗教都是同等，彼此只有一步之距。事實上，那些完全信奉多元主義世界觀的人似乎認為，對未來的人類文明至關重要的是，看「各種偉大的宗教傳統只是對某一個終極的神聖實體的不同認識和體驗。」[3]我們應該尊重其他宗教，這是完全合理的、可接受的要求，但是，我們要持甚麼理由去接受如此激進的要求嗎？我們應該把一切宗教都看作是同等的，或者是對某種「終極的神聖實體」有同樣效用的表現形式，又或者有同樣的途徑可通往救恩那處嗎？

多元主義的本質

宗教多元主義意識形態的興起（應視之為智性及文化多元主義下的子範籌，而並非一個特別的實體）與其說是基督教本身軟弱的結果，不如說是由於啟蒙運動對普遍知識這觀念的崩潰。確實地，由於人們以為宗教多元主義代表著基督教本身遇到了一種全新的、難以應付的挑戰，注意力有時就會離開啟蒙運動觀的崩潰。普林斯頓神學家艾倫正確地把這種虛謊的宣稱摒除：

> 啟蒙運動相信，理性的力量能夠為我們給予真理宣稱的根基，並使我們在不同的研究領域裏獲得終極的真理，但這種信念如今已經崩潰，於是許多人就走向相對主義。關於今天所說的多元主義和相對主義的困境，很大部分是源自現代西方文

> 化的一種世俗心理危機，而不是出於基督教本身的危機。[4]

然而這些相對主義的假設已經深深地植根於世俗社會中，尤其是在後現代主義中，還常常認為，它們必對基督教信仰有害。

紐比金就「在多元社會中的福音」這論題有以下的評論：

> 我們愈來愈習慣說，我們是生活在一個多元的社會中，不僅是一個事實上有眾多文化、宗教和生活方式的社會，還指這種多元性被看作一個被人認同和喜愛的東西甚至受尊重。[5]

他在這裏對作為一種生活這事實的多元主義與作為一種意識形態的多元主義作了區分，也就是說，相信多元主義是可取的、值得鼓勵的，而對真理只有規範性的宣稱則必須被指責為帝國主義者和分裂主義者。前者無庸爭辨；然而，具有典型意義的是，那規範性的多元主義論者卻傾向利用前者的明顯性來偷龍轉鳳。隨後我將會把前者視為「描述性多元主義」(descriptive pluralism)，而後者視為「規範性多元主義」(prescriptive pluralism)。在一種描述性的意義下，多元主義已在基督教神學的成型期得到明確認可。早期基督教的宣稱是在多元世界中發生，與不同的宗教和智性的信念相競爭，無論我們至終認為福音是在猶太主義(Judaism)的基石下產生，抑或在希羅文化中福音得到後期的擴展[6]，福音的宣告和鞏固都在一種宗教多元的背景下持續地進行，例如教會在充滿異教徒的羅馬中擴展，在南印度麥索瑪(Mar

Thoma) 教會的成立，或在伊斯蘭哈裏發王朝（Caliphato）的時候基督教與伊斯蘭教的共存。這一切都是一些處境性的例子，其中基督教護教學家與神學家（暫不提平信徒）皆注意到除基督教以外，同時是存在很多宗教的。[7]

這種洞見可能完全不復存有，至少十九世紀晚期或二十世紀早期的一些英國或美國受歡迎的宗教作者不再存有了。對他們而言，多元主義不外乎是指各種各樣的新教主義，而「不同宗教」對他們來說，其意思只不過是指新教主義與羅馬天主教之間悠來已久的張力。多元主義被安置並包含在一個基督教的處境之內，這情況反映出多元主義在歐洲文化中一種普及化的傾向，特別是在十八世紀開始，多元主義甚至撒向「亞洲」或「東方」的人民，而沒有就他們的宗教或文化遺產作真正的理解，[8]例如：對伊斯蘭教總是知之甚少又心懷厭惡。[9]孟德斯鳩（Montesquieu）〔編按：他是一位法國的名作家〕論到多元主義在亞洲、歐洲和非洲的傳流時說這是「半個世界的日蝕」。休謨（David Hume）在《宗教的自然史》（*Natural History of Religion*）中把穆罕默德主義（Mahometanism）視為一種壓迫性和沒有容忍性的宗教。因此，西方普遍地對外來文化的無知就嚴重地阻礙它認真地顧及非西方宗教。西方神學亦沒有在任何可能的位置上反思與這些宗教的關係，一方面是由於對他們的內容缺乏真正的認識，另一方面是由於缺乏任何社會壓力去思考這類問題。除了少部分啟蒙運動的作者作過零碎的嘗試，指出所有積極的宗教都是對某種原初的「自然宗教」（religion of nature）的敗壞之外，整個命題依然沒有作任何考查。

因著在二十世紀下半葉，非洲、東南亞和印度半島的移民到西方城市去，使得有新的社會情況出現，並引致西方世界對待其他宗教的態度亦發生了徹底的改變。[10]印度教和伊斯蘭教在英國成為少數族裔身分認同的焦點，法國因著前北非殖民地而來的移民，而受到伊斯蘭教一種新的壓力所震撼，澳洲一些重要的城市和北美洲西岸亦成為從東南亞而來的人的家，因此，「東方宗教」（eastern religion，使用一個民族中心論的術語，這是西方人對東方人典型的標籤）在這些地區已經不再成為異地客；結果，西方神學家（他們似乎壟斷了這個命題的全球性討論）終於漸漸意識到並開始處理一些問題，而這些問題對世界各地的基督徒來說便是一些日常生活中例行的事情，這些問題已持續了幾個世紀。

不過，我們將會看見，對宗教多元主義遲來的覺醒，常常是基於一套西方自由主義而不是以基督教的前設來陳構和討論的。而且，在非西方的基督教團體裏所產生的亦是長期處於一種宗教多元主義文化中的其他宗教的神學進路，從不會對西方神學有過任何影響。被採納的進路都是以西方的假設為基礎的，或者由西方神學家來明確表述，或者被動地接受那些來自其他地區但在所謂的更加先進的西方文化中接受了教育的人。我們將透過深入了解這個難以捕捉的詞語——「宗教」來闡析這點。

多元主義的基本現象沒有甚麼新奇之處，新奇是在於對這現象的那些智性回應：指出信念的多元性並非僅從可被觀察的事實，更是從可被審斷的理論上（一般表現在智性和文化生活上，而特別在與其他宗教的關係上）。因而，不論是羣體抑或個人，凡聲稱擁有惟一「真理」的，都被看作是智性上的法西斯主義。這種多元主義的形式具有強烈的規範性，力圖把可能被相信的東西定規下來，而不只是描述已經相信的東西。最意味深長的是，如我們會看到的規範性多元主義議題的第一個受害者就是真理。

我的基本任務就是要表明這種規範性多元主義的形式是有嚴重的缺陷，並且是內在矛盾的，它們不能對應世界的真正本相。換句話說，它們受到一系列範式內與範式外的嚴重不一致性的損害，這種損害漸漸擴大，使它們變得難以置信，惟有那些出於文化上的原因預先就完全信奉它們的人才會相信。我的進路包括將多元主義意識形態的一些核心前設和方法帶到一種意識陳構的層面，以便對它們進行批判性的考查，其實我早就應該這樣做了。與許多其他基督徒一樣，我所擔心的是一些主流教會會隨波逐流地去信奉某種多元主義觀點，而沒有小心處理和關注整件事情，其實這是最基本的要求。

可悲的是——實在可以說是具有諷刺意義的是——我的結論是，規範性多元主義不僅在某些批判性的關鍵上表現出智性上的空洞，並且似乎還犯了教條主義和帝國主義的錯誤——正統基督徒常常被隨意地（而非批判性地）冠以這樣的罪名。教條性的自由主義這觀念或許是自相矛盾的，縱然如此，在靈性上和智性上得到了更新的福音主義的嚴重威脅之下，自由主義對很多觀察者來說，似乎被退縮到防守的位置上，預備維持所有力量去為基督的神性作一種亞他那修式的辯護。多元主義意識形態將成為防守策略的一個整合部分，或許甚至是基石。基於這原因，對這意識形態的基礎加以探究是重要的。

甚麼是宗教？

「宗教」這個術語本身已顯出對西方範疇的過分依賴。

「宗教」這個詞是需要進一步查究的。弗雷澤(Sir James Frazer)那本古典但成疑的作品《金枝》(*The Golden Bough,* 1890)的基本要點是「很可能世界上沒有甚麼主題比宗教的本質這個命題更加眾說紛紜了,顯然地是要給它下一個使所有人都滿意的定義了」。然而近來自由主義一直在努力,要把所有宗教都歸結為同一種基本的全球現象。

較早時間,我們曾注意到不少自由主義的作者嘗試將「文化」和「經驗」視為普及的東西,以避免他們認為是難以接受的傳統基督教思想的一個特點的獨特主義。同樣,宗教——或者有時是「宗教經驗」這個複合概念——作為第三個被引進來潛在的普遍概念,試圖以此抵制獨特性。然而,這三個概念都完全是「偽普遍概念」(pseudo-universal notion),從它們的支持者的整體化議程中吸取了幾乎沒有甚麼可信性的東西。這在「宗教」這個範疇裏體現得尤為明顯,現在普遍認為它是個虛假範疇,這種虛假的根基不可能承載那些更富冒險性和進取性的多元主義神學家的神學氣質。

如福柯所注意到,這裏清楚存在一個智性能力的問題。誰來制定規則來確定甚麼是宗教,甚麼不是宗教?這種遊戲的規則得出了一個結果,就是:誰來決定規則呢?答案很簡單。這些規則全由自由主義的西方學術界基於一套政治上正確但與宗教的經驗事實幾乎無關的假設制定並「監察」——引用福柯的術語,包括它所隱含的權威性含義。

然而很多自由主義作家擔心這種同一化進路必然破壞各種不同宗教的完整性。特雷西就是自由神學家對這種進路持懷疑態度的一個例子,他指出,只要簡單觀察一下,就可以看到,在世界許多的宗教中,「沒有單一的本質,沒有單一的啟蒙式啟示內容，沒有單一的釋放或解放之途」。[11] 在當今西方自由主義陣營討論「諸宗教」時隱含著這樣的假設，就是「宗教」是一個普世的「類」，一個大家認同的範籌。但事實並不如此。劍橋神學家密爾班（John Milbank）在近期的一個重要研究中指出「對一個宗教類的假設」就是：

> ……在更近期仍以對話為接觸模式，但若是以為它同時喚醒所有參與者去承認一種顯而易見的真理，那是錯誤的。相反的，基督教思想家很清楚地把其他宗教看作為「宗教」這個「類」裏面所包含的「種」，因為這些思想家十分系統地將異類文化現象歸入一些範籌中，而這些範籌又已經與建構宗教思想和實踐的西方概念相調適。這類錯誤的範籌亦經常受那些曾接受西方教育的其他宗教的代表所接納，這班人無力反抗這類富有政治力量的西方論述的修辭力量。[12]

施馬特亦認為，許多關於「古典宗教」的隨意談論實際上都是指**西方**的古典，故此是指西方文化的一種反思，而非一個普及的範籌。[13]

西方的宗教學學生普遍都天真地以為（最終反映了他們的觀點是受文化限制的），「宗教」是一個含義明確的範疇，總的來説可以與「文化」清楚地區分開來。對此，我們必須深表懷疑。事實上，若果古希臘神話學、儒家、道家，以及各種不一形式被錯誤統稱為「印度教」的印度的諸宗教、基督教、圖騰以及萬物有靈論（animism），都可以稱之為「宗教」，這就表明「宗教」這個範疇實在太寬泛，亦沒有標示出任何真實的特點來。一位基督教和佛教對話的倡導者小柯布（John B. Cobb, Jr.）這樣評論：

> 我看沒有任何先驗的理由可以假設宗教是具有一種本質，或者那些偉大的宗教傳統都可以完全理解為宗教，亦即是一個傳統成為宗教化便是其中心目標。我敢肯定的是，我看不見一些完全根據經驗的證據來支持這看法，我只見到學者的習性和誤導人的語言力量。[14]

處理宗教多元主義的第一步是將宗教概念中那些反映西方文化的偏見撇除，在全球化神學中不應預留位置給一種民族中心色彩的「宗教」概念，這些概念只會清楚反映出非西方文化現象的西方式假設和誤解。西方神學始終未能做到如社會學般，較能開放地尊重諸宗教內信念間令人驚訝的多樣性。正如劍橋大學社會學教授紀登士（Anthony Giddens）指出，「宗教」不能以西方式的用語來理解：

> 首先，宗教不應等同於一神論……大部分宗教都有超過一個的神祇（deities）……亦有某些宗教根本就沒有神。其次，宗教不應等同於控制信徒行為的道德規範……第三，宗教不必然關注於解釋世界的來源……第四，宗教不能等同於超自然，信奉一個「超越感官領域」的宇宙。[15]

簡而言之，我們必須尊重「所有宗教」，若我們仍堅持使用這名詞裏面的個別性時，而非對「宗教」作人為和化約性的定義。把西方自由主義對「宗教」的理解強加給全球，這完全是文化上的帝國主義。這亦正是福柯所謂的「監控」，也就是說，這是一種預先規定某事或某人應該怎樣的一種壓制的力量，而不是心甘情願接受它們本來面貌的自主力量。這是「整體性的拜物教」(fetish of totalization) 的一個古典例子，也正是現代性的特色，又是後現代作家要強烈反對的(參頁211～229)。儘管這一點對多元主義視域的全部意義還不曾闡析，但在當今的討論中似乎已經完全接受了它。涅特曾指出，他在自己的思考中犯了這樣的錯誤，即「把我們關於神靈或終極性的觀念強加於其他信徒身上，這樣做也許是無意地、間接的，但仍然包含帝國主義色彩。他們——正如許多佛教徒——或許根本不願意談論上帝，或將終極經驗看為『空』(*Sunyata*)，當中根本沒有或很少是基督徒所經驗的和所稱的上帝的。」[16]

「一般化」(generalization) 也許有助於我們理解宗教，然而這種一般化只是一些描述，絕不能讓這些成為哪些是屬於宗教、哪些不可能是宗教的規範。宗教多元主義的整個問題被一種心態而嚴重地受損害，這種心態就是要求所有的形式都應化約成一種相同的模型，或許最傲慢不過的是(可喜的是這情況已愈來愈少)用「高等宗教」(higher religions) 來指涉那些基於西方的角度認定的優於其他宗教的宗教。使用這樣的術語對撒哈拉沙漠以南的非洲宗教是特別侮辱和貶損，是應當拋掉的。從好的方面看，它們是毫無意義的，只有在化約主義的議題中才有效用；從最不好的方面看，它們是帝國主義的和侵略性的。

任何有關基督教在世界所有宗教中的位置的討論一定要在相互尊重的基礎下進行，基督徒對非基督徒如是，非基督徒對基督徒亦如是，這種尊重可在對話中表達，並且被理解為有著不同信仰的人嘗試對別人得到一種更好的理解。但這種對話不能在屈尊俯就的假設基礎上進行，以為「任何人所說的都是相同的」。對話隱含尊重，但不預設同意，故此「對話」必須加以闡析。

對話與相互尊重

我們常常會有這樣的印象，一個詞被濫用了之後，就愈來愈無法包含原來賦予它的特性。近幾年來，「對話」這詞不幸地亦存在這個問題。多元主義文學中充滿了這個詞，幾乎到了一個地步，是讓人以為它的讀者不幸地成為一些智性遲鈍的人。既然多元主義的前設，尤其是未被確立（並且無論如何都是不可能被確立的）的基本信念認為「宗教」構成了一個「類」，這種定位是可以理解的。如果多元主義認為，各種宗教作為某個共同的類的組成部分必須理解為是互補的，而這種觀點是正確的話，由此可以推論出，真理並非「非此即彼」而是「既此又彼」。

自然地由此可引致一種觀念，就是宗教之間的對話可以使人更趨向真理，因為一個宗教的限制性視域可由其他宗教的不同視域得到互補，因所有宗教皆連繫於同一個真實，而對話就是建構一種達致真理的有效模式。

然而現在已經是將「對話」從這類假設的束縛中釋放出來的時候了。基督徒完全可能與非基督徒進入對話當中，不論是否存在宗教勸說中，雙方都無須相信那個智性上膚淺的家長主義觀點：「我們所談的都是相同的。」[17] 正如格裏菲思（Paul Griffiths）與魯維斯（Delmas Lewis）在一篇合名的文章中指出，「對我們基督徒來說，一方面尊重、敬重其他傳統的傑出代表，但同時又相信——在理性基礎上——它們的世界觀有些方面完全是錯誤的，這無論從邏輯上還是實際上都是可能的。」[18] 與希克（John Hick）那種同一化議程相衝突的泰勒亦認為，對話是「那些並非談論相同事物，而是承認和尊重不同思考方式之間的差異、矛盾和相互排斥性的羣體之間的實質性溝通。」[19] 故此對話隱含尊重而非同意，這已經成為西方文化禮貌精神特質的本質一部分。

多元主義對「對話」的那種特別的強調，似乎是依賴於一種蘇格拉底的對話代模。[20] 這種進路假設對話的參與者本質上都在談論同一個實體，只是恰好是從不同的角度來看這個實體的。故此對話就提供了一種進路的特色，它容讓不同的視域匯聚起來，最後，將那些超越各個視域的個性的觀點累積起來，從而使每一個參與者得到豐富的知識。在宗教間對話的語境中，這進路常常被比作皇帝及其侍臣，他們讓瞎子觸摸大象的不同部分來自我消遣。瞎子們根據各自的感覺作了完全不同的報告，這些報告雖然表面上看來是不相容的，但從一個更大的實體來看，很容易看出它們是從不同的角度對同一實體的描述，是彼此和諧一致的。正如希克所說的——必須注意，他使用了具有強烈民族中心主義的康德式（kantian）範疇，非西方的宗教信徒認為這些範疇是完全不恰當的——宗教可理解為「一個神聖本體（divine noumenon）的不同現象性經驗；或是同一超越信息性輸入的另類語言差異經驗性轉化。」[21] 每一個角度都是真實和有效用的；但就它本身而言，卻無法描述那更大的真實，而只能部分地被描述。

但這種一般性論述的模式及以這種類比來作為理解世界上所有宗教的關係是否恰當呢？紐比金作了一個重要

而動態的考察，是值得注意的，它與一個常常引用的關於所有宗教間的關係的類比有關。

> 在著名的瞎子和大象的故事中……真正的重點經常被忽視，這故事是從皇帝和他的侍臣角度來講述的，他們皆非瞎子，並能看見瞎子無法獲取大象的整全實相而只能得到部分。這故事常常拿出來講是為了調和各大宗教之間的評論，提議它們當學會謙卑，知道它們都只能得到真理的某一方面。然而，事實上，這個故事的真正論點剛好相反。若皇帝亦是瞎子，這故事亦不會出現，這故事正是由皇帝講述，所以正是那看見絕對真理的人極為傲慢地宣稱，世界上的一切宗教都只是在黑暗中摸索，它體現了這樣的宣稱，就是認識那使一切宗教評論相對化的整全實體。[22]

紐比金指出，凡宣稱能夠從某個看見**整全**真理的人的角度看見全部宗教的，都具有潛在的傲慢性。對某些人來說，認為他或她自己可以看見更大的圖畫，而基督徒和其他人卻只能看見部分，就等同於帝國主義，除非可以表明這種觀點是普世地存在的，是一種接受普世審查和批判性評價的公眾知識。

宣稱有特許的途徑可以獲得關於實體的全面而完滿的知識，這一般都會受到極大懷疑，尤其因為這種宣稱顯然缺乏經驗基礎，並且既不能證實其真偽。大家一般都認為，根本就沒有可以看見「大圖畫」的特許位置。如希克這些作家堅持認為，世上「所有宗教」間的明顯差異只不過是由於對「真實」的不同理解。然而沒有任何經驗證據能支持這觀點，有的只是讓我們認為所有宗教是有差異的，因此彼此應該相互尊重——或者因此有些是完全錯誤的。施馬特致力於展述宗教的可觀察現象，而非強迫它進入一種預先建構好的模型中，他強調「對究竟宗教經驗是否存在一個基本共同的核心這問題的判斷，一定要建基於事實，並非由神學的**先驗**所決定。」在採納這種現象學的進路時，他辯稱以下這種想法是完全不合理的：「在上帝和涅盤（nirvana）之間存在充分的概念相似性，並主張大乘佛教徒和基督徒是在敬拜同一位上帝（大乘佛教徒根本不會去**敬拜**！）。」[23] 同樣，佛教徒作家也強烈抵制將道教、儒教和佛教視為爬上同一座山峯的不同路徑。[24]

紐比金在評論坎特韋爾·史密夫（Wilfrid Cantwell Smith）有關的觀點時，提出了極為相似的觀點：

> 坎特韋爾·史密夫關於「超然者」的觀點顯然是一個完全形式化的範疇。無論如何，他或她或它可能是敬拜者自己設想出來的。因而，不可能有錯誤或被誤導的敬拜，因為敬拜所指向的實體是不可知的。史密夫引用《約伽瓦斯瑟》（*Yogavasistha*）的話：「你是沒有樣式的，這是我們對你的認識惟一的形式」，認為這是「我所知道的神學上最有洞見的話語之一」。凡宣稱超然者有獨特性的，例如：基督教宣稱那超越者豐豐富富臨在於耶穌身上（西一19），就被視為完全不能接受。根本沒有標準可以檢視關於超然者的不同概念。超然者是不可知的，這種完全的主觀性擋住了我們的腳步。[25]

直至並除非那「使一切宗教宣稱相對化的整全實體」成為眾人都能獲得的，並且經驗可以深入分析，否則所有宗教皆一樣的這個宣稱不外乎是一個未經證實而又沒有任何合法基礎的宣稱。事實上，它代表著一種既不能證實其真偽的宣稱，是對玄思世界的一種侵擾，又不是踏實的經驗研究。希克如何**知道**所有宗教只不過是「單一神聖本身的不同現象經驗；或同一超越的信息性，輸入以相異語言所作的不同經驗性轉化呢？」他如何能向一個沒有偏見的聽眾展示這種觀點？

有關宗教多元主義的討論受到一種用心良苦但最終是虛假的心態的嚴重阻礙，這種心態禁錮於「我們實際上在說著同一件事」這樣的世界觀，它壓抑或消除信仰間的差異，為著要建構一種能解釋共同性的人為理論。對差異作蓄意的壓抑和消滅，在學術上是不能接受，凡希望充分了解世界上各種宗教的優點的人也不會容忍這樣做，因為他們是按各種宗教的信徒所理解的角度去看待它們，而不是對這些信仰進行人為的重構，這是有同一化傾向的宗教學者中出現的做法。

耶魯神學家天娜（Kathryn Tanner）在她的一個重要研究中指出，自由主義的多元主義神學已經屈從於「殖民主義論述」（colonialist discourse），[26] 將所有宗教化約為對相同的超然性衝動的不同表述，或者將它們的差異減到最少以尋求理論的工整性：

> 多元主義把一切宗教的共性一般化，這與真正的對話相衝突，因為他們對它的結果有偏見。共性原本應當在對話中並通過對話過程建立起來，但

多元主義者事先就把它構建好作為對話的前設。因此，多元主義者把自身封閉起來，無視其他宗教裏的人會如何評價他們對這些共性的解釋。並且……多元主義把焦點放在共性上，以削減了世界宗教間的差異。多元主義者堅持認為共性是對話的一個條件，這表明他們不願承認各種宗教的深度和廣度是各不相同的，或者不願承認它們的積極意義。[27]

此外，天娜還指出，多元主義者「宣稱要對世界各宗教一般化，由此消除它們自己視域的獨特性。」這除了是不真確外，天娜還指出這種進路「將多元主義的宗教理論帶至接近一種他們要避免的絕對主義中。」[28]

十分明顯的是差異確實存在於世界所有宗教當中，無論是從歷史詮釋看，抑或從教義闡析看。新約所強調的，是耶穌已死在十架上；《可蘭經》也同樣強調，他沒有死在十架上。伊斯蘭教對這問題存在兩種觀點。正統觀點認為耶穌既非死在猶太人手上，也沒有被釘十架，「雖然在他們看似如此」（*shubbiha la-hum*），而是被接到天上去了，代替他留在十架上的是另一個不知其名的人。[29]因此「在他們看似如此」這片語可以是指「猶太人認為耶穌是死在十架上」，或指「猶太人認為在十架上的那人是耶穌。」

另有一種觀點並沒有排除耶穌在十架上，但卻清楚否定他是死在十架上。[30]艾哈邁迪斯教派（Ahmadis；是伊斯蘭教的主流申尼斯〔Sunnins〕分裂出來的教派）認為耶穌在墳墓裏治好傷之後，然後前往卡什米爾（Kashmir），最後死在那裏。[31]

這種觀點的重要性是無容置疑的。它關係到無論是從歷史上或是從神學上講及耶穌基督究竟是否死在十架上的問題。這問題的歷史層面是關鍵性的：新約和《可蘭經》不能同時正確。若其中一方在這歷史問題上是正確的話，另一方就是錯誤的，我們這裏並非關心**誰**是正確的，事實上兩者不能同時為真。[32]這問題的神學層面亦十分重要，若耶穌並沒有死在十架上，基督教信仰的獨特性和真確性就成了問題。正如艾哈邁迪斯教派的作家薩弗裏利亞汗（Muhammad Zafrulla Khan，1893～1985年）認為：「一旦確定耶穌並沒有死在十架上，就沒有被咒詛的死亡，就沒有必要承擔世人的罪，亦沒有復活、升天和救贖。教會神學的整個結構就被瓦解了。」[33]即使考慮到艾哈邁迪斯教派的作品中普遍存在反基督教語氣，其中提出的觀點仍是重要的：耶穌基督若沒有死在十架上，就沒有基督教福音。

這裏是歷史問題，而且是一個重要的歷史性的問題。就是一個在事件上沒法取得協調的簡單例子，龔漢斯（Hans Küng）清楚地表達了這點，他是當今羅馬天主教中，在許多方面都是最具有自由主義色彩的作家之一。然而龔漢斯卻拒絕容讓他那種自由主義的預先的投身來影響一個不能否定的事實，就是基督教是與其他宗教不同的，對他而言，一個重要的獨特性原素是耶穌基督的十架。[34]

我們現在必須更清楚地指出一個決定究竟甚麼是基督徒的關鍵點。這個問題迄今為止不僅對猶太人、伊斯蘭教徒，以及其他宗教的信徒產生了困難之處，對很多基督徒來說亦然。這關鍵點就是十架作為基督徒一個獨特標記的重要性。正是在這一點上已經非常清楚地表明，公眾輿論所認為的一切宗教及其奠基者皆相同這觀點上，根本是一個站不住腳的偏見。倘若單單將奠基者的死來加以比較，他們的差異更是無法忽視：摩西、佛陀皆在年老時離世，有成功的一生，有眾多的門徒和追隨者，「生命之豐盛」有如以色列的列祖；穆罕默德更在他的房中享受著美好的生命，並死在他最愛的妻子懷中。但耶穌呢？年紀輕輕就死了，所記載的時期是出奇地短，最多只有三年，或許只有幾個月；他的門徒和跟隨者出賣他、不認他；他的反對者嘲笑他、鄙視他；上帝和同胞都拋棄他，讓他以最可惡最徹底的方式死去。根據羅馬律法，羅馬公民犯罪是不能判這樣的死刑的，惟有奴隸和政治犯才得判這種刑罰，就是釘十字架。

否定基督教和伊斯蘭教在一些根本問題上的差異，將會是以粗暴的陳述來代替理性的論辯。[35]坦誠的分歧並非罪惡。並且，願意承認差異是可以掃除對宗教信仰對話的最基本的批判，就是它並不準備承認是存在真正的差異。只有一些智性整合上極有問題的人才會以為「耶穌死在十架上」和「耶穌並無死在十架上」是同時為真的。差異的存在必須被承認，它們的意義也必須探討。

先思考猶太人與基督教的對話——我本人一直參與其中。在一個近年十分重要的研究上，出色的猶太作者諾斯那（Jacob Neusner）曾辯稱事實上根本沒有猶太—基督教對話，因為兩種信仰的核心信念——基督教的道成肉身與猶太教的以色列的神聖責任——經已被參與這場討論的參與者所規避。[36]他問：若無法面對這種如此清楚和顯而易見的差異，還有真正的對話嗎？為甚麼這類信仰間的討論總是在尋求建立相同點而輕輕帶過重要的差異？

這個問題的部分答案十分簡單：這種對話的目的通常是要建立共性，以便在一個多極化的現代世界中獲取相互理解和尊重，在這樣的世界中，宗教的差異具有很大的政治意義，這是巴黎的政治研究所的凱佩（Gilles Kepel）的論點。[37] 然而這種完全可嘉的目標卻有其更為消極的一面。它太容易引致為著和諧而有意壓制差異。應當把世界上的各種宗教看作是在其信念的問題上彼此會有不同的，這才是真正合宜的。基督教認為，上帝最終的自我啟示在耶穌基督身上出現；伊斯蘭教卻認為這是藉著穆罕默德發生的。雖然大家皆贊同一個上帝最終啟示的觀念，但兩個宗教卻在啟示的獨特模式和內容上存在基本和不能復和的差異。基督徒堅持耶穌是受死的；穆斯林堅持他沒有。若宗教的信徒真的要堅持相信**一些事情**，則爭論是不可避免的，並且也是恰當的。美國有名的哲學家羅蒂指出，「除非是那些偶然合作的大學一年級學生」，沒有一個人會真正相信「在某個重要話題上但完全不能相融的兩種意見上是同樣有優秀的洞見。」[38]

反對別人這行為並非一種罪行，但為著一種**先驗**的信念以為沒有差異存在而壓制或取消差異卻是不恰當的。林貝克曾指到自由主義有一種要將萬物「同一化」的傾向；而這裏要採納的進路是讚揚和尊重真正的差異，並力求探討它們的意涵，這裏沒有位置留給智性的虛假，因為它拒絕承認，如：基督徒敬拜和讚美耶穌基督為主和拯救者，穆斯林則視《可蘭經》為上帝權威的話語，穆罕默德則是他的先知。雙方的宗教都信奉佈道和皈依（這裏使用兩個在伊斯蘭教中沒有相對應的基督教術語），[39] 相信它們都是正確的；誰也不認為彼此的差異構成對各自的獨特性的威脅。對伊斯蘭教而言，基督教是不同的——並且是錯的。

希克的模式所引起的最嚴重的困難之一就是認為不是個別宗教可獲致真理；這正是西方自由主義的多元論者堅

持認為，每一個宗教都必須與其他宗教有關聯，然後才能去評價它。正如很多人已指出，這意味著把西方自由主義的宗教多元論確定為評價各種宗教的惟一合法立場。希克曾在他的所有宗教系統的核心中建立一個含糊而又未界定清楚的「永恆者」觀念，這觀念似乎不過是一個關於神性的含糊的自由主義觀念，小心翼翼地界定——或者更確切地說，故意**不**界定，免得精確的細節可能帶來損害——以便至少包括希克所認為世界主要宗教中值得包含的某種東西在內。

然而這種進路不就是叫人吃驚的帝國主義者嗎？希克的意思是說，只有西方有教養的自由主義學術分子才能真正理解所有宗教，這些宗教的信奉者可能天真地相信他們獲取了真理；事實上只有西方自由主義的學術界才有這種特權，而那些屬於並實行這種宗教的人是沒有這種特權的。雖然希克不是佛教徒，但他有能力告訴佛教徒真正相信的其實是甚麼（這當然與他們以為相信的相反）。自由主義者在這一方面所作的最令人吃驚的宣稱之一，或許可以在《基督教獨特性的神話》（*The Myth of Christian Uniqueness*）一書中找到，這本書的很多撰寫人——如涅特、吉爾奇（Lamgdon Gilkey）、蘿特（Rosemany Radford Ruether）和嘉華（Tom Driver）——都主張，所有宗教傳統都可以在公義和自由問題上享有同一種觀點。這種把政治正確性傲慢地強加於世界宗教的做法，是忽視了一個最明顯不過的事實，那就是世界各宗教在社會和政治問題上，就如在宗教觀念上一樣，以前是意見紛紜，以後也仍然各抒己見。

面對諸宗教與救贖的一個福音派進路

倘若一種天真的多元主義能在學術世界中獲取領導的

地位，部分原因是福音派學者已經承認它這樣做，因為他們自己沒有對世界各宗教的地位作出一種可靠的、融貫的、有說服力的**基督教**詮釋，[40]並且確保公眾聽到並注意到這種詮釋。稍前，我曾強調創立一種框架以理解並評價其他宗教的地位和觀念是十分重要的。巴克頓（Carl E. Braaten）這樣說：

> 對基督教神學而言，所有宗教若離開福音照在它們身上的亮光，就不可能在終極意義上確立自己的意義。這也就是說，根據基督（在基督這種亮光下）我們知道自己是知道上帝在各宗教中所行的事是甚麼，否則，我們不可能知道如何去理解它們。我們的詮釋和挪用是需要某種明確的視角來指導的。[41]

福音主義可提供一個「確定的視域」，它是十分嚴謹地建基於基督教的創造論和救贖論之上。聖經讀者看到的第一個洞見就是上帝創造了世界。因而，這個世界就是對祂的見證，這一點令人驚訝嗎？或者說祂最大的創造就是在人性中帶有可識別的神性的印記，並且這種印記作為理解人類宗教推動力的立足點很可能有相當大的價值，這是不可思議嗎？[42]藉著上帝的恩典，受造物能夠指向它的造物主。藉著上帝的恩慈，我們留有關於耶穌的隱隱記憶，促使我們重新回憶他的豐富。雖然在理想與現實、墮落領域與被贖的創造之間存在缺裂和分歧，但連繫的記憶仍持續著，還有藉救贖而歸回的指示。

然而，基督教救贖論認為，人性，如我們現在看到並知道的，並非上帝原先意願的人性。這迫使我們在原初的人性與墮落的人性之間——理想與現實、原形與實存之間——劃出一條清晰的分界線。住在我們裏面的上帝的形象受到了損害，但並未被消滅。即使我們是墮落了的受造物，我們仍然是上帝的受造物，我們是為上帝的臨在而被造的，然而因著我們的罪，這臨在成了一個夢。那原本應該充滿上帝的知識、榮耀和臨在的，如今卻依然空空如也。

因此我們與上帝的關係是有裂縫的，我們沒有完全接受上帝。創造確立了一種潛能，由於罪，這種潛能無法實現——然而由此造成的傷害和痛苦卻始終留存在我們的經驗裏。正是這種落空感本身隱伏著一個接觸點的觀念。我們意識到某種東西正在失去。我們可能無法明確説出這是甚麼，也可能對它無能為力，但基督教的福音有能力詮釋我們這種渴望感和未被滿足感，認為這是一種對上帝缺席的覺醒——因而要預備實現這種渴望的道路。我們一旦覺察我們的不完全和缺少某些東西，我們就開始想知道那種靈性的空寂是否可以得到滿足。就是這份推動力隱伏著人要追求宗教滿足——福音把這種要求倒過來，説我們被上帝的恩典所尋求。

隱含在奧古斯丁的名言後面的正是這種觀念：「祢為自己創造我們，我們的心靈不能安靜，除非得以在祢裏面安靜。」[43]創造論與救贖論結合起來，詮釋這種不滿足感和未完成感為一種失落（與上帝契合的失落），但這失落是可被修補的。它們提供一幅破損的人性圖像，但這破損的人性仍能意識到自己的損失，仍能盼望有朝一日恢復原狀。福音有一個自然的接觸點，因為未實現的人性要藉自己的行為使自身完滿。奧古斯丁談到上帝「愛的回憶」[44]時充分捕捉到這觀念，這是一種上帝的**回憶**，因為它建立在創造論和救贖論之上，認為因著罪我們某程度上**損失**了某些東西，而透過恩典我們對這種損失多少有所意識。這是一種**愛**的回憶，因為這是一種神聖的思念感，一種屬靈的渴望感，渴望擁有更多那些我們現在已經擁有但只擁有了一部分的東西。

因而這個接觸點就是對上帝過去臨在而現在沒有臨在的意識或覺醒，這足以促使我們立志藉著上帝的恩典回憶祂臨在的整體。這是一個觸發器，一個刺激源，對尚未到來之物的一種先覺，對我們已經擁有之物的不當和貧乏的一種暴露。用奧古斯丁的話來說，接觸點就是對上帝的一種隱藏著的回憶，這種回憶與他的造物主接觸而變得明顯起來，因為他的造物主有潛能引我們走向那源頭，使我們那種苦樂參半的渴望得以滿足。

這就是一個確定的詮釋框架，它穩固地建立在聖經與基督教傳統之上，其目的是要理解大部分人類的宗教經驗。一種似乎存在於宗教經驗後面的基本推動力——對超然者的追求——可以在基督教神學的框架內得到解釋。因為篇幅的問題，我不想對這一點在此進一步討論。但我的基本旨趣是福音本身有能力讓我們理解為甚麼有眾多人類宗教傳統存在，為甚麼它們之間至少有某種程度的一致性，就是都追求滿足。那種一致性的程度可以從**神學上證明是合理的**，並且必須**從護教學上進行探討**。

那麼要理解基督教在世界各個宗教中的救世地位可以採取甚麼進路呢？最有效的起始點是探討「救贖」概念本身。基督教的「救贖」概念是十分複雜和細微的，新約中使用的那些意象陳構出它不同的層面，包括個人關係中衍生出來的用語和概念、身體上的醫治、法律上的交換和道德上的轉化。然而在對救贖本質的豐富而多樣的理解中，有一個因素是始終存在的:無論怎樣理解救贖,它都是建基於耶穌基督的生命、受死和復活。[45]

救贖只有基於耶穌基督才有可能發生。早期基督徒毫不猶疑地用「拯救者」(希臘文:*sōtēr*)來指稱耶穌基督,雖然事實上這個用語早已廣泛地在福音最初出現的複雜而多元宗教環境中使用。對新約的作者而言,耶穌是人類惟一的拯救者,基於新約作者的證據,這個結論是完全恰當和必須的,這些關於耶穌的證據必須朝這個方向詮釋,因而事實上就是這樣詮釋的。

但這並非意指早期基督徒認為作為「拯救者」的耶穌所提供的,是與那些在他之前同樣有這稱號的人所提供的「拯救」(*sōtēria*)是一樣。在古典希臘宗教中,波塞冬(Poseidon)與季奧斯科奧(Dioskouroi)皆被稱為「拯救者」,[46]然而當中「拯救」的意思是指短暫地從一種當下的威脅中釋放出來,而非任何永恆的救贖。

新約肯定上帝在耶穌基督身上救贖行動的**獨特性**,[47]建基於新約的早期基督教傳統再一次肯定這種獨特性。雖然上帝的啟示可以越過耶穌基督(因為上帝通過諸如創造的自然次序、人的良知和文明這些方式啟示各種層次的自身),但不能認為關於上帝的一般知識必然包含普世救恩。加爾文對「創造主上帝的知識」與「救世主上帝的知識」作了著名的區分,由此說明人可以得到關於上帝的各種不同形式的知識。[48]前者是普遍可獲取的,透過自然和聖經(在一種完整和一致的方式下)獲得;後者是基督教對上帝獨特的知識,就只能透過耶穌基督才可得知,因他在聖經中被啟示出來。因此加爾文完全可能毫不猶疑地承認——比如——猶太人和穆斯林都能獲得關於創造主上帝的知識;

基督教對上帝的獨特理解則把上帝看作是救贖者，而不只是一個創造者。

加爾文在此表達出在基督教神學中由來已久的共識，上帝知識是可在基督教傳統以外獲得的。在改革宗傳統中，加爾文的一般立場得到保持，雖然巴特有力的挑戰遂使一種基督中心論轉移到基督惟一論立場（巴特堅稱在基督以外沒可能獲取任何上帝的知識）。改革宗傳統內強大的自然神學傳統指向一種建基於聖經的信念，就是上帝在世界內並不是沒有留下任何見證的，無論是自然本身、古典哲學，或其他宗教，都有祂的痕迹。[49]例如：羅馬書一章18至32節清楚指到神聖啟示在耶穌基督來到之先已在人類歷史、文化和經驗中出現，並且標明這一切可被視為福音的預工（*praeparatio evangelica*）。

相同的普遍原則在路德宗的教義學中得到維持，並且經常以「隱藏的上帝」（*Deus absconditus*）和「啟示的上帝」（*Deus revelatus*）的區分來表達。正如巴克頓指出，路德宗傳統承認在上帝啟示中有一種兩重結構：創造和律法中「隱藏的上帝」與約和福音裏「啟示的上帝」。[50]相似的進路亦在第二次梵蒂岡會議（Second Vatican Council）出現。[51]在談到基督教羣體之外的上帝知識時，我並非談論某些新奇、獨有或特別富爭議性的東西，只是重申一種在基督教神學中由來已久的共識。

雖然如此，一些修正還是必須立即補充如下：

首先，基督教傳統對「上帝」擁有特別的理解，這並不能與其他宗教內對神聖的諸概念相混淆。容許在非基督宗教內能認知某些上帝知識，並非是指他們對上帝的每一個層面的理解是與基督教一致，或者基督教對上帝理解的每一個層面皆可在其他宗教內找到。我們談論的是「接觸點」和一般的聚合點，而非同一和一致的贊同。

其次，在基督教的理解中，上帝的事實或認知性知識不能視之為救贖本身。正如齊克果在他的《非科學性附言》指出，我們完全可以認識基督教對上帝的理解而不需要成為一個基督徒。[52] 上帝知識是一回事，救贖又是另一回事。在非基督宗教內能認識某些上帝的知識並不等如可透過這些宗教而獲取「救贖」(以基督教來理解這用語)。

此外，「救贖」這概念在不同宗教中存在差異。尤其在西非的一些土著宗教中，他們的救贖概念往往看不出與甚麼超越性的元素有關。由於在其他信仰的宗教作品，尤其是那些源於印度和中國的宗教作品，譯成英語時不夠嚴謹，而且怠惰，就出現了一種錯覺，以為一切宗教的「救贖」概念都是一樣的。其實，用英語裏的「救贖」來翻譯梵文和漢語時，往往包含與基督教概念完全不同的含義和關連。翻譯過程把這些分歧都蓋住了，反而提出一種事實上不存在的一致性。這些問題非常重要，必須進一步詳細考察。

一、基督教對「上帝」的理解

曾有一個時期，人對一種觀念產生一定共鳴，就是：如果基督教接受一種「哥白尼式的革命」(Copernican revolution)，不再把耶穌基督看作核心意義，而開始把注意力集中在上帝之上，那麼世界各宗教之間的相互理解就會得到加強。這種觀念向我們保證，以上帝為中心必比以基督為中心更有幫助。這種代模的吸引力到現今已基本消退，因為其智性基礎和實際效用所顯伸的貧乏已清楚可見。希克曾一度認為，應當把一切宗教看作如同環繞太陽運行的星體，[53] 但潘尼卡（Raimundo Panikkar）從印度人的視域出發，不單批判這個概念，並且支持在這核心中完全移除「上帝」或「絕對者」，應當把每一種宗教都看作是一個獨立的星系，與其他同樣獨立的星系彼此圍繞著。[54]易而言之，每個宗教本身都是獨特的。

最終，一種道成肉身基督論就被視為宗教間理解的嚴重障礙，同樣《可蘭經》亦是一種障礙。兩者在信仰的整合中皆構成困難。取消他們只會徹底地改變他們的信仰，協助宗教間的復和只能導致對這些宗教的獨特性的破壞。多元論者基於甚麼權威來作出這種責罵性的進路，對這些體系的完整性橫加干涉？這或許是在學術的研討室內假設的一種可能性，但在真實世界上我們必須學會忍受各種信仰的特性之間的衝突，而不是試圖去磨平他們的差異。諸宗教不是灰泥，可由多元論的意識形態任意搓糅，它們乃是活生生的實體，需要尊重和敬仰。

一個簡單的事實出現，就是傳統基督教神學強烈反抗宗教多元論者的同一化議程，部分原因是由於它的「高等基督論」（high Christology）。[55]認為所有宗教大致上是談及同一個「上帝」的這種說法會發覺與某些重要的基督教觀念格格不入，最明顯是道成肉身論與三一論。例如：倘若上帝是「基督似的」（Christ-like；這是有關基督神性教義的不容妥協之用語），則耶穌的歷史形象，連同在聖經中對他的見證，將對基督教有著根本的重要性。這類獨特的教義會讓那些盼望揭穿他們所謂的「基督教獨特性的神話」的人感到尷尬，他們遂要求基督教放棄一些如道成肉身這類教義，因這類教義隱含一種高調處理耶穌與上帝等同的關係，有利於各種「程度基督論」（degree Christologies），這類基督論更符合自由主義的化約性計劃。同樣，從基督論意義上顯明或界定的上帝觀念被棄之一旁，因為這種觀念在神學上對耶穌基督的身分和意義有著重大的含義，而在自由主義的多元論看來卻是一種尷尬。我們就轉向對這兩點的思考。

首先，拒斥道成肉身的觀念，並且常常把它看作一種神話而予以拒斥。[56] 希克和他的協作者基於各種邏輯和常識理由拒斥道成肉身，但沒有討論為甚麼基督徒一開始就提出這種教義的問題。[57] 對道成肉身被排斥是隱伏一個議程的，而這議程的核心部分就是要消除基督教徹底的**特殊性**。因而，就在耶穌基督這個歷史人物和宣稱他可代表的原則之間作出了明確的區分。許多的多元主義作家都想區分「耶穌－事件」（對基督教而言是獨特的）和「基督－原則」（可在所有宗教傳統中獲得，並以他們獨有的方式表達但卻同樣有效），涅特只是其中一個。

探究一下產生這些新情況的壓力是適當的，其實也是必不可少的，因為一種隱藏的多元論議程似乎指導著這種抨擊基督論的結果——這是潘寧博對希克的道成肉身論所指出的極為深入的批判性觀點。「希克提出以宗教多元主義取代真正的基督教神學，這是以消除傳統的道成肉身教義作為先決條件的。」潘寧博指出，希克所認為的這種排斥其實早已出現，並指責他在得出這種結論時作出了不適當的選擇，更不要說他對近年來的德國神學完全陌生！[58]

同樣非常重要的是，多元論議程迫使它的倡導者為要附合它的需要，對基督採取異端觀點。它努力把耶穌套入「人類偉大的宗教教師」的模型中，使伊便尼式異端（Ebionite heresy）得以復活，並產生了政治上的改正。耶穌是人類偉大的宗教教師行列裏其中一個宗教性選擇。

其次，上帝透過基督而被認識這觀念亦被排拒。因著被「哥伯尼的革命」這形象所迷惑（可能這是在這方面的當今著作中最多被使用和誤導的片語），多元論者要求基督徒離開關於基督的討論，轉向關於上帝的討論——然而沒有認識到「基督徒的上帝」（特土良）或許跟其他神祇有著差別，而三一論則清楚地說明了這種差異的性質。許多的多元主義作品談論「上帝」或「本體」時表現含義模糊、極不嚴謹，這不是神學上馬虎和混亂的結果，它代表著對有關上帝的真正和獨特的基督教觀點的蓄意排拒，目的是要指出基督教只不過是自然宗教的重新再版（使用英國理神論者廷德爾〔Matthew Tindal，1656～1733年〕的一個用語）。[59]因而必須承認，對基督徒而言，談論三一神就是談論一個獨特的上帝，而非一般性的「神祇」。這位上帝選擇以一種非常獨特的方式在耶穌基督裏並藉著他顯明上帝自己，規範性多元主義議程的一個重要部分是對任何與上帝本性、目的和位格作基督教理解的獨特性都要排拒。

從人類的宗教歷史表明，普通人對神的數目、本性和特點的觀念是極其模糊而混亂不清的。基督徒強調必須敬拜一位決意要將自己顯明出來的上帝，而不是一般性的諸神（以色列對迦南宗教的嚴厲譴責在這裏顯得重要）。正如燕臣（Robert Jenson）那令人信服的定見中指出，三一論就是試圖把這位上帝的身分清楚地表達出來，避免與其他同樣冠以這名稱的實體相混淆。[60]三一論替「基督徒的上帝」的特殊性、獨特性和最終的**獨一無**二給出界定和辯護。新約以其特有的語言論到「我們主耶穌基督的上帝和父」（彼後一3），把上帝的身分置於耶穌基督的行為與苦難之中，從而進一步闡析了這種發展。直接了當地說：對基督徒而言，上帝是在基督論意義上顯現出來的。

這點十分重要，很多西方宗教多元論者似乎（無論他們有否承認）都在處理一個被基督教傳統所塑造的上帝概念。例如：多元論者經常上訴於一個滿有恩慈和愛的上帝概念，然而這是一個基督教獨有的上帝概念，歸根結底是植根於並具體化在耶穌基督身上的。根本就沒有一種「獨立於傳統以外的上帝概念」。即使康德的上帝觀念，自稱是純理性的因而與文化無關的，實際上卻是民族中心性的，深受植根於康德所處的社會環境的隱含的基督教理論影響。正如德科斯塔（Gavin D'Costa）指出，希克的上帝觀念（在其多元論世界觀扮演著重要的角色）是完全由基督論因素決定的（無論他是否察覺或是否準備承認這一點）。他問：「希克如果不是把上帝的普世救贖論這個重大真理建立在上帝藉基督的啟示上，他怎能解釋這個理論，並由此使基督論再回到舞臺的中心呢？」[61]

多元論者在上帝與基督之間劃上一度鴻溝，好像基督徒必須作出非此即彼的選擇。因著鐘擺偏向一種神中心論（theocentrism）的進路（認為「神」是一切宗教傳統所共有的），宗教多元論者的基督論就被化約成微不足道的命題。要讓現代社會認為基督教傳統中的基督論是值得接受的，這種可能性微乎其微（令人尷尬的是，這種基督論曾被早期教會視為異端而拒斥）。如果多元論者在基督之外有某種不會錯的知識源頭可以認識上帝的本性和旨意，那麼福音還有甚麼意義？沒有基督也能認識的上帝會是怎麼樣的上帝？是我們所談到的「我們主耶穌基督的上帝和父」，還是另外的神？任何一個上帝觀念惟有當它符合上帝藉耶穌基督自我顯示——這是藉聖經向我們顯明的——這一標準才能說是「基督教的」。

這點跟我們討論的主題有甚麼相干呢？救贖——按基督教對這個概念的理解——需要改變與上帝的關係，無論是以人格、道德還是律法的角度來理解。但我們所談的是哪位上帝？舊約作者十分清楚，「救贖」是一種新關係，不是與迦南、非利士或亞述的神的關係，而是與以色列惟一立約的上帝的關係，他們通過別具一格的人格稱號「主」來認識這位上帝。對基督徒而言，救贖的概念清楚包括和環繞著一種關係，這關係不能離開「我們主耶穌基督的上帝和父」來理解。因而我們所處理的是一個高度個別化的救贖概念，這一點會於下文清楚地顯示出來。

二、耶穌基督在救恩中的位置

我們已經論到耶穌基督在基督教的上帝觀中的重要性，也論到多元論最終傾向——如神學家柯格（Harvey Cox）所說的——「淡化耶穌本人的形象」。柯格曾被認為是六十年代極為激進的神學家之一，在他看來，對基督徒來說，參與有意義的信仰間對話的最適當的方式就是首先認定「在某些方面，耶穌就是基督教最獨特的元素」。[62]他指出我們需要從某種具體的和歷史的事情開始，而不是從某種抽象的符號開始。並且對基督徒而言，這個獨特原素就是耶穌基督。基督教神學、靈修和敬拜全都具有濃厚的基督中心論色彩。

新約尊崇並且將這種基督中心論合法化，它不僅視耶穌基督為神聖救贖的表現，這表現可在其他形式中找到；而且明確地認為他對救贖具有建構性意義。在基督教傳統中，耶穌不只是「被差遣者」（*Rasul*），他與差他來的那位一樣具有建構性，是先知和救主。多元論者在這裏有很多選擇，可以宣告新約在這點上弄錯了（這使一個嚴肅的評論不可能成為基督教評論），也可以認為新約的宣稱對基督徒或許是真，但這一點在教會以外（*extra muros ecclesiae*）卻沒有規範力量。[63]然而新約清楚地認為耶穌基督是（至少潛質上是）世界的拯救者，並非只是基督徒的救主，由此表明他的救贖工作具有強烈的普世特點。

三、救贖的本質

希克在一部重要著作中認為所有宗教都存在一種共同核心的結構，它「基本上展示一種相同的救贖結構，亦即是說，它們全都關注於拯救／解放／蒙光照／成就。」[64]然而，人可以合理地注意到，這些救贖概念是以完全不同的方式形成的，並且對其確立或獲得的理解方式也各不相同，惟有抱著堅定的決心持之以恆地把它們看作是同一個大全的不同方面的人，才可能有足夠的聰明才智這樣做。基督教跟撒但教對救贖的理解真的是一樣的嗎？我那些撒但教朋友肯定不會這麼認為。事實上，撒但教徒也承認有一位上帝，但卻選擇敬拜祂的對立面。這種二元論對宗教多元論肯定不妙。

一個比較中立的觀察者不會頑固地堅持世界上的一切宗教本質上都是相同的觀點，而會合理地指出，它們不只提供了獲得救贖並使之概念化的不同途徑，還提供了不同的「救贖」。拉斯塔法裏的信奉者（Rastafarian）對天堂遠象就是，白人奴隸要服事黑人；荷馬的塔爾塔羅（Tartaros）觀念；古代挪威的瓦娃拿（Vallralla）概念；佛教的涅盤觀念；

基督教對復活得永生的盼望——都明顯地有天淵之別。既然這些不同途徑所要達到的目標彼此全然不相關，那麼怎麼可能所有的救贖都同等「有效用」呢？

正如上文談到，不同宗教就救贖的本質有著巨大的差異。基督教救贖的概念集中於建立上帝（基督教的理解）與祂子民的關係，並且用許多不同的意象來陳構他們的許多層面，這些救贖的眾多意象背景有著「在基督裏並藉著基督得救」這個共同主題，亦即是說，救贖只有在耶穌基督的生、死和復活的解釋下才可能，並且救贖是在他的形象中被塑造的。正如諾亞這樣評論，當基督徒嘗試解釋「救贖」一詞包括甚麼時，他說：

> ……我們發覺自己是在談論三一上帝；耶穌基督的道成肉身、受難、死亡和復活；恩典、罪和稱義；變象和神性化；信心、盼望和仁愛；誡命和道德價值；並其他基督教所特有之事情。在嘗試回答一個同源的問題時，倘若另一些宗教傳統的成員，如佛教徒，對涅盤及其一切相關的東西情有獨鍾，我們不應感到奇怪；倘若救贖和涅盤的描述不能融合時，我們亦不應驚訝……救贖對基督徒而言是有特別的內容，它包含一種因基督而可能存在的，在人與三一上帝間的人際關係上的契合。至少在表面看來，這與佛教徒所追求的似乎完全不同，因為佛教徒遵從「八正道」(Excellent Eightfold Path) 最終達到開蒙和涅盤中無我的境界。至少表面來看，佛教徒所謂的「涅盤」與基督徒所謂的「救贖」似乎不能一致。[65]

救贖概念在不同宗教之間的差異，同樣也反映在宗教羣體的敬拜中。那些被佛教救贖觀念（或者更準確地說，各種佛教傳統裏許多可選擇的概念之一）吸引的人就幾乎不願意成為基督徒，因為在基督教神學中，敬拜與禱告是緊扣於一連串關於耶穌基督其人和工作的確定信念中，基督教敬拜反映了關於救贖和救主本質的特別信仰。溫賴特（Geoffrey Wainwright）及其他人曾強調神學與敬拜學如何緊扣在一起，[66]以致不可能把佛教對救贖的觀念嫁接到一個基督教敬拜羣體中去。同樣，穆斯林對基督徒敬拜耶穌基督仍保持著高度的懷疑和批判。（這種情況通常被看為對以他哈大〔*ittakhadha*；編按：「以他哈大」一詞出自《可蘭經》，意即「接受、接納」〕的異見一般，只承認耶穌是上帝一位肉身的兒子。）

多元論作家有時會提到印度教中的「幼子式救贖」（kitten salvation），認為這表明恩典概念並非基督教所獨有的。在印度教獻身實踐（*bhakti marga*）傳統中對「幼子式救贖」和「猴子式救贖」（monkey salvation）的區分是基於老虎母親總是帶著自己的小虎子，而猴仔則必須攀住母猴這事實。「幼子式救贖」這種印度教的獨特形式常常用來作為上帝的恩典覆蓋著諸宗教，使得他們聚合在一起的標記。

然而真實情況並非如以上的分析那麼簡單。從吠陀時期（vedic period，公元前2000～600年）的印度教的任何基本文獻中都找不到這個概念，泛神論時期（pantheistic period，公元前600年～公元300年）也沒有。它是在普蘭那時期（puranic period，公元300～1200年）出現的，這個時期基督教的敍利亞諸形式已在印度的南部得到建立，並且與中世紀作家羅摩奴闍（Sri Ramanuja，約1050～1137年）有關。[67]認為「幼子式救贖」指向印度教與基督教之間的一種內在相似性，這是危險的簡單化看法；這也同樣表明眾所周知的某些印度教作家有「借用」基督教觀念的傾向。[68]相似性可能只是反映了與某些印度教強烈的混合主義傾向有關的借用形式，並不必然反映根本上的趨同性。

讓我們記住這些觀點來思考這個問題：「基督教之外有救恩嗎？」由於維特根斯坦的作品，神學家因而對使用詞語是非常敏感，要求必須確立詞語的語境。[69]對維特根斯坦而言，詞語是在「生活的形式」(Lebensform)中使用的，因而「生活的形式」對確立詞語的意義非常重要。同樣，基督教的「生活的形式」對理解基督教的救贖所隱含、預設和表達的意思舉足輕重。

正如維特根斯坦指出，同一個字可以在眾多意義下使用，處理這個問題的一種方法可能就是造出一種全新的詞匯，以致當中每一個字的意義都可以準確而毫不含糊地被界定，但這並非一個實際的選擇。語言就像宗教一樣，是一種生活的實體，是不能強迫以一種人工的方式來表現的。據維特根斯坦認為，一種較可接受的進路是盡力找出該字詞應如何被理解並界定它特別的意義，以免與其他意義相混淆，這包括對它所連繫的字在「生活的形式」中與之關連的用法作小心的研究。[70]涅特似乎十分欣賞這點，他注意到「所有知識都是有理論支撐的」，並總結出「每一個宗教必須在它本身的語言遊戲中談論的。」[71]這種對維特根斯坦式概念的使用清楚表明，人已經意識到必須確定詞語在「語言遊戲」中的使用方法，從而**在使用它們的傳統中**界定它們的具體含義。「救贖」顯然就是這樣的一個例子。它在基督教傳統中的使用和所關連(尤其是敬拜)字眼的指向，對於向信徒傳講的基督教信仰、它的根基及其形成方式，是有一種獨特的理解。[72]

倘若把「救贖」理解為「給予羣體成員或者他們獲得的某種個體的或集體的益處」，則所有宗教皆能提供「救贖」。一切——絕不僅僅是宗教——都在提供**某些東西**，但這種一般性的陳述句在神學上毫無價值。否則，所有宗教，包括政治理論如馬克思主義、心理治療學派如羅傑式的治療（Rogerian therapy），皆可合理地被看作是「救贖性的」。[73]

「所有宗教都提供救贖」這命題潛質上不外乎是同義反復的邏輯，惟有使用最激烈的方式才能説一切宗教都提供同樣的「救贖」。要尊重世界上各宗教的完整性，就要求把「救贖」獨特化，也就是説，對某種宗教關於救贖（包括它的基礎、它的傳遞和獲得的方式，以及內在本質）的理解的獨特形態學必須尊重，不可強迫它同一化以滿足學術界某個壓迫羣體的需要。

每一個宗教的獨特性質都可以並且必須得到肯定。佛教提供了一種「救贖」的特徵，正如基督教提供了另一種救贖一樣。若認為佛教沒有提供基督教式的救贖，這不是對佛教的指責，正如説基督教的救贖觀不同於佛教，這絕不是帝國主義者。這些差異反映出一個簡單的事實，就是基督教不是佛教。重要的是彼此尊重和尊崇差異，並且反抗一種要強迫他們進入同一代模的引誘。

根據這種進路，可以提出以下三點：

首先，基督教有其對救贖的本質、基礎和獲取方法有特別的理解。[74]基督教對救贖的理解，就好像對上帝的概念一樣，是以基督論來決定的。把「上帝」一詞以含糊和同化的方式來理解是不合法的，這做法只會引申出所有宗教皆分享同一神衹的觀念，若是如此的話，使用「救贖」這個詞在甚督教身上便成為不適當的，因為它成為一切宗教共有的。

需要指出的是英語對其他宗教著作的不準確翻譯經常助長了樹立多元主義的同化議程。「救贖」一詞的英文經常被用來翻譯成希臘文、希伯來文、亞拉伯文、印度文和中文這類其實有著龐大複雜性的用語；結果，彼此迥異的概念常常因著使用同一個英文詞語來翻譯，使這些宗教作品之間存在著某種一致性，而其實在他們原本的語言和語境中根本沒有如此共同的觀念。「救贖」是獨特性而非普遍性的。一種迫切的需要就是更多地注意各宗教中關於「救贖」這詞匯所關連的意義，而不是讓詞義上的含糊性導引出神學上的混亂。

其次，**從基督教角度來表達的一個術語**，就是基督教是惟一一種提供救贖的宗教。這種表達在語言上是累贅的，然而在神學上卻是用了精確的句子來承認的一點——是維特根斯坦所強調的，就是極之需要把這概念的關聯和被使用時所持有的特別意義弄清楚。因為若不確定「救贖」這個詞的語境，它就是沒有意義的，因此必須建立賦予詞以獨特意義的「生活的形式」。在此，就需要追溯到新約並與基督教傳統聯為一體的基督教教義、敬拜和盼望的世界。

第三，基督教意義上的救贖對那些基督教團體之外的人來說，是一種真實而頗具吸引力的可能性。福音主義——現已被公認為對全世界的基督教教會都具有重要意義——的整個事業就是要把這個好消息向全世界宣告。

四、基督教救贖與世界諸宗教

討論完以上三點後，讓我們回到其他宗教內救贖的問題。所有宗教在它們本身理解中都具有救贖性，他們可提供個別的救贖概念。然而我曾強調這裏基督教有獨特的救贖觀，它是獨特地建基於耶穌基督的生、死和復活；肯定基督教那種獨特的救贖理解，並不等如否定其他信仰可從本身的角度提供「救贖」；只是我們要注意的是，「救贖」對不同的信仰有不同意義。因此，救贖是個別的而非普世的。基督徒希望與他人分享自己對救贖體驗和盼望，這是完全合法的；這樣作並非看輕其他人，只是希望能分享一種**基督教**獨有的救贖經驗。在觀念的自由市場內，基督教救贖觀的吸引力和相干性將決定其他人是否願意接受這種救贖觀並因而成為基督徒。

因此，從基督教的意義上，救贖是藉著普世教會而獲得的。基督教宣告的救贖是一種可實踐於普世，它並不受制於任何地理上、文化上或社會性的差異，並不需要參與一個基督教宗派而去獲取上帝的救恩；正是因為領受了救恩所以進入教會——教會不是指某個建築物，甚至不是指某個教派，而是指一代一代信徒組成的羣體。基督教絕不會說救贖只對那些在救恩的界線內的人才是可能的；那些在它界線之外的人也同樣受歡迎進到這筵席中一同分享，只要他們依次整好裝束（參太二十二1～12）。不會強迫誰參加，但這邀請是普世性的，邀請的個別性（因它建基於基督其人和他的工作）無損其普世的宣告和訴求。

新約一方面明確肯定上帝在耶穌基督中救贖行動的獨特性，同時也指出上帝救贖意願的普世性，上帝願意所有人得救並認識真理（提前二4）。上帝意願祂的恩慈臨到世人（羅十一32），上帝不願一人滅亡，願意萬人得到拯救（彼後三9）。一個負責任的基督教神學一定要有能力在這創造性的張力中適應下來，這張力是由於新約同時肯定基督其人和工作的獨特性和他使命範圍的普世性。[75]

要消除這種張力，不能僅靠簡單地採取一種普世救恩的路徑，宣稱最後所有人都必得救。[76] 這種進路有它的吸引力，尤其因為它顯然更忠實於一位充滿愛的上帝這個主題。[77]但這種觀點要求包含一定數量的外加信念，包括所有人都**被允許**得救。倘若某些人希望行使上帝所賜的自由，去選擇拒絕上帝這份禮物而走自己喜歡的路又如何呢？在這種情形中，普世救恩論（universalism）要求我們設想上帝強行將救恩賜給每個人。從「所有人都將得救」這種樂觀的論點到「所有人不管願意與否都必須得救」這種權威性宣告之間只有一小步之遙。

基督教所理解的上帝的愛是一種容易受傷害的愛，這份愛是透過基督來給予我們，上帝知道我們可能會拒絕他，但仍把自己獻給我們。普世救恩論否定人有權對上帝說「不」，縱然它在剛開始時有吸引力，到頭來它就轉到其陰暗面，因為它要宣告所有人都被命定要得救的，這就正正引起關聯於神聖主權與人的責任這類問題，加爾文的進路也產生過同樣的問題，這種進路在多元論者心目中已不能引發他們的興趣了。

宗教史達林主義？多元主義與現代性議程

我們在這章曾討論過的規範性多元主義本身是依賴於現代性議程，並且是它的一個直接後果，這種多元主義的形式不外乎是啟蒙運動的一種智性的衛星，不可分開地連結於啟蒙運動的整體化和同一化議程中。較早時候，在闡析現代性的智性的輪廓時（參頁195～221），我們已注意到現代主義兩個核心主題：

- 一種「整體化」的催促力，使然堅持所有事物都要作為某種宏大理論或「後敍事」這方面來理解。
- 一種操控原料——文化的、智性的或物理性的——的欲望，正符合人類的許多欲望。

這兩種主題皆可在多元論的議程中被識別出來。這些主題告訴我們，一切宗教都必須從多元論的視角來看，惟有這種視角才能保證可以按宗教應有的意義理解宗教。如果宗教恰好有不符合這種特別典範的前設的，那就要迫使它們去符合這些典範。以基督教為例，就是要被置於一種放棄耶穌基督的神性和復活，並三一論的傳統信念的壓力之下，這無異等於是智性上的史達林主義。在作這斷言時，我是故意指向隱伏在規範性多元主義、納粹主義和史達林主義下的現代性議程和根源，這三者皆是現代主義的智性殖民地，受制於相同的規則和前設，即使他們在具體詳細的情形上有著差異。

最後，後現代性所提出對現代性的批判，是對規範性宗教多元主義有相同（若非更大）的力量：這種多元主義實際上有壓抑性的潛質，而無法認真地看待諸宗教之間的整合性。以為所有宗教最終只是同一個超然實體的表達，這種信念從最好方面說是虛幻的，從最壞方面說則是壓迫性的。它是虛幻，因為它缺乏任何實質性的基礎；它是壓迫性，因為它把那些掌握知識權的人的議程系統地強加在各種宗教以及它們的信徒身上。把這種多元主義的後敍事強制性地加在宗教身上最終就是要求**操控權**——既有尼采式權威和權力，能根據一己的意願去塑造材料，又能獲得一種特權觀點，把一切宗教相對化。正如伊格爾頓指出，「後現代主義標誌出這種後敍事的終結，他們隱祕的恐怖主義功能建立了和合法化了一種對『普世』人類歷史的虛幻。我們現正從現代性那些操控理性和整體性的拜物崇拜的惡夢中驚醒過來之際，又進到後現代的多元主義中，在那種生活風格和語言遊戲的異性寬度中放棄對整體化和合法化本身那種依戀式的衝動。」[78]也許規範性多元主義應該面對這些問題，並問自己究竟有沒有預備好讓基督教成為基督教，而不是簡單地強迫它成為一種對某個未知的、也不可知的、但又整全的普世實體的表達。

多元主義的吸引力並非在於對真理的宣稱（這愈來愈被視為膚淺和難以捉摸而予以拒絕），而是它宣稱在所有宗教之間推行容忍態度。然而這種宣稱亦是由現代性所製造的，例如：萊莘在《拿單這聰明人》（*Nathan the Wise*）中的比喻。對他而言，這種意識形態可促進許多宗教之間的容忍；[79]然而對史達林而言，相同的意識形態對他們而言，最終卻能掌握著鎮壓和消滅的鑰匙。規範性多元主義正冒著相同的危險。容忍更可能源於對其他宗教的尊重，而不是把它們都套進一個人為的框架裏，壓制他們的獨特性，使觀察所得的符合理論。

結論

福音主義認識到，基督教存在於各種宗教中間，存在於世界的某些地區，處於一種希望從一種平等的政治角度來看待一切宗教的文化之中。但它認為沒有必要因為這些因素就放棄或離棄任何基督教信仰的核心信念，這種離棄可被看作是對文化壓力的投降，這是完全不恰當的。福音主義肯定基督教信仰的獨特性，要求它的整合性得到尊重，拒絕文化壓力把它的信念和宣稱同一化。由於啟蒙運動的心態已經離我們愈來愈遠，因此我們有很好的理由來堅持應該公開宣稱基督教的獨特性和個別性，並依此而行。

註釋：

1. Michael Green, *Acts for Today: First Century Christianity for Twentieth Century Christians* (London: Hodder & Stoughton, 1993), p. 38.。就關聯於整個早期教會的這些評論的評價，參Robert L. Wilken, 'Religions Pluralism and Early Christian Theology', *Interpretation* 44 (1988), pp. 379～391。這章的部分內容原初以論文形式刊載於：Alister E. McGrath, 'The Challenge of Pluralism for the Contemporary Christian Church', *Journal of the Evangelical Theological Society* 35 (1992), pp. 361～373，以及 'The Christian Church's Respouse to Pluralism', *Journal of the Evangelical Theological Society* 35 (1992), pp. 487～501。
2. J. A. Di Noia, OP, 'Christian Universalism: The Nonexclusive Particularity of Salvation in Christ', in C. E. Braaten & R. W. Jenson (ed.), *Either/Or: The Gospel of Neopaganism* (Grand Rapids, MI: Eerdmans, 1995), pp. 36～47，特別參頁36～37。
3. John Hick, *Problems of Religious Pluralism* (London: Macmillan, 1985), p. 102.
4. Diogenes Allen, *Christian Belief in a Postmodern World* (Louisville, KY: Westminster/John Knox, 1989), p. 9.
5. Lesslie Newbigin, *The Gospel in a Pluralist Society* (Grand Rapids, MI: Eerdmans, 1989), p. 1.
6. 殉道士游斯丁討論到「基督之前基督教」正是顯示出早期基督教作家對異教持續性存在的一種敏銳，特別參 *Apologia,* I.xlvi.1～3；在 A. Wartelle (ed.), *Saint Justin: Apologies* (Paris: Etudies Augustiniennes, 1987), 160.1～10。
7. 這類文獻參考也很多，就阿拉伯的環境，參 Robert B. Betts, *Christians in the Arab East* (Atlanta, GA: John Knox, 1989)。印度的處境，參 Stephen Neill, *A History of Christianity in India* (2 vols., Cambridge: Cambridge University Press, 1984-85)。
8. 卓越的研究，參 P. J. Marshall & G. Williams (eds.), *The Great Map of Mankind: British Perceptions of the World in the Age of Enlightenment* (London: Dent, 1982)。
9. 無可否認的是整幅圖畫是比這種普及化所描述的更為複雜，參 Djavad Hadidi, *Voltaire et l'Islam* (Paris: Publications Orientalistes de France, 1974)。
10. 這裏有許多的文獻，以下是一些較典型：*Economic and Social Impact of Immigration* (Ottawa: Economic Council of Canada, 1991)；Leon F. Bouvier, *Peaceful Invasions: Immigration and Changing America* (Washington, DC:

Center for Immigration Studies, 1992)；James Jupp and Marie Kabala, *The Politics of Australian Immigration* (Canberra: AGPS, 1993)。

11. David Tracy, *Plurality and Ambiguity* (San Francisco: Harper & Row, 1987), p. 90.
12. John Milbank, 'The End of Dialogue', in G. D'Costa (ed.), *Christian Uniqueness Reconsidered: The Myth of a Pluralistic Theology of Religions* (Maryknoll, NY: Orbis, 1990), pp. 174～191；引自頁176。這文章值得細讀。
13. Ninian Smart, 'Truth and Religions', in J. Hick (ed), *Truth and Dialogue: the Relationship between World Religions* (London: Sheldon, 1974), p. 57.
14. John B. Cobb, Jr, 'Beyond Pluralism', in D'Costa (ed.), *Christian Uniqueness Reconsidered,* p. 84.
15. Anthony Giddens, *Sociology* (Oxford: Polity Press, 1989), p. 452.
16. Paul Knitter, in J. Hick & P. Knitter (ed.), *The Myth of Christian Uniqueness* (Maryknoll, NY: Orbis, 1988), p. 184.
17. 參 Arnulf Camps, *Partners in Dialogue* (Maryknoll, NY: Orbis, 1983), p. 30。
18. Paul Griffiths & Delmas Lewis, 'On Grading Religions, Seeking Truth, and Being Nice to People: A Reply to Professor Hick', *Religious Studies* 19 (1983), p. 78。這問題的更深入研究，參 Paul J. Griffiths, *An Apology for Apologetics: A Study in the Logic of Interreligious Dialogu*e (Maryknoll, NY: Orbis, 1991)。
19. John V. Taylor, 'The Theological Basis of Interfaith Dialogue', in J. Hick & B. Hebblethwaite (eds.), *Christianity and Other Religions* (Philadelphia: Fortress, 1981), p. 212.
20. 參 Michael C. Stokes, *Plato's Socratic Conversations: Drama and Dialectic in Three Dialogues* (London: Athlone, 1986)。就治療上方法的應用，參 Tullio Marandhao, *Therapeutic Discourse and Socratic Dialogue* (Madison, WI: University of Wisconsin Press, 1986)。
21. John Hick, 'Towards a Philosophy of Religious Pluralism', *Neue Zeitschrift für systematische Theologie und Religionsphilosophie* 22 (1980), p. 135.
22. Newbigin, *The Gospel in a Pluralist Society,* pp. 9～10.
23. Ninian Smart, 'Truth and Religions', in Hick (ed.), *Truth and Dialogue,* p. 55.
24. 參 Phra Khantipalo, *Tolerance: A study of Buddhist Sources* (London: Rider, 1964), p. 154.
25. 參 Newbigin, *Gospel in a Pluralist Society,* pp. 159～161, 168～170。就一個對坎特韋爾·史密夫及希克有關的立場的深入摧毀性的哲學批判，參 Keith Ward, *Religion and Revelation: A Theology of Revelation in the World's Religions* (Oxford: Clarendon, 1994), pp. 310～317。

26. Kathyrn Tanner, 'Respect for Other Religions: A Christian Antidote to Colonialist Discourse', *Modern Theology* 9 (1993), pp. 1～18.
27. 同上，頁2。
28. 同上，頁2。亦參 John Apczynski, 'John Hick's Theocentrism: Revolution or Implicitly Exclusive?', *Modern Theology* 8 (1992), pp. 39～52。
29. Sura 4:157。就這問題的進一步闡析，參 Geoffrey Parrinder, *Jesus in the Qur'an* (London: Sheldon, 1965)。
30. 參 Malik Ghulam Farid (ed.), *The Holy Qur'an with English Translation and Commentary* (Rabwah, Pakistan: Oriental and Religious Publishing Co, 1969), p. 232。正如編者的評論（註釋：697），這個翻譯並無否定耶穌是置於十架上，但已清楚否定他是死在十架上。
31. 其基礎性作品，參 Mizra Ghulam Ahmad, *Jesus in India* (Tilbury: Islam International, 1989)。米札·古林·艾哈邁（Mizra Ghulam Ahmad）是艾哈邁迪斯教派的創辦人，他的小冊子（Ahmadi tract）*Jesus in Kashmir* (London: London Mosque, 1977) 亦應受注意。
32. 尤其注意他的評論，Parrinder, *Jesus in the Qur'an,* p. 116。
33. Muhammad Zafrulla Khan, *Deliverance from the Cross* (London: London Mosque, 1978), p. 89.
34. Hans Küng, *Christianity: Its Essence and History* (London: SCM, 1995), p. 36。他更一般性的對耶穌基督及聖經的重視，參頁xxiii。
35. 參 Wilfred Cantwell Smith, 'Conflicting Truth Claims: A Rejoinder', in Hick (ed.), *Truth and Dialogue,* pp. 156～162。當中把「真理」以一種實驗性和彈性的方式來詮釋，以致矛盾因著原則的問題而被排拒。
36. Jacob Neusner, *Telling Tales: The Urgency and Basis for Judeo-Christian Dialogue* (Louisville, KY: Westminster/John Knox, 1993).
37. Gilles Kepel, *La revanche de Dieu: chrétiens, juifs et musulmans à la reconquête du monde* (Paris: Seuil, 1991).
38. Richard Rorty, *The Consequences of Pragmatism* (Minneapolis, MN: University of Minnesota Press, 1982), p. 166.
39. 伊斯蘭教和基督教一樣，是一個宣教的宗教，他們積極透過改宗（da'wah）和疆土的擴展（*dâr al-islâm*）來尋求在西方擴展他們的影響力：參 Larry Poston, *Islamic Da'wah in the West: Muslim Missionary Activity and the Dynamics of Conversion to Islam* (New York: Oxford University Press, 1992)。
40. 欣喜的是已經有應許性發展可以提供，參，例如，Paul Varo Martinson, *A Theology of World Religions* (Minneapolis, MN: Augsburg, 1987)；Allen, *Christian Belief in a Postmodern World,* pp. 185～196；Carl E. Braaten, *No*

Other Gospel! Christianity among the World's Religions (Minneapolis, MN: Fortress, 1992), pp. 83～102。

41. Braaten, *No Other Gospel!,* p. 71.
42. 參 David Cairns, *The Image of God in Man* (London: Collins, 1973)。
43. Augustine, *Confessions,* I.i.1. 翻譯參 Henry Chadwick (Oxford: Oxford University Press, 1991), p. 3。
44. Confessions, VII.xvii.23; Chadwick, pp. 126～127：「我攜帶的只有愛的回憶與及一種渴望，渴想那我曾擁有但還未能吞下的芳香。」
45. 參 Alister E. McGrath, 'Christology and Soteriology: A Response to Wolfhart Pannenberg's Critique of the Soteriological approach to Christology', *Theologische Zeitschrift* 42 (1986), pp. 222～236。
46. 參 Walter Burkert, *Greek Religion* (Oxford: Blackwell, 1975), pp. 137, 213，以及當中的參考。
47. 參 Lesslie Newbigin, *The Finality of Christ* (Richmond, VA: John Knox, 1969)；近期的，Clark H. Pinnock, *A Wideness in God's Mercy: The Finality of Jesus Christ in a World of Religions* (Grand Rapids, MI: Zondervan, 1992), pp. 49～80。
48. 參 Edward A. Dowey, *The Knowledge of God in Calvin's Theology* (New York: Columbia University Press, 1952)。
49. 這點，參 John Platt, *Reformed Thought and Scholasticism: The Arguments for the Existence of God in Dutch Theology,* 1575-1650 (Leiden: Brill, 1982)。以及 Michael L. Czapky Sudduth, 'The Prospects for Mediate Natural Theology in John Calvin', *Religious Studies* 31 (1995), pp. 53～68。
50. Carl E. Braaten, 'Christ is God's Final, Not the Only, Revelation', in *Braaten, No Other Gospel,* pp. 65～82；引自頁68。
51. Mikka Ruokanen, *The Catholic Doctrine of Non-Christian Religions According to the Second Vatican Council* (Leiden: Brill, 1992)。原典資料，參 Vatican II, *Nostra Aetato,* 28 Octorber, 1965；在 *Vatican II: Conciliar and Postconciliar Documents,* ed., Austin Flannery, OP (Northport, NY: Costello Publishing Company, & Dublin: Dominican Publications, 1975), pp. 738～742。
52. Søren Kierkegaard, *Unscientific Postscript* (London: Oxford University Press, 1941), pp. 169～224。參 P. L. Holmer, 'Kierkegaard and Religious Propositions', *Journal of Religion* 35 (1955), pp. 135～146。
53. John Hick, *God and the Universe of Faiths* (London: Macmillan, 1973), pp. 120～132.
54. Raimunndo Panikkar, in Hick and Knitter (eds.), *The Myth of Christian Uniqueness,* p. 109.

55. 相同點應用在伊斯蘭教當中，強烈抗拒一種把《可蘭經》教導同一化或相對化的嘗試。
56. J. Hick ed., *The Myth of God Incarnate* (London: SCM, 1977).
57. 參 Alister E. McGrath, 'Resurrection and Incarnation: The Foundations of the Christian Faith', in A. Walker (ed.), *Different Gospels* (2nd edn., London: SPCK, 1993), pp. 27～42。
58. Wolfhart Pannenberg, 'Religious Pluralism and Conflicting Truth Claims', in D'Costa (ed.) *Christian Uniqueness Reconsidered,* p. 100.
59. 廷德爾重要著作的題目是：*Christianity as Old as Creation, or the Gospel a Republication of the Religion of Nature* (1730)。關於這方面的討論，可參 Peter, A. Byrne, *Natural Religion and the Religion of Nature* (London: Routledge, 1989)。
60. Robert Jenson, *The Triune Identity* (Philadelphia: Fortress, 1982), pp. 1～20.
61. Gavin D'Costa, *John Hick's Theology of Religions* (New York: University Press of America, 1987), p. 103.
62. Harvey Cox, *Many Mansions* (Boston, MA: Beacon, 1988), pp. 5～6.
63. 這些意見的概覽和批判，參 Pinnock, *A Wideness in God's Mercy*, pp. 64～74。
64. John Hick, *The Second Christianity* (London: SCM, 1983), p. 86.
65. Di Noia, 'Christian Universalism', pp. 41, 44.
66. Geoffrey Wainwright, *Doxology: The Praise of God in Worship, Doctrine and Life* (New York: Oxford University Press, 1980)。一個更新近的討論，參 Aidan Kavanagh, *On Liturgical Theology* (New York: Pueblo, 1984)。拉丁方程式「禱告法則就是信仰法則」(*lex orandi, lex credendi*) 經常被用來總括這種相互的關係。
67. 最好的研究仍是 J. B. Carman, *The Theology of Ramanuja* (New Haven, CT: Yale University Press, 1974)。
68. 十九世紀作家羅伊 (Ramohun Roy) 正是這個例子，有用的資料，參 Dermot Killingley, *Ramohun Roy in Hindu and Christian Tradition* (Newcastle-upon-Tyne: Grevatt & Grevatt, 1993)。
69. 參 Fergus Kerr, *Theology after Wittgenstein* (Oxford: Blackwell, 1988)。
70. Ludwig Wittgenstein, *Lectures and Conversations on Aesthetics, Psychology and Religious Belief* (Oxford: Blackwell, 1966), p. 2：「若我必定要說甚麼是哲學家製造出來的錯誤……我會說就是當語言被注重時，注重字詞的一種形式而非字詞形式的使用。」這裏有一種有趣的平行，巴特認為在基督教信仰中那些構成「宣講的言談質料」的表述是「從它們被使用的關聯和語境中獲取其意義」：Karl Barth, *Church Dognatics* (13 vols.,

Edinburgh: Clark, 1936-75), I/1, p. 86。

71. Paul Knitter, 在 Hick and Knitter (ed.), *Myth of Christian Uniqueness,* p. 183.

72. 雖然似乎是基於不同的理由，但其結論在以下的著作同樣被辯護：Joseph-Augustine Di Noia, *The Diversity of Religions: A Christian Perspective* (Washington, DC: Catholic University of America Press, 1992)。

73. 注意以下具影響力的研究的分題：E. Brooks Holifield, *A History of Pastoral Care in America: From Salvation to Self-Realization* (Nashville, TN: Abingdon, 1983)。亦參 Philip Rielf, *The Triumph of the Therapeutic* (Chicago: University of Chicago Press, 1967)。

74. 就第三點，藉恩典憑信稱義的重要性要被留意，參 Alister E. McGrath, *Iustitia Dei: A History of the Christian Doctrine of Justification* (2 vols., Cambridge: Cambridge University Press, 1986。

75. Ignatius, *To the Smyrnaeans*，參 J. Stevenson (ed.), *A New Eusebius* (London: SPCK, 1957), p. 48。

76. Cyprian of Carthage, *De catholicae ecclesiae unitate,* 5～7; in *Corpus Christianorum: Series Latina* vol.3, ed. M. Bévenot , (Turnholt: Brepols, 1972), 252.117～254.176.

77. 有用的歷史背景，參 Hans Küng, *The Church* (New York: Sheed & Ward, 1967), pp. 313～319。

78. Terry Eagleton, 'Awakening from Modernity', *The Times Literary Supplement,* 20 February, 1987.

79. 就萊莘及現代多元論者，如涅特之間的平行，參 Reinhold Bernhardt, 'Ein neuer Lessing? Paul Knitters Theologie der Religionen', *Evangelische Theologie* 49 (1989), pp. 516～528。

7

總結

現在毫無疑問的是福音主義對全球基督教的未來是極為重要的。[1]對教外人來說，它的屬靈動態主義（spiritual dynamism）和行動主義，聯同熱切的委身；這是福音派信徒和教會的特色，他們皆是這運動得到長遠發展的有力指標。但就福音派本身而言，他們就會單以對福音那種完全的信奉，來作為他們現時的成功和發展將來的潛質的最基本理由。他們指出，有一個時期，西方文化中的其他人都屈服於社會壓力，並把基督教與世俗世界觀的觀念和價值互相調適，但他們仍忠於福音，這種對福音真理的摯愛現可視為得到了確立。他們的忠誠正在得到回報。

或許這個回應有點兒簡化。本書的一個觀點認為，事實上福音派的確允許他們的世俗環境影響他們的思想，比如霍奇與沃菲爾德容讓「蘇格蘭實在論」的語言理論去影響他們對聖經權威的理解，就清楚地表明這一點（參頁116）。無疑還有另外的例子。縱然如此，福音派的基本信念一直是：必須保持對耶穌基督的福音的忠誠，不允許基督教之外的觀念和價值在它的思想或生活中發揮規範性作用。

這部著作已經闡析了福音主義智性的一致性和學術上的效用性。若「學術」是指普遍存在於很多西方學術機構中的文化規範和價值，那麼福音主義沒有多大興趣去為自身這種「學術」意義而辯護，福音主義著意於追求這主義本身的福音和牧養的使命，而不太關注這種「學術」意義。然而在許多方面，「學術」一詞仍然指智性上的融貫性和合理性，與一種對學術的強烈信念有關。本書一直旨在表明，就「學術」這種傳統的意義來說，福音主義完全有理由自認為並被認為是「學術」的。

對一些福音派人士而言，是否學術將會是毫不相干的。有誰關心福音主義是否具有智性意義？重要的事情當然就是要為主贏取更多人，並關注他們的靈魂。這種看法極有智慧，並且值得尊重和尊崇，它提醒我們，福音派絕不可忽略福音使命而來的巨大挑戰和喜樂，不可忘記牧養和關愛那些愛主但對智性上的事沒有多大興趣的普通人的重要性。但這並沒有與以下的遠象有任何衝突：福音主義仍具有很高程度的智性一致性，尤其是在當今學術世界的競爭者面前。但為何要突出這點呢？它有甚麼可想到的價值呢？

全面了解福音主義在這方面的優點和潛在的精深性非常重要，原因有幾個。一個簡單的論點是關於在西方文化中大學和學院的角色。這些機構把福音主義描繪為缺乏思想、反對智性、對思考的人沒有意義的東西。因而這種運動的成功和影響往往被一些具影響力的學術圈子誤解，認為這直接表明了它缺乏智性優點和精確。結果未來的社會精英在其形成階段就常常充塞了許多反福音派的成規陋見。福音派一方面必須繼續抗擊這類成見，另一方面應當不斷強而有力地主張並顯明這種運動的智性深度。

因此，福音派的聲音一定要在學術羣體中發聲，「福音派神學」和「福音派靈修學」要在主流的學院和神學院的教導中找到他們合法的地位。福音派自己亦必須首先欣賞別人的詞辯，然後才能去説服別人。本書努力鼓勵在這種運動中樹立這樣的信心；這樣，福音派未來的領袖和思想家就不必因為所謂的福音信仰的非理性，被迫在那些合法性的壓力下而放棄信仰。

或許福音主義在未來時代所面臨的挑戰就是要創立一種更具智性的信念，同時不失去它在普遍基督徒生活和信仰中的根基地位。「學術」一詞所連帶的強烈負面關聯是一種經常出現的警告，指出構建一種曲解的神學或世界觀而沒有與教會所關注的和議程緊扣一起時，必產生許多的危險。渴求智性上的博學，這是極為容易的事；但要同時保持與普通基督徒生活中的現實密切接觸則是比較困難，以及是多少有點令人望而卻步的事。

然而它仍是一個需要追求的目標。福音主義（尤其在北美）有著深厚的大眾化的根。雖然因為把根深深紮在大眾文化中，而使福音主義沒有為自己鑽研於學術的事業上，但它仍然意味著這種運動冒著一種很大的危機，就是在智性上和靈性上都可能變得與那種文化一樣短暫和膚淺。神學被認為與基督教信仰的豐富資源保持著積極而持久的聯繫，它為福音主義提供了一個機會，使它的根紮得更深，能夠為這種運動的心靈和思維提供滋養和力量，從而使它的心靈動態和熱切的行動主義日趨成熟和完全。

「福音派思維的荒謬」(諾爾所指的)是基於一個事實，就是福音派信徒現今沒有讓他們的信念規範他們的世界觀。[2]這書的一個目的就是要透過使福音派相信他們信念的融貫性和有效性來修正這種不足。要建構一個高大的建築物，就一定首先要確保根基的可靠性，這部書的目的就是要對福音主義智性的準確和充分性找到公眾的接受並確保它存在的理由，一方面是從它本身的內在的判准來說，另一方面是就現代西方世界的其他對抗者來說。

福音派信徒再也無須認為他們獨特的信念感脆弱，而需要維護和辯解。他們現在可以開始運用它們的獨特信念，並可把上一代所創造的偉大成就加以鞏固和發揚。福音派對真理的激情一定要成為對福音派思維所摯愛的。福音派教義曾就基督教會生命的塑造和更新作過重大的貢獻；現在塑造和更新基督教思維的使命正等著福音派去完成。

註釋：

1. 見麥格夫較早的論證，*Evangelicalism and the Future of Christianity* (London: Hodder & Stoughton, 1994, & Downers Grove, IL: Inter Varsity Press, 1995)。
2. 重要及具影響力的分析，見Mark Noll, *The Scandal of the Evangelical Mind* (Grand Rapids, MI: Eerdmans, & Leicester: Inter-Varsity Press, 1994)。已隱含在這本作品中。

索引

C

D

E

F

G

H

I

J

K

L

M

N

O

P

Q

R

S

T

U

V

W

Y

Z

緊扣時代服事教會

以文字傳揚基督真道

讀者意見表

衷心多謝你購買本社書籍。本社一直致力以出版事工服事教會，幫助信徒扎根於神的話語，促進靈命增長。為使我們的出版更能滿足你的需要，請填寫下列各項資料，並寄回或傳真予本社。

所購書籍：______________________

本書最吸引你的地方：
□作者 □適切性 □文筆 □設計 □實用性
□其他：______________________

購買本書地點：
□基道書樓 □基督教書店 □非基督教書店

性別：□男 □女 職業：______________________

信仰：□基督徒 □非基督徒

年齡：□ 16 歲或以下 □ 17～25 歲 □ 26～35 歲
□ 36～55 歲 □ 56 歲或以上

學歷：□中三或以下 □中五 □預科
□大學 □研究院

□我欲更多了解基道出版社的事工及考慮支持，請寄給我下列資料：
□機構簡介 □新書資料 □基道會員通訊
□《基道文字事工通訊》

姓名：______________________電話：______________________

地址：______________________

____

傳真：______________________ 電子郵件：______________________

其他意見：______________________

____

多謝賜教！

基道出版社

意見表可以傳真（2687-0281）或直接郵寄以下地址：
香港沙田火炭坳背灣街26號富騰工業中心1011室
基道出版社編輯部收